Janusz Piekalkiewicz

Die Schlacht um Moskau

Janusz Piekalkiewicz

Die
Schlach
um

Moskau

Die erfrorene Offensive

Bechtermünz Verlag

Genehmigte Lizenzausgabe für
Weltbild Verlag GmbH, Augsburg 1998
© by Gustav Lübbe Verlag GmbH,
Bergisch Gladbach
Layout: Friedrich Kohnke, Solingen
Karten: Roland Winkler, Bergisch Gladbach
Umschlaggestaltung: Peter Engel, Grünwald
Gesamtherstellung: Mladinska Knjiga, Ljubljana
Printed in Slovenia
ISBN 3-86047-908-3

Inhalt

Vorwort

»Wollte man in Europa Grund und Boden, dann konnte dies im Großen und Ganzen nur auf Kosten Rußlands geschehen . . .« schrieb Adolf Hitler in »Mein Kampf«.

Hitler ließ sich aber nicht davon überzeugen, daß in der Sowjetunion ein Blitzkrieg, wie ihn die deutsche Wehrmacht in Polen, Frankreich und auf dem Balkan geführt hatte, kaum möglich war, nicht zuletzt wegen der riesigen Ausdehnung. So wurde am 22. Juni 1941 anstelle eines neuen Blitzkrieges ein jahrelanger Zermürbungskrieg eingeleitet.

Zwischen dem Rußlandfeldzug Napoleons im Jahre 1812 und dem von 1941 gab es manche Parallele. Vielleicht ist der Grund für das lange Zögern Hitlers, Moskau als vorrangiges Ziel zu erklären, darin zu suchen, daß er den Korsen nur als mittelmäßigen Feldherrn ansah und ihn nicht nachahmen wollte.

Das Unternehmen »Taifun«, der Angriff auf Moskau, das mit einem Fiasko endete, verwandelte die Welt: Großbritannien und die USA wurden Stalins Verbündete. Eine andere schwerwiegende Tatsache: Während der letzten Phase der Schlacht um Moskau riß Hitler den Oberbefehl über das Heer an sich. Seitdem war das OKH nur noch ausführendes Organ seiner Wahnvorstellungen.

Kaum ein anderes Ereignis des Krieges wirkte sich so verhängnisvoll auf unser Leben aus wie Hitlers unbedachter Entschluß, die Sowjetunion anzugreifen.

Der Vorstoß auf die sowjetische Hauptstadt ist so lange hinausgezögert worden, bis die Blitzkrieg-Strategie wortwörtlich im Schlamm steckenblieb. Da es für Hitler kein Zurück mehr gab, mußte der verzweifelte Versuch unternommen werden, die gescheiterte Offensive trotz der strengen Kälte des bereits im November beginnenden russischen Winters in Gang zu bringen. Und als nach

6

der Schlammperiode der Frost die Wege endlich wieder befahrbar machte, gelangten die deutschen Panzerspitzen bis 30 Kilometer vor Moskau.

Stalin hatte inzwischen die für den Winterkrieg vorzüglich ausgerüsteten sibirischen Truppen mit Eiltransporten heranholen lassen, nachdem er durch den sowjetischen Star-Spion Dr. Richard Sorge, einem deutschen Journalisten in Tokio, erfahren hatte, daß die Japaner keinen Angriff auf die Sowjetunion planten.

Während der Name Richard Sorge zu einem festen Begriff in der Geschichte der UdSSR geworden ist und man ihn 1964 posthum als »Held der Sowjetunion« ausgezeichnet hat sowie Straßen und Schulen nach ihm benannte, ist in keinem Geschichtsbuch der Name des Mannes erwähnt, der die sibirischen Truppen im Kampf gegen die Deutschen so erfolgreich führte: Generalleutnant Andrej A. Wlassow. Diesem Befehlshaber hatte Stalin einen Teil seiner strategischen Reserven anvertraut, jene sibirischen Elitetruppen, die dann die 20. Armee von General Wlassow bildeten.

Mit dieser Armee schlug General Wlassow die Divisionen der Panzergruppe 4 unter Generaloberst Erich Hoepner zurück, die Moskau am nächsten standen und die größte Gefahr für die Hauptstadt bedeuteten. Als Wlassow auch den deutschen Belagerungsring um Leningrad sprengen sollte, geriet er 1942 in Gefangenschaft, trat auf die Seite der Deutschen über und wurde zu einem der erbittertsten Feinde Stalins. General Wlassow wollte – in Verkennung der Realität – mit Hilfe der Braunen Machthaber den sowjetischen Diktator stürzen.

Nach dem Ende des Krieges von den Alliierten an Stalin ausgeliefert, wurde General Wlassow in Moskau, jener Stadt, die er einst vor dem Ansturm deutscher Truppen gerettet hatte, zum Tode verurteilt und am 2. August 1946 gehenkt.

Wlassow hatte seinen Gegner von damals, Generaloberst Hoepner, nur um zwei Jahre überlebt: Hoepner, der während der Winterschlacht um Moskau seine Panzergruppe in eigener Verantwortung mit Rücksicht auf das Leben seiner Soldaten zurückverlegte – »es gibt Pflichten, die höher sind, als die gegenüber dem Führer« – wurde von Hitler aus der Wehrmacht ausgestoßen und später als Mitglied der 20.-Juli-Verschwörung zum Tode verurteilt und am 8. August 1944 gehenkt.

Ein russisches und ein deutsches Schicksal . . .

7

Schauplatz

Über die Landschaft von stiller, melancholischer Schönheit mit sanft gewellten Hügeln ziehen leuchtende, zu barocken Formen geballte weiße Wolkenschiffe. Vom Himmel herab hört man das Trillern einer Lerche.

Wälder aus Kiefern, Eichen und Birken umrahmen die Felder, auf denen sich goldgelber Roggen wiegt, in der Nähe die Strohdächer weißgetünchter Katen eines verträumt liegenden Dorfes mit Ziehbrunnen und einer langen Reihe kegelförmiger Heuschober. In weiter Ferne wird der Horizont durch dichte Waldungen hinter einem feinen blauen Schleier begrenzt.

Diese Postkarten-Landschaft Mittelrußlands wird eines Tages Gegenstand der Untersuchungen des deutschen Generalstabs.

Aus alten verstaubten Berichten, die noch aus der Zeit des Ersten Weltkrieges stammen, sowie aus Meldungen des deutschen Militärattachés in Moskau, der bis zuletzt Fahrten durch diesen Landstrich unternahm, dazu aus Notizen der Meteorologen, Geologen und Geographen – ergänzt durch neueste Erkenntnisse der Luftaufklärung – entsteht im Frühjahr 1941 ein ausführlicher Baedeker für die Truppe, als geheime Sache »nur für den Dienstgebrauch«.

Man läßt sich dabei nicht durch den Zauber der Landschaft hinreißen, sondern bewertet nüchtern ihre Vorzüge und Nachteile in Anbetracht der taktischen, operativen und strategischen Aktionen.

Da kaum ein Land von der deutschen Aufklärung so wenig erfaßt wurde wie die Sowjetunion, sind diese zu einem Mosaik zusammengefügten Informationen über den künftigen Kriegsschauplatz ein wertvolles Rüstzeug sowohl für das OKH als auch für die Kompanieführer auf ihrem langen Weg nach Moskau:

8

Nur für den Dienstgebrauch!

Militärgeopolitische Angaben über das Europäische Rußland
 ZENTRAL-RUSSLAND (ohne Moskau)
Abgeschlossen am 15. Mai 1941, Generalstab des Heeres, Berlin 1941

Zentral-Rußland liegt ungefähr in der Mitte des Europäischen Rußlands, jedoch etwas nach Westen verschoben. Es grenzt im Westen an Weißrußland und auf eine kurze Strecke an Lettland, im Norden an die nordrussischen Gebiete Leningrad und Wologda, im Osten an die Wolgagebiete und im Süden an die Ukraine. Nur die Verwaltungsgrenzen ermöglichen eine klare Abgrenzung nach allen Seiten; in der Natur ist die einzige klare Grenze Zentral-Rußlands der Abfall der Waldai-Höhe zur Niederung des Ilmen Sees; sonst gibt es nur weite, unausgeprägte Übergangszonen, die zu den anderen Teilen Rußlands überleiten.

Zentral-Rußland ist politisch, geschichtlich und vor allem verkehrsgeographisch das Herz Rußlands, wie es auch das Kernland des großrussischen Volkes ist. Wirtschaftlich ist es zwar bedeutend, wird darin aber von der Ukraine übertroffen.

Zentral-Rußland ist 725 600 qkm groß (zum Vergleich: Deutsches Reich, 1937, 474 000 qkm). Moskau, der Mittelpunkt Zentral-Rußlands, trat 1712–1918 seine Rolle als Hauptstadt an St. Petersburg (heute Leningrad) ab, um sie dann wieder zu übernehmen. Zentral-Rußland hat jedoch niemals aufgehört, das Kernstück Rußlands zu sein. Petersburg wurde von den Russen stets als wesensfremd betrachtet. Man kann aus der russischen Geschichte die Lehre

↓ Idylle inmitten der Sowjetunion: ein Dorf bei Smolensk mit den typischen Ziehbrunnen

ziehen, daß man Zentral-Rußland beherrschen muß, wenn man Rußland auf lange Zeit beherrschen will.

Oberflächenformen

Die Oberflächenformen Zentral-Rußlands sind im allgemeinen flachwellig bis fast eben. Es handelt sich überwiegend um sehr ausgedehnte Platten und breite Rücken, in der nördlichen Hälfte des Landes auch um weite Niederungen.

Westlich von Moskau zieht in breiter Zone vom Smolensk–Moskauer Rücken an gegen Süden hin bis zur Grenze der Ukraine die Zentralrussische Höhe. Sie gehört bereits zu den großen Steppengebieten des südlichen Rußland. Im Norden umfaßt sie das Wasserscheidengebiet zwischen Desna, Oka und Don, im Süden zwischen Dnjepr, Donez und Don.

Das Gebiet stellt ein welliges, jedoch stark von Flüssen und Steppenschluchten zerschnittenes Plateau dar. Es fällt steil zur Oka im Norden ab, senkt sich sanft gegen Westen hin und fällt gegen Osten mit zwei gut ausgeprägten Stufen entlang des Don und des Woronesh ab. Die höchstgelegenen Teile des Raumes liegen im zentralen Gebiet um Orel. Die höchsten Erhebungen steigen hier bis 300 m an (östlich Orel).

Nur im nördlichen Teil gibt es größere Wälder. Der mittlere und südliche Teil mit seinen Schwarzerdeböden ist ein ausgesprochen waldarmes Steppengebiet mit bedeutendem Ackerbau. Größere Wälder sind hier an die Auen der größeren Flüsse gebunden.

Das Gebiet ist dicht mit ländlichen Siedlungen bedeckt, die meist als große Dörfer entwickelt sind. Zahlreiche Mittelstädte haben sich als Marktorte und Stätten landwirtschaftlicher Industrie entwickelt. Im Raum von Rjasan, Tula und Kursk ist auch Großindustrie vorhanden.

Militärische Beurteilung

Das Gelände ist auch abseits der Wege gut befahrbar, ausgenommen während der Zeit der Frühjahrsschneeschmelze und nach längerem Regen. Die besten Bewegungsmöglichkeiten gewähren die flachen Wasserscheiden, weil in ihnen die oft unvermittelt abbrechenden Steppenschluchten zurücktreten.

Die steil eingerissenen Steppenschluchten wie auch die steilen, kleineren Flußtäler gestatten gutes Vordringen kleinerer Einheiten. Sie gewähren für kleinere Einheiten auch gute Deckungsmöglichkeiten.

Bewachsung

Der Wald ist überall von Lichtungen unterbrochen. Dabei handelt es sich teils um die Ackerflächen der Dörfer und Staatsgüter, teils um durch Waldbrände und Raubbau am Walde entstandene Gebüschgegenden mit über 1 m hohen Baumstümpfen und verkrüppelten Bäumchen. Hinzu kommen noch die Überschwemmungswiesen an den Flüssen. Nur im Nordosten überwiegt der Nadelwald; sonst handelt es sich überall um Mischwälder mit den auch in Ostdeutschland überall verbreiteten Baumarten (außer der Buche). Erheblich verbreiteter als bei uns ist die Birke. In dem südlichen Randgebiet der Waldzone (südlich von Moskau) überwiegt die Eiche. In den dichter besiedelten Gebieten ist der Wald schon weithin vom Ackerbau verdrängt.

Militärische Beurteilung

Die Oberflächenformen allein bilden meist keine Hindernisse für Bewegungen; sie wirken jedoch an vielen Stellen hindernd im Zusammenwirken mit:

10

Mappe G

Militärgeographische Angaben über das Europäische Rußland

Zentral-Rußland
(ohne Moskau)

Textheft

Abgeschlossen am 15. Mai 1941

Generalstab des Heeres
eilung für Kriegskarten und Vermessungswesen (IV. Mil.-Geo.)
Berlin 1941

1. Gewässern und Sümpfen bzw. Sumpfwäldern,
2. jahreszeitlich bedingter ungünstiger Bodenbeschaffenheit.

Die Bodenarten sind bei Trockenheit mit Ausnahme der Moore und Sümpfe gut gangbar, besonders gut die Schwarzerde. Auf ihr brauchen sich auch Fahrzeuge aller Art nicht an die Wege zu halten; vielfach fährt man neben dem Wege fast genausogut wie auf ihm. Bei Nässe sind die Sandböden oft günstiger für Bewegungen als Lehm oder Schwarzerde.

Die Bewachsung setzt, soweit es sich um Wald und Gebüsch handelt, den Bewegungen meist mehr Widerstand entgegen als die des Norddeutschen Tieflandes. Es handelt sich ja in Zentral-Rußland gewöhnlich nicht um gepflegte Forsten wie bei uns, sondern dort liegen, besonders nach schweren Stürmen, die niedergebrochenen Bäume kreuz und quer durcheinander. Die Bewachsung der Waldsteppen- und Steppengebiete wirkt nirgends hindernd.

Klima

Das Klima Zentral-Rußlands ist ein gemäßigtes Festlandklima mit kalten Wintern und verhältnismäßig warmen Sommern. Der wesentliche Unterschied gegenüber dem mitteleuropäischen Klima liegt in den langanhaltenden tiefen Temperaturen des Winters.

Der Frühling zeichnet sich durch starken Wechsel aus. Der rasche Temperaturanstieg im April bedingt durch die Schneeschmelze ein starkes Ansteigen der Flüsse und führt zu ausgedehnten Überschwemmungen. Doch ist bis in den Mai hinein noch mit Schneefällen zu rechnen. Nach den kurzen Sommermonaten setzen im Oktober, mitunter schon im September, die ersten Schneefälle ein, und ab November überzieht eine tiefe Schneedecke für Monate das Land.

↖ Mit dieser Broschüre in der Hand plant der deutsche Generalstab die Niederwerfung der Sowjetunion

↑ Eine Kirche am Rande von Jarzewo, einer Stadt an der Bahnlinie Smolensk–Moskau

11

Die niedrigsten Temperaturen liegen im Mittel bei −30°, jedoch sind auch schon solche von −40° und weniger beobachtet worden. Ein beträchtlicher Teil der Niederschläge fällt in der Form von Schnee, so daß die winterliche Schneedecke eine mittlere Höhe von 30 cm im Süden und über 50 cm im Norden erreicht.

Militärische Beurteilung
Die ungünstigste Zeit für militärische Operationen ist das Frühjahr von März bis Mai. Stark wechselnde Temperaturen beanspruchen die Körperkraft aufs äußerste, und die Schneeschmelze macht die meisten Wege und Flüsse unpassierbar.
Von Juni bis Oktober entsprechen die klimatischen Verhältnisse am meisten

↑ Herbst in Rußland: eine Straße bei Senno, südlich von Witebsk

den deutschen, nur die Temperaturen sind etwas höher und verlangen höhere Leistungen von Mensch und Tier.
Der Winter mit seinen tiefen Temperaturen verlangt besondere Maßnahmen gegen die Kälte. Die Passierbarkeit weiter Gebiete ist, bei nicht allzu hoher Schneedecke, besser als im Frühjahr. Die besten Monate für militärische Operationen sind August und September.

Gewässer
Die Flüsse Zentral-Rußlands sind zahlreich. Von dem flachen, im Westen gelegenen Smolensk–Moskauer Rücken und der Zentralrussischen Höhe fließen die Flüsse nach allen Himmelsrichtungen auseinander, so daß keine einheitliche oder auch nur vorherrschende Flußrichtung vorhanden ist.

12

Die Flüsse sind überwiegend im Naturzustand, d. h. ihr Bett ist auf weite Strecken verwildert. Der Lauf beschreibt viele Windungen und ist oft in mehrere Arme aufgelöst.

Eine weitere Folge ist, daß keine durchgehend gleichmäßige Wassertiefe vorhanden ist. Der Grund ist wechselnd schlammig oder lehmig-sandig bis kiesig-steinig (meist in den Oberläufen). Auf kurze Strecken wechseln größere Tiefen mit flachen Sand- oder Kiesbänken. Die Ufer sind wechselnd fest und sandig oder sumpfig oder werden von Überschwemmungswiesen gebildet, die erst spät oder niemals austrocknen. Die strenge und anhaltende Winterkälte läßt die Flüsse in jedem Jahr fest zufrieren, so daß in ganz Zentral-Rußland eine Eisbedeckung von längerer Dauer vorhanden ist, die den Gewässern für diese Zeit ihren Hinderniischarakter nimmt.

Die Dauer der Eisbedeckung beträgt im Norden bis zu 5 Monaten und nimmt nach Süden und Südwesten, gegen die Ukraine, auf vier Monate (und weniger) ab. Sie erstreckt sich allgemein etwa von Mitte/Ende November (teilweise Anfang Dezember) bis Mitte/Ende April, im Südwesten nur bis März (Oka-Oberlauf).

↑ Sonnenaufgang in einem Dorf bei Kaluga

Die Seen liegen meist in einem unruhigen und abwechslungsreichen Gelände in Gemeinschaft mit Sumpf- und Moorflächen oder in großen Sumpfwäldern. Viele Seen haben (entsprechend ihrer eiszeitlichen Entstehung) charakteristische, langgestreckte Formen. Sie sind stark gegliedert, haben viele Buchten, Halbinseln und Inseln. Große Wälder, die die Feuchtigkeit festhalten und lehmsandiger Boden, der eine gewisse Wasserundurchlässigkeit aufweist, haben zur Bildung großer Sumpf- und Moorflächen geführt.

Besonders starke Verbreitung haben die Sümpfe im Einzugsgebiet von Lowatj und Düna und in der Umgebung von Wyschnij Wolotschek. Hier sind große, fast ununterbrochen auf viele Kilometer von Norden nach Süden verlaufende Flächen mit sumpfigen Wäldern bedeckt. Viele dieser Sümpfe sind sogenannte Hochmoore (Moossümpfe), die schwer gangbar sind, sogar im trockenen Sommer. Wald- und Seengruppen erhöhen ihre Hinderniswirkung.

Im Frühling sind diese Flächen unter Wasser gesetzt und unbegehbar. Nur ein Teil trocknet im Sommer aus. Die meisten sind sogar zur trockensten Jahreszeit (August bis September) schwierig zu durchschreiten, teilweise nie. Sie sind auf ganz bestimmten, nur von Ortskundigen gekannten Wegen, z. T. nur über schmale Landstreifen zugänglich.

Militärische Beurteilung

Als ständige schwere Hindernisse gelten nur die Wolga ab Subzow und die Oka ab Kaluga (Ugra-Mündung). Alle anderen Flüsse sind nur während des Frühjahrshochwassers ernste Hindernisse. Zu dieser Zeit sind die Uferverbindungen auf viele Tage unterbrochen. Sonst sind diese Flüsse nur als mehr oder weniger ernste taktische Hindernisse zu werten.

Ebenfalls im Nordwesten, nördlich Smolensk und Moskau und ostwärts Moskau liegen größere Sumpf- und Moorflächen und versumpfte Wälder, die auch im Sommer schwer, z. T. überhaupt nicht gangbar sind. In weiten Teilen sind sie völlig siedlungsleer. Sie machen Operationen weitgehend vom Straßen- und Wegenetz abhängig. Einige besonders geschlossene Sumpfgebiete sind ausgesprochene Hindernisräume und müssen umgangen werden.

Gesundheitliche Verhältnisse

Die gesundheitlichen Verhältnisse der äußerst primitiv lebenden Bevölkerung Zentral-Rußlands sind durchweg schlecht. Das Wohnungswesen zeigt einen für europäische Auffassung beispiellosen Tiefstand. Die Ärmlichkeit der dauernd am Rande des Verhungerns lebenden Bevölkerung ist unbeschreiblich. Die Gleichgültigkeit gegen Schmutz und jegliche Art Ungeziefer – besonders Läuse und Wanzen sowie Fliegen bedingt Zustände, die stellenweise als katastrophal gelten müssen.

Bereits vor der Unterbringung ist die Truppe über die schlechten hygienischen Verhältnisse zu belehren. Es ist darauf hinzuweisen, daß jeder engere Verkehr mit der Bevölkerung zu unterbleiben hat, daß Unterbringungen in Privatquartieren, insbesondere jeder eigenmächtige Quartierwechsel, verboten sind. Geschlechtsverkehr ist wegen der weitverbreiteten Verseuchung der Bevölkerung in jedem Falle höchst gefahrbringend. Umfassende Entwesungsmöglichkeiten sind vorzusehen.

Zustand der Bahnen

Der Ausbau der Eisenbahnen Zentral-Rußlands ist beim Wiederaufbau des Staates nach den zerrüttenden Revolutionsjahren mit der aufsteigenden Industrie nicht mitgekommen.

Der Gleisbau ist immer noch sehr mangelhaft, der Oberbau zu schwach und das rollende Material unzureichend. Hinzu kommt das ungeschulte, zum Teil unfähige Personal.

Straßen

Zentral-Rußland hat nur im Umkreis von 160–190 km (im Nordosten bis

260 km) um die russische Hauptstadt ein einigermaßen zusammenhängendes Straßennetz. Der einzig bedeutende Verkehrsknotenpunkt ist Moskau, über das schnelle Durchgangsstraßen verlaufen.

Die leistungsfähigsten Straßen Zentral-Rußlands sind die beiden »Autostraßen« nach Minsk und Kiew:

1. Autostraße Moskau–Minsk:
Bisher eine 12–15 m breite Fahrbahn (Abschnitt Moskau–Wjasma), die ebenso breite zweite Fahrbahn ist noch im Bau.

Auf dem Abschnitt Smolensk–Minsk bestand 1940 nur auf einer Fahrbahn der Pflasterunterbau (25–30 cm). Die Strecke wird trotzdem befahren. Es ist anzunehmen, daß hier ebenso wie auf dem Abschnitt bis Moskau die fehlende Schotter- (5 cm), Zement- (10 cm) und Asphaltschicht auf einer Fahrbahn inzwischen fertiggestellt ist. – Im Winter 1940/41 soll die Straße durch Frost stark gelitten haben (Beulen).

Die Brücken sollen durchweg Eisen- und Zementkonstruktionen sein und jeder Belastung standhalten. Angeblich sollen auch Tankstellen, Reparaturgelegenheiten und Unterkunftshäuser vorhanden sein. Nach neuen Meldungen soll in Verlängerung der Autostraße eine durchgehende Verbindung (Hauptstraße) Minsk–Baranowitschi bestehen.

2. Autostraße Moskau–Kaluga–Brjansk–Kiew:
Die Autostraße ist 1941 dem Verkehr übergeben worden. Einschließlich eines mittleren Trennungsstreifens soll sie annähernd 50 m breit sein. Auf einen bis zu 100 cm starken Sanddamm ist ein 15–20 cm starker Pflasterunterbau gelegt (Würfelpflaster oder Schotter). Dann folgt eine 5 cm starke Zementschicht und 3 cm Asphaltschicht.

↑ Das im Frost erstarrte Demidowo, ein kleines Städtchen inmitten Zentral-Rußlands

15

Im ganzen besitzt die Autostraße 40 Brücken und 18 Straßenüberführungen. Reparatur- und Treibstoffstellen sowie Garagen und Gasthäuser sollen vorhanden sein.

Die übrigen »Hauptstraßen« sind meist nur auf den Abschnitten in der Nähe Moskaus sehr gut ausgebaut.

Die »Fahrwege« entbehren meist des Unterbaus. Ihre Befahrbarkeit ist, selbst wenn sie z. T. eine härtere Decke aus Schotter oder Kies besitzen, von der Jahreszeit und Witterung und außerdem noch von der Beschaffenheit des Bodens abhängig.

Die Linie Kursk–Tula–Saransk bildet die Grenze zwischen dem lehmig-sandigen Boden Nordrußlands und dem besser passierbaren Schwarzerdeboden Südrußlands.

Für größere Militärtransporte dürfte diese Wegeklasse nicht genügen (schwache Decken, Naturwege, bei Regen durchweicht, schwache Holzbrücken).

Während der Frostperiode wickelt sich der Verkehr auf den sog. »Winterwegen« ab, die quer über zugefrorene Sümpfe und Gewässer verlaufen, meist also erheblich kürzer als die im Sommer benutzten »Fahrwege« sind. Auch zugefrorene Flußläufe werden dann als Schlittenwege ausgenutzt.

Militärische Beurteilung

Die für militärische Transporte in Frage kommenden Durchgangsstraßen mit festem Unterbau gehen sämtlich über Moskau.

Die Brücken sind meist aus Holz und von geringer Tragfähigkeit. Die Eisen- und Betonkonstruktionen beschränken sich auf die Umgebung Moskaus und die 3 wichtigsten Durchgangsstraßen.

Militärische Gesamtbeurteilung

Zentral-Rußland ist das Herz Rußlands, dessen Besitzergreifung durch eine sehr starke, bewaffnete, fremde Macht ganz Rußland lähmen und den Zusammenhalt aller übrigen Teile des weiten Sowjetreiches untereinander lockern würde, ihn auf die Dauer sogar zerstören könnte.

Das weitaus wichtigste Angriffsziel innerhalb Zentral-Rußlands ist Moskau.

Günstige Zeiten

Die günstigsten Monate für Bewegungen großen Stils sind August und September, weil dann die Wasserführung der Ströme gering ist. Im Süden und Südosten ist dann allerdings mit starker Staubentwicklung zu rechnen. Auch der Juli ist günstig, aber im Süden sehr heiß; im Norden ebenso wie der August durch die in Deutschland ganz ungewohnte Mückenplage schwer zu ertragen.

Günstig ist auch der Frühwinter (Anfang Dezember bis Mitte Januar), weil er die Fluß- und Sumpfhindernisse ausschaltet. Der weitere Winter ist auch noch günstig, aber im Osten Zentral-Rußlands infolge scharfer Kälte und hoher Schneedecke beschwerlicher.

Belegungsmöglichkeiten

1. Die Unterbringung von Truppen ist auf dem flachen Lande infolge primitiver Wohnverhältnisse und schlechter hygienischer Umstände überall schwierig. Sie ist aber besser als im Norden Rußlands und in Weißrußland, da in Zentral-Rußland die Volksdichte größer und die Armut der Bevölkerung weniger kraß ist. In den Städten und den Vororten Moskaus ist die Unterbringung dagegen erheblich leichter, da hier große öffentliche Gebäude, Schulen und Kasernen,

wenn unzerstört, zur Verfügung stehen. Die sanitären Verhältnisse sind allerdings auch in den Städten schlecht, die Wohnhäuser von Menschen überfüllt.
2. Die Verpflegung wird im allgemeinen schwierig sein und hängt örtlich davon ab, wie weit es gelingt, durch raschen Zugriff Vorräte unzerstört zu erbeuten.

Nur für den Dienstgebrauch!

Militärgeopolitische Angaben über das Europäische Rußland
   MOSKAU
Abgeschlossen am 20. Juni 1941, Generalstab des Heeres, Berlin 1941

Stadtgebiet von Moskau

Entsprechend seiner Lage im osteuropäischen Raum hat Moskau ein ausgesprochen kontinentales Klima, das sich in erheblichen Gegensätzen äußert. Heiße Sommer stehen langdauernden kalten Wintern gegenüber.
Der Winter setzt mit voller Stärke Ende November ein, es bildet sich zu dieser Zeit eine feste Schneedecke, die auf dem umgebenden Lande eine Höhe von 1½ bis 2 m erreicht. Die mittlere Januartemperatur beträgt −10,2°, Temperaturen unter −32° treten während des Winters in kürzeren Perioden (meist von 8 Tagen) auf. In der Regel zählt man gegen 150 Frosttage.
Der Frühling setzt dann unvermittelt ein. Der Sommer ist heiß und drückend. Der Herbst ist länger als der Frühling, im allgemeinen unfreundlich. Der erste Schneefall setzt bereits im Oktober ein, jedoch bildet sich dann keine dauernde Schneedecke.

↓ Zentrum des Staates, Herz von Moskau: der Kreml; rechts der Alexander-Garten, dahinter die Moskwa

Militärgeographische Angaben über das Europäische Rußland

Moskau

—

Atlas

Abgeschlossen am 20. Juni 1941

Generalstab des Heeres
Abteilung für Kriegskarten und Vermessungswesen (IV. Mil.-Geo.)
Berlin 1941

↑ »Fremdenführer« für die sowjetische Hauptstadt: noch rechtzeitig vor Beginn des Unternehmens »Barbarossa« herausgebracht

→ Eine Geheimkarte von Moskau: zum Gebrauch für die deutsche Truppe

Bevölkerung

Tonangebend für die Stadtbevölkerung ist der Großrusse, dessen Volkscharakter dem Deutschen weitaus fremder ist, als gewöhnlich angenommen wird. Die auffallenden Eigenschaften des Großrussen sind: Mißtrauen, Geduld, Fehlen des bei der nordischen Rasse vorhandenen persönlichen Abstandes von Mensch zu Mensch, rege Gesprächstätigkeit und jähes Umschlagen der Stimmung von einem Extrem in das andere. Er hat trotz seines oft großen persönlichen Mutes stets Scheu vor Verantwortung. Unter Aufsicht meist ein tüchtiger Arbeiter, neigt er sehr dazu, bei geeigneter Gelegenheit die Arbeit ruhen zu lassen, und ist deshalb nicht mit Unrecht als träge verschrien. Einem stärkeren Willen ordnet sich der Russe gern unter.

Militärische Beurteilung

Eine etwaige Räumung Moskaus durch die Sowjetbehörden würde die zurückbleibende Bevölkerung zunächst chaotischen Zuständen überliefern. Daher sind von vornherein umfangreiche polizeiliche Maßnahmen ins Auge zu fassen.

Gesundheitliche Verhältnisse

Die eng bevölkerte Millionenstadt Moskau mit ihrem bunten Gemisch aus Russen, Juden, Ukrainern, Tataren, Polen, Weißruthenen, Letten, Armeniern, Ostasiaten usw. bietet das Bild beklemmender Überbevölkerung unter denkbar primitivsten Lebensverhältnissen. In den einzelnen Zimmern der meist verwahrlosten Wohnungen hausen kinderreiche Familien auf amtlich zugewiesenem Raum, in welchen mangelnder Reinlichkeitssinn unglaubliche Verschmutzungsgrade aufkommen läßt.

Jeglicher engere Verkehr mit der ansässigen Bevölkerung muß gemieden werden. Als Trinkwasser ist nur abgekochtes Wasser oder solches aus dem Heeres-Trinkwasserbereiter oder Tornisterfiltergerät zu verwenden.

Gegenüber Hunden und Katzen ist im Hinblick auf die Tollwutgefahr Vorsicht geboten. Streunende Tiere sind zu beseitigen. Für die Unterbringung von Truppen scheiden Privatquartiere aus. Der Benutzung öffentlicher Badeanstalten – ihre Anzahl ist ohnehin gering – muß bis zur Übernahme als truppeneigener Betrieb widerraten werden.

Militärische Beurteilung

Eine plötzliche Verlegung der Zentralverwaltungsbehörden während eines Krieges dürfte bei den russischen Verhältnissen ausgeschlossen sein. Bei einer Besetzung wäre infolgedessen mit zwei extremen Möglichkeiten zu rechnen.

1. Der gesamte zentralisierte Verwaltungsapparat von Staat und Partei fällt der einrückenden Truppe in die Hände. Da bekanntlich auch die Wirtschaft verstaatlicht ist, ist es leicht möglich, einen Überblick über die Produktion und Vorräte des Riesenreiches zu erhalten.

2. Der weichende Gegner vernichtet alle Archive und Registraturen der Behörden. Dadurch wird aber die Verwaltung der ihm verbleibenden Gebiete praktisch lahmgelegt.

Belegungsmöglichkeiten und Materialversorgung

Für die Unterbringung von Truppen kommen in erster Linie die Kasernen der Roten Armee in Frage. Da Privatquartiere grundsätzlich ausscheiden, sind außerdem Hotels, Theater, Schulen, Ausstellungshallen und die Klub- und

18

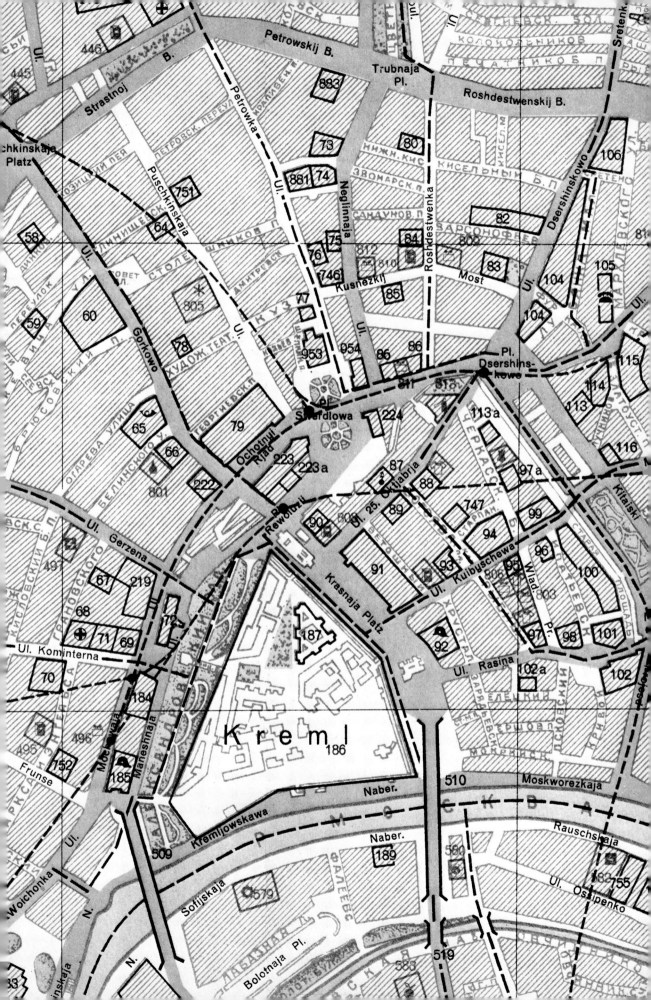

Gemeinschaftshäuser von industriellen Werken zu belegen. Parkungsmöglich-keiten bieten die zahlreichen Parks und Stadien.

Ob mit genügenden Lebensmittelvorräten zu rechnen ist oder nicht, läßt sich nicht mit Bestimmtheit sagen. Im Fall einer Räumung der Stadt ist die Zerstö-rung des Vorhandenen zu erwarten. Industrielle Rohstoffe, ferner Brenn- und Baustoffe dürften zunächst ausreichen.

Verkehrswesen

In der Stadt selbst und ihrer weiteren Umgebung ist der Ausbau der Verkehrs-straßen so weit vorgetrieben, daß er modernen Ansprüchen genügen kann.

Militärische Beurteilung

Eine Besetzung des Verkehrsknotenpunkts Moskau unterbricht die Verbin-dung zwischen der an Getreide und Rohstoffen reichen Ukraine und dem Norden (Leningrad, Murmansk). Das Straßennetz in der näheren Umgebung der Hauptstadt ist dem modernen Verkehr einigermaßen gewachsen, die Erreichung des Stadtkerns (Kreml) dürfte dank des neuzeitlichen Ausbaus der Hauptdurchfahrtsstraßen im Weichbild auf keine Schwierigkeiten stoßen.

Nachrichtenverbindungen

Militärische Beurteilung

Da sämtliche Drahtleitungen über Moskau führen bzw. dort enden und dort auch die wichtigsten Sender stehen, ist im Kriegsfalle eine Überwachung fast des gesamten Fernmeldenetzes von dort aus möglich.

Durch den Umstand, daß das gesamte Drahtfernmeldenetz nur oberirdisch verläuft, ist die Möglichkeit einer schnellen Trennung und Zerstörung der Fernsprech- und Telegraphenlinien gegeben. Eine eventuelle Rundfunkoffen-sive gegen die UdSSR ist kaum mit großem Erfolg durchführbar, weil die Organisation der Rundfunknetze in der UdSSR ein Abhören fremder Sender für die Rundfunkhörer unmöglich macht.

Industrie

Moskau ist das bedeutendste Industriezentrum der Sowjetunion.

Militärische Beurteilung

Die Zusammenballung der Industrie macht Moskau zu einem hochempfindli-chen Angriffsziel vor allem für Luftangriffe. Die Zerstörung der wichtigsten Rüstungs- und anderen Industriewerke würde die Sowjetunion für die Kriegs-wirtschaft bedeutendster Produktionsstätten berauben.

Militärische Gesamtbeurteilung

Moskaus Bedeutung

Moskau ist jedoch nicht nur das Hauptangriffsziel von Zentralrußland, sondern eines der wichtigsten des gesamtrussischen Raumes, kurz gesagt von ganz Osteuropa. Im Stadtkern konzentriert sich der ins Gigantische gesteigerte Apparat der Behörden und Dienststellen, durch die die UdSSR in politischer, weltanschaulicher und wirtschaftlicher Hinsicht gelenkt und überwacht wird. Moskau ist beherrschender Knotenpunkt des Eisenbahn-, Flugverkehr- und Fernmeldewesens von ganz Rußland.

In Moskau, der größten Industriestadt der Union, und dem angrenzenden Gebiet ballt sich die Rüstungsindustrie zusammen und schließlich ist die Stadt auch der größte Standort der russischen Wehrmacht mit einer Unzahl militärischer Dienststellen und Anlagen.

Militärische und wehrwirtschaftliche Ziele

Bezüglich der militärischen und wehrwirtschaftlichen Ziele wird in erster Linie auf die Einzelkarten 1:83000 verwiesen. Sie lassen erkennen, daß Industrien sich in der Regel nach Geschäftszweigen in bestimmten Gegenden eng zusammendrängen. Eine Zerstörung der empfindlichen Stellen auf der Wasserscheide des Moskwa-Wolga-Kanals vermag die Moskwa trockenzulegen und die Wasserversorgung der Bevölkerung ernstlich zu gefährden.

Evakuierungsmaßnahmen

Unter Berücksichtigung der Verkehrsverhältnisse ist eine rasche Verlegung des Behörden-Apparates in weniger gefährdete Ostgebiete (hinter den Ural!) ausgeschlossen.

Unterbringung und Verpflegung

Eine Unterbringung auch von größeren Truppenmengen ist durchaus möglich, dagegen ist damit zu rechnen, daß russischerseits alle Vorräte an Lebensmitteln, Brennstoffen u. dergl. vorher vernichtet werden.

Krankheiten

In der an sich sanitär ungenügend betreuten Stadt ist bei der Störung der Wasserzufuhr und ähnlichen notwendigen Maßnahmen mit epidemischen Krankheiten größeren Maßstabes zu rechnen.

Ist Moskau das entscheidende Kriegsziel?

Mit der Besetzung bzw. Zerstörung Moskaus werden der militärische, politische und wirtschaftliche Führungsapparat und wichtige Grundlagen der Sowjetmacht lahmgelegt, aber eine Kriegsentscheidung wird nicht herbeigeführt. Der größte Gegner bleibt dann immer noch der Raum, der ostwärts von Moskau sich ins Grenzenlose verliert. Ob allerdings ostwärts vorhandene Sowjettruppen nach dem Fall der Hauptstadt noch politisch fest in der Hand der Führung stehen, ist eine politische, keine militärische Angelegenheit.

Personen

↑ Fedor von Bock

Fedor von Bock

Der stille, unauffällige und schüchtern wirkende Generalfeldmarschall ist am 3. 12. 1880 in Küstrin als Sohn eines Offiziers geboren.

Nach dem Besuch der Hauptkadettenanstalt in Berlin tritt er 1898 als Leutnant in das preußische 5. Garderegiment zu Fuß ein, wird 1905 Bataillonsadjutant, 1907 Regimentsadjutant und ein Jahr später Oberleutnant. Als Hauptmann 1913 zum Generalstab des Gardekorps versetzt, gehört er im Mai 1915 als Major dem Stab der Armee Mackensen an der Front in Galizien an.

Nach Kriegsende von der Reichswehr übernommen, wird von Bock 1920 Chef des Stabes des Wehrkreises III, 1925 zum Obersten befördert und 1929 als Generalmajor Chef des Stabes des Gruppenkommandos I. 1931 Generalleutnant, ein Jahr später Kommandeur der 2. Division in Stettin und Befehlshaber im Wehrkreis II. 1935 führt er als General der Infanterie das IV. Korps, 1938 Oberbefehlshaber der 8. Armee, mit der er Österreich besetzt. Im gleichen Jahr übernimmt von Bock bereits als Generaloberst die Heeresgruppe 1 in Berlin.

Im Polenfeldzug befehligt von Bock die Heeresgruppe Nord, die größere Teile von Polen einnimmt. Im Oktober 1939 wird von Bock Oberbefehlshaber der an der Westfront liegenden Heeresgruppe B. Im Westfeldzug zwingt er die holländischen Streitkräfte zur Kapitulation und stößt mit seinen Armeen bis zur Bretagne und Mittelfrankreich vor. Am 19. 7. 1940 zum Generalfeldmarschall befördert, wird von Bock bereits im gleichen Monat mit seinen Truppen nach Polen verlegt.

Die ihm unterstellte Heeresgruppe Mitte, bei der der Schwerpunkt des gesamten Ostheeres liegt, stößt am 22. 6. 1941 aus dem Raum Warschau mit starken

Panzerverbänden vor und soll die Heeresgruppe Nord bei ihrem Vorgehen in die baltischen Länder unterstützen, sowie Mittel-Rußland besetzen. Seiner Heeresgruppe, die aus insgesamt 49 Divisionen mit 930 Panzern besteht, fällt die Hauptaufgabe des Angriffsplanes zu: Sie soll das Zentrum der sowjetischen Verteidigung durchbrechen.

Heinz Guderian

Schöpfer der deutschen Panzertruppe und erster deutscher Offizier, der ihre Schlagkraft richtig eingeschätzt hat.

Am 17. 6. 1888 in Kulm an der Weichsel geboren, Sohn eines Berufsoffiziers.

Am 1. 4. 1901 tritt Guderian in das Kadettenkorps in Baden ein und ist im Alter von 19 Jahren Leutnant im Hannoverschen Jägerbataillon Nr. 10. Ab Oktober 1912 im Telegraphenbataillon Nr. 3 (Koblenz), ein Jahr später an die Kriegsakademie in Berlin abkommandiert.

Nach dem Kriegsausbruch als Oberleutnant und Funkoffizier in der 5. Kavalleriedivision, nimmt Guderian an der Marne-Schlacht teil. Am 28. 2. 1918 tritt er in den Generalstab ein.

Nach dem Kriegsende von der Reichswehr übernommen, ist er ab April 1922 im Reichswehrministerium in der Inspektion der Kraftfahrtruppen, wo er sich eingehend mit dem Problem der Panzerwaffe beschäftigen kann. Ab Herbst 1924 Lehrer in Taktik und Kriegsgeschichte im Stab der 2. Division in Stettin. Ab 1927 als Major in der Transportabteilung des Truppenamtes, ab 1928 Taktiklehrer beim Kraftfahrlehrstab.

Anfang 1930 Kommandeur der 3. Kraftfahr-Abteilung, am 1. 10. 1931 Chef des Stabes der Inspektion der Kraftfahrtruppen, 1932 Besuch der deutsch-russischen Panzerschule in Kasan, wo insgeheim die ersten deutschen Panzer ausprobiert werden. Ab 1. 10. 1933 zum Obersten befördert, 1934 Chef des Stabes des Kommandos der Panzertruppen. Im Oktober 1935 übernimmt Guderian das Kommando über die 2. Panzerdivision in Würzburg. Ab 1. 2. 1938 Generalleutnant und Kommandierender General des XVI. Korps in Berlin, 1938 Chef der Schnellen Truppen und General der Panzertruppe.

Im Polenfeldzug befehligt Guderian das XIX. Panzerkorps, mit dem er Brest-Litowsk einnimmt. Im Frankreichfeldzug überquert seine Panzergruppe Guderian die Maas bei Sedan und stößt bis nach Dünkirchen vor. In der zweiten Phase des Feldzuges marschiert er mit seinen Panzerverbänden bis zur Schweizer Grenze und kesselt die französischen Armeen im Rücken der Maginot-Linie ein.

Am 19. 7. 1940 zum Generaloberst befördert, führt Gudcrian am 22. 6. 1941

←← Heinz Guderian (links) und Hermann Hoth

← Erich Hoepner

beim Angriff auf die Sowjetunion die Panzergruppe 2 im Rahmen der Heeresgruppe Mitte.

Erich Hoepner

Ein Truppenführer mit Charakter und Zivilcourage, der weiß, wann er nicht gehorchen darf. Er stirbt nach dem 20. Juli 1944 auf Hitlers Geheiß am Galgen.

Am 14. 9. 1886 in Frankfurt/Oder als Sohn eines Militärarztes geboren, tritt er im März 1905 als Fahnenjunker in das Schleswig-Holsteinische Dragonerregiment 13 ein. Ab November 1905 auf der Kriegsschule Hannover. Am 18. 8. 1906 zum Leutnant befördert, wird Hoepner im Oktober 1913 – jetzt Oberleutnant – zur Kriegsakademie Berlin abkommandiert, die er bis zum Ausbruch des Ersten Weltkrieges absolviert.

Nach der Mobilmachung Ordonnanzoffizier beim Generalkommando des XVI. Armeekorps. Am 18. 6. 1915 zum Rittmeister befördert und in den Generalstab als Hauptmann i.G. versetzt, übernimmt Hoepner am 8. 5. 1916 die 4. Kompanie des Infanterieregiments 144 an der Westfront. Ab 1917 Hauptmann i.G. des Armeeoberkommandos 1 (AOK 1), dann des AOK 7, im Frühsommer 1918 in den Stab der 105. Infanteriedivision als Ia-Offizier.

Nach dem Kriegsende von der Reichswehr als Rittmeister im »Grenzschutz Ost« übernommen, dann Eskadronschef im Reiterregiment 2 (Allenstein/Ostpreußen). 1926 Beförderung zum Major, ab 1927 1. Generalstabsoffizier im Wehrkreiskommando I (Königsberg/Ostpreußen). Ab 1. 4. 1930 übernimmt Hoepner als Oberstleutnant das I. Bataillon im Infanterieregiment 17 (Braunschweig) und wird im Herbst 1935 Chef des Stabes im Gruppenkommando 1 (Berlin). Sein Interesse gilt der Taktik einer beweglichen Kriegführung und der operativen Panzerwaffe. Ab 1. 1. 1936 Generalmajor und ab 1. 10. 1937 Kommandeur der 1. Leichten Division in Wuppertal. Im September 1938 stellt sich Hoepner dem Generalstabschef General Halder für den geplanten Staatsstreich gegen Hitler zur Verfügung. Am 24. 11. 1938 wird Hoepner Kommandierender General des XVI. Armeekorps (mot.) in Berlin. Sein Verband marschiert am 15. 3. 1939 in Prag ein. Am 1. 4. 1939 zum General der Kavallerie ernannt. Im Polenfeldzug führt er sein XVI. Panzerkorps von Schlesien bis nach Warschau und beteiligt sich an der Schlacht an der Bzura. Im Frankreichfeldzug durchbricht das XVI. Panzerkorps im Rahmen der Armee v. Reichenau die Dyle-Stellung und erfüllt so seinen operativen Auftrag bei der Heeresgruppe B (GenOberst v. Bock). Danach tritt Hoepner mit seinem Panzerkorps unter den Befehl der 4. Armee (GenOberst v. Kluge), nimmt am 21. 6. 1940 Lyon. Am 19. 7. 1940 zum Generalobersten befördert. Am 15. 2. 1941 wird das XVI. Panzerkorps in Panzergruppe 4 umgewandelt.

Am 22. 6. 1941 nimmt Hoepners Panzergruppe 4 unter dem Befehl der Heeresgruppe Nord (GFM Ritter v. Leeb) am Vorstoß der Ostfront über die baltischen Länder in Richtung Leningrad teil. Am 15. 9. 1941 wird seine Panzergruppe 4 der Heeresgruppe Mitte (GFM v. Bock) für den Angriff auf Moskau unterstellt. Hoepner soll den entscheidenden frontalen Vorstoß auf die sowjetische Hauptstadt führen.

Hermann Hoth

Der schmächtige Generaloberst mit silbrigem Haar, von seinen Soldaten »Papa Hoth« genannt, ursprünglich Infanterist, mittlerweile ein glänzender Panzerführer.

Am 12. April 1885 in Neuruppin in der Mark Brandenburg als Sohn eines Sanitätsoffiziers geboren, tritt er nach dem Gymnasium in das preußische Kadettenkorps ein. Nach dem Abitur und der Kriegsschule dient Hoth im Infanterieregiment 72 (Torgau) und kommt bei Ausbruch des Ersten Weltkrieges zuerst als Hauptmann in den Großen Generalstab, wird Kompaniechef, Bataillonskommandeur und Chef einer Fliegerabteilung.

Ende des Krieges ist er Generalstabsoffizier einer Infanteriedivision, danach, von der Reichswehr übernommen, in verschiedenen Kommandeur- und Stabsstellungen. Von 1935 bis 1938 führt Hoth die 18. Division (Liegnitz) und später als Generalleutnant das XV. Armeekorps (Jena), einen schnellen Truppenverband par excellence. Im Polenfeldzug befehligt General der Infanterie Hoth das der 10. Armee (v. Reichenau) unterstellte XV. Panzerkorps, das, an strategisch entscheidenden Punkten eingesetzt, wesentlich zum Gelingen der Operation beiträgt. Auch im Frankreichfeldzug kann Hoth manchen Erfolg verbuchen. Am 13. Mai 1940 überschreitet sein XV. Panzerkorps als erster deutscher Verband bei Dinant die Maas, und einen Monat danach, am 16. Juni, erreichen die Panzerspitzen seines Korps Brest.

Beim Angriff auf die Sowjetunion befehligt Hoth die Panzergruppe 3, mit der er, im Zusammenwirken mit den Panzergruppen Guderian und Hoepner, die Erfolge der großen Kesselschlachten des Sommers und Herbstes 1941 anbahnt. Bereits am 9. Juli 1941 erobert Generaloberst Hoth, der unerschrocken öfters vorn als bei seinem Stab zu finden ist, Witebsk.

Hans Günther von Kluge

Generalfeldmarschall v. Kluge ist am 30. 10. 1882 in Posen als Sohn eines Generalleutnants geboren, tritt in das preußische Kadettenkorps ein und absolviert die Kriegsakademie. 1914 rückt er als Hauptmann mit dem XXI. Armeekorps ins Feld, kämpft in Flandern und wird bei Verdun schwer verwundet. 1919 in die Reichswehr übernommen und am 1. 7. 1927 zum Oberstleutnant ernannt, wird er ein Jahr später Chef des Stabes der 1. Kavalleriedivision (Frankfurt/Oder), ab 1. 2. 1933 Generalmajor und Inspekteur der Nachrichtentruppen (ab 1. 10. 1933), am 1. 4. 1934 Generalleutnant. 1934 wird er Kommandeur der 6. Division und Befehlshaber im Wehrkreis VI (Münster), 1935 Kommandierender General des VI. Armeekorps und am 1. 8. 1936 zum General der Artillerie befördert. Im Polenfeldzug führt v. Kluge die von Ostpommern vorstoßende 4. Armee. Seine Truppen nehmen an der Schlacht an der Bzura teil. Am 1. 10.1939 Beförderung zum Generaloberst. Im Westfeldzug gehört seine 4. Armee zum nördlichen Flügel der Heeresgruppe A (v. Rundstedt), der über Dinant und Arras in Richtung Dünkirchen marschiert. Nach den Kämpfen mit dem britischen Expeditionskorps verfolgt die 4. Armee die Reste des französischen Heeres in raschem Vorstoß beiderseits Paris über die Loire und weiter nach Süden. Am 19. 7. 1940 wird v. Kluge Generalfeldmarschall. Beim Angriff auf die Sowjetunion führt er weiterhin die 4. Armee. Nach den Schlachten bei Wjasma und Brjansk rückt seine Armee in Richtung Moskau vor.

↑ Hans Günther von Kluge

Walter Model

Generalfeldmarschall Model ist am 24. 1. 1891 in Genthin (Mecklenburg) als Sohn eines Königlich-preußischen Musikdirektors geboren. Während des Ersten Weltkrieges an der Westfront – vorübergehend im Großen Hauptquartier – kämpft er dann bei Verdun, wird verwundet und mehrfach wegen Tapferkeit ausgezeichnet. Nach Kriegsende tritt Model als Hauptmann in die Reichswehr ein, wird dann Kommandeur des Infanterieregiments 2 (Allenstein), ab 1. 10. 1934 Oberst, 1935 Chef der Technischen Abteilung im Generalstab des Heeres und am 1. 3. 1938 zum Generalmajor befördert. Ein Jahr später Chef des Generalstabs des IV. Armeekorps in Dresden. Model ist in dieser Stellung an den Operationen im Polenfeldzug beteiligt.

Am 25. 10.1939 Chef des Generalstabs der 16. Armee, die während des Frankreichfeldzuges bei Trier die Mosel überquert, die Maginot-Linie durchbricht und Verdun erobert. Am 13. 11. 1940 übernimmt Model als Generalleutnant die 3. Panzerdivision. Beim Angriff auf die Sowjetunion bildet seine Division die Spitze im Wettlauf zum Dnjepr. Am 1. 10. 1941 ernennt ihn Hitler zum General der Panzertruppe und zum Kommandierenden General des nördlich von Moskau eingesetzten XXXI. Panzerkorps.

Hans-Georg Reinhardt

Der streng sachliche, ebenso entschlossene wie besonnene Truppenführer ist am 1. 3. 1887 in Bautzen geboren.

1907 tritt er dann als Fahnenjunker in das Königlich-sächsische Infanterieregiment 107 in Leipzig ein. Bei Ausbruch des Ersten Weltkrieges zieht Reinhardt als Regimentsadjutant des Infanterieregiments 107 ins Feld. Mit höchsten Tapferkeitsauszeichnungen dekoriert wird Reinhardt in den Generalstab versetzt und ist bei Kriegsende Hauptmann i.G.

In die Reichswehr übernommen, wird er 1934 Oberst und nach seiner Beförderung 1937 zum Generalmajor Chef der Ausbildungsabteilung des Generalstabs. Im gleichen Jahr zum Kommandeur der 1. Schützenbrigade in der 1. Panzerdivision (Weimar) ernannt, übernimmt Reinhardt 1938 das Kommando über die neuaufgestellte 4. Panzerdivision in Würzburg.

Im Polenfeldzug steht Reinhardt mit seiner zum XVI. Panzerkorps (Gen. d. Kav. Hoepner) gehörenden 4. Panzerdivision als erster vor den Toren Warschaus, wo er mit erheblichen Verlusten an Menschen und Material zurückgeschlagen wird. Danach nimmt er an der Schlacht an der Bzura teil. Im Frankreichfeldzug führt Reinhardt das XXXXI. Panzerkorps im Rahmen der Panzergruppe v. Kleist, erzwingt nördlich von Sedan den Maas-Übergang und wird am 1. 6. 1940 zum General der Panzertruppe befördert.

Am 22. 6. 1941 tritt Reinhardt mit seinem XXXXI. Panzerkorps in der Heeresgruppe Nord (GFM v. Leeb) von Ostpreußen aus den über 900 Kilometer langen Marsch bis vor Leningrad an. Anfang Oktober 1941 übernimmt Reinhardt den Oberbefehl über die bis jetzt von Generaloberst Hoth geführte

→ Walter Model

→→ Hans-Georg Reinhardt

3. Panzerarmee (Pz. Gruppe 3), mit der er im Rahmen der Heeresgruppe Mitte (GFM v. Bock) Moskau erobern soll.

Adolf Strauß

↑ Adolf Strauß

Oberbefehlshaber der 9. Armee, die im Rahmen der Heeresgruppe Mitte Moskau erobern soll. Strauß gehört mit seinen 62 Jahren bereits zur älteren Generation der höchsten militärischen Führung der deutschen Wehrmacht. Am 6. 9. 1879 in Schermke/Sachsen als Sohn eines Gutspächters geboren, tritt er in die Kadettenanstalt in Bensberg ein und später in die Hauptkadettenanstalt Berlin-Lichterfelde. Im März 1898 wird er Fähnrich im 2. Unterelsässischen Infanterieregiment 137/Hagenau und 1901 zum Leutnant befördert. 1911 kommandiert man Strauß als Oberleutnant an die Berliner Kriegsakademie. Bei Ausbruch des Ersten Weltkrieges zieht Oberleutnant Strauß mit dem Infanterieregiment 162 ins Feld. Zum Hauptmann befördert wird er Ordonnanzoffizier bei der 17. Reservedivision und bei Kriegsende Bataillonskommandeur des Infanterieregiments 99.

Nach Übernahme in die Reichswehr und Beförderung im Januar 1924 zum Major geht er als Lehrer an die Infanterieschule in Dresden. Seit dem 1. 5. 1929 Oberstleutnant und ab Oktober 1932 Kommandeur des Preußischen Infanterieregiments 4 in Kolberg.

Am 1. 9. 1934 wird Strauß als Inspekteur der Infanterie in das Reichswehrministerium nach Berlin berufen, im Dezember 1934 zum Generalmajor ernannt. Im Oktober 1935 übernimmt Strauß die neuaufgestellte 22. Division in Bremen. Am 1. 4. 1937 zum Generalleutnant befördert, wird Strauß im November 1938 Befehlshaber im Wehrkreis II (Stettin) und Kommandierender General des II. Armeekorps.

Als General der Infanterie nimmt Strauß am Polenfeldzug teil, erkämpft mit seinem II. Armeekorps den Weichselübergang bei Kulm und zwingt am 29. 9. 1939 die Festung Modlin zur Kapitulation. Im Frankreichfeldzug führt Strauß das II. Armeekorps im Rahmen der 4. Armee (GenOberst v. Kluge) bei den Übergangsoperationen an der Maas und wird am 30. 5. 1940 zum Oberbefehlshaber der 9. Armee ernannt. Am 19. 7. 1940 zum Generalobersten befördert, soll er mit seiner Armee an dem geplanten Unternehmen »Seelöwe«, der Invasion Englands, teilnehmen.

Am 22. 6. 1941 tritt Generaloberst Strauß mit der 9. Armee im Rahmen der Heeresgruppe Mitte (GFM v. Bock) zum Angriff gegen die Sowjetunion an.

Maximilian Reichsfreiherr von Weichs zur Glon

↓ Maximilian Reichsfreiherr von Weichs zur Glon

Am 12. 11. 1881 in Dessau geboren, Sohn des Oberstallmeisters des Herzogs von Anhalt.

1900 tritt von Weichs als Fähnrich bei den Bayrischen Schweren Reitern in Landshut ein. 1902 Leutnant, von 1905–1908 Regimentsadjutant. 1910 zur Bayrischen Kriegsakademie abkommandiert, danach in den Generalstab in München, ab März 1914 Rittmeister.

Nach dem Ausbruch des Ersten Weltkrieges Ordonnanzoffizier in der Bayrischen Kavalleriedivision, kämpft später an der Westfront in der Champagne und in den Vogesen.

Ab 1919 von der Reichswehr übernommen, dient Freiherr v. Weichs bis 1923 in der 3. Kavalleriedivision in Kassel, danach im Reiterregiment 18 in Stuttgart. 1928 zum Oberstleutnant befördert, wird er Kommandeur des Reiterregiments 18. Im Jahre 1931 Oberst und bis Oktober 1931 Infanterieführer III in Potsdam,

27

danach Kommandeur der 3. Kavalleriedivision in Weimar. 1936 zum General der Kavallerie befördert, führt er von 1937 an als Kommandierender General das XIII. Korps in Nürnberg, mit dem Freiherr v. Weichs an der Besetzung des Sudetenlandes und am Einmarsch in die Tschechoslowakei teilnimmt.

Im Polenfeldzug wird sein XIII. Korps im Rahmen der 8. Armee (Gen. d. Inf. Blaskowitz) eingesetzt. Im Oktober 1939 übernimmt Freiherr v. Weichs die 2. Armee an der Westfront. Im Frankreichfeldzug tritt die 2. Armee am 9. 6. 1940 zum Angriff an, durchbricht die französischen Stellungen an der Aisne und kesselt danach die französische Armee westlich der Maginot-Linie ein. Ab 19. 7. 1940 Generaloberst. Im Balkan-Feldzug wird die 2. Armee gegen Jugoslawien eingesetzt, die am 11. 4. 1941 Agram nimmt und zwei Tage später in Belgrad eindringt.

Am 22. 6. 1941 marschiert die Armee von Freiherr v. Weichs unter dem Befehl der Heeresgruppe Mitte (GFM v. Bock) in die Sowjetunion ein.

Andrej I. Jeremenko

↓ Andrej I. Jeremenko

Der draufgängerische und strategisch begabte Oberbefehlshaber der Brjansker Front wird am 14. Oktober 1892 im Dorf Markowka, unweit Charkow, geboren. Sein Vater ist ein armer ukrainischer Bauer. Im Jahre 1913 zum Militärdienst eingezogen, kommt er bei Ausbruch des Ersten Weltkrieges an die Front und wird bereits in seinem ersten Einsatz verwundet, ein Schicksal, das Jeremenko in seiner militärischen Laufbahn nur allzu oft begegnet. Kaum genesen, steht der junge Soldat wieder in der ersten Linie und wird wegen Tapferkeit vor dem Feind zum Unteroffizier befördert. Nach der Februarrevolution 1917 beteiligt er sich aktiv an den Arbeiten des Regimentskomitees. Und nachdem seine Einheit von der rumänischen Front nach Rußland zurückverlegt worden ist, fährt Jeremenko kurz entschlossen in sein Heimatdorf Markowka. In jenen Tagen stehen die deutschen Truppen noch tief in der Ukraine, und die ersten Weißgardisten tauchen auf. Jeremenko führt eine Partisanenabteilung, die Ende 1918 der Roten Armee unterstellt wird, und im Januar 1919 ist er schon Kriegskommissar und stellvertretender erster Vorsitzender des Revolutionskomitees in Markowka.

Einige Monate später kämpft er im ersten sowjetischen Reiterverband gegen Weißgardisten, zuerst als Chef der Aufklärung einer Brigade, dann als Stabschef eines Regiments und später als stellvertretender Regimentskommandeur in der 1. Reiterarmee (M. S. Budjonny). Jeremenko nimmt an der Zerschlagung Denikins, am Krieg gegen Polen und am Kampf gegen Wrangel teil. Für seine Leistungen bekommt er den Lenin- und den Rotbanner-Orden. Ein Jahr danach, 1923, absolviert Jeremenko die Höhere Kavallerieschule und wird Kommandeur des 55. Kavallerieregiments.

Jeremenko gibt sich damit nicht zufrieden und studiert fleißig weiter: zuerst an der Militärpolitischen Akademie »W. I. Lenin«, dann an der Hohen Schule der roten Feldherren, der Frunse-Akademie. Danach wird er Kommandeur der 14. Kavalleriedivision und ab 1938 des VI. Kosakenkorps, an deren Spitze Jeremenko am 17. September 1939 mit der Heeresgruppe der Weißrussischen Front (Armeegen. M. P. Kowalew) im nordöstlichen Polen einmarschiert.

Von Dezember 1940 an übernimmt Jeremenko das Kommando über die 1. Selbständige Fernostarmee (Chabarowsk), wo er bald für deren hohen Ausbildungsstand den Rotbannerorden bekommt. Eine Woche nach Hitlers Überfall auf die Sowjetunion mit einer Sondermaschine von Stalin aus dem

Fernen Osten geholt, befehligt Jeremenko ab 28. Juni 1941 die Westfront und führt ab August die Brjansker Front.

Jeremenko ist auch derjenige Befehlshaber der Roten Armee, dem es unter besonders schwierigen Bedingungen gelingt, im Herbst 1941 bei Smolensk den Angreifer einen Monat lang in einer zähen Verteidigungsschlacht zu stoppen und so den Zeitplan der Deutschen durcheinanderzubringen. Danach steht er in harten Kämpfen gegen Guderians Panzergruppe und schirmt Moskau gegen Südwesten ab. Mitte Oktober 1941 während der Kesselschlacht von Brjansk bei einem Angriff deutscher Schlachtflieger auf seinen Befehlsstand schwer verwundet, wird er ausgeflogen und verbringt zwei Monate im Lazarett.

↑ Iwan S. Konjew

Iwan S. Konjew

Am 16. 12. 1897 in Lodejno in Nordrußland geboren, entstammt Iwan Konjew einer Bauernfamilie.

Nach Ausbruch des Ersten Weltkrieges dient Konjew als Unteroffizier eines zaristischen Artillerieregiments und kämpft an der Front in Galizien, tritt nach der Oktoberrevolution in die Kommunistische Partei und zugleich in die Rote Armee ein und wird Kommissar des Kreises Nikolsk. Im Bürgerkrieg 1918–20 Kommissar eines Panzerzuges, später Kommissar einer Schützenbrigade. Konjew kämpft in der Fernostarmee gegen die Truppen des weißrussischen Generals Kolczak, sowie bei der Niederschlagung des Matrosenaufstandes in Kronstadt.

1922–28 Kommissar der 17. Schützendivision, besucht die Kriegsschule und absolviert die M. W. Frunse-Militärakademie. 1931–38 Befehlshaber einer Schützendivision in einem Korps der Fernostarmee. 1938–41 Befehlshaber der 2. Fernostarmee, dann Befehlshaber des Bajkal-Militärbezirks, ab Sommer 1941 Befehlshaber der 19. Armee. Im September 1941 zum Generalobersten befördert, wird er Oberbefehlshaber der Westfront. Danach nimmt Konjew als Oberbefehlshaber der Kalininfront an den entscheidenden Operationen in der Schlacht um Moskau teil.

↓ Konstantin K. Rokossowski

Konstantin K. Rokossowski

Rokossowski, am 21. Dezember 1896 als Sohn eines Eisenbahners in Warschau geboren, arbeitet mit 15 Jahren als Steinmetzgehilfe beim Bau der Warschauer Poniatowski-Brücke. Im Jahre 1912 macht er erstmals Bekanntschaft mit der russischen Polizei: Sie arretiert ihn bei einer Streikdemonstration. Nach Ausbruch des Ersten Weltkrieges kämpft Rokossowski im russischen 5. Kargopoler Dragonerregiment bei Lodz und Warschau gegen die Deutschen. Vom Gefreiten zum Unteroffizier avanciert, verläßt er mit der zurückweichenden Zarenarmee seine Heimat. Seit der Oktoberrevolution kämpft er im Rahmen der Roten Armee in seinem alten 5. Dragonerregiment, jetzt als Stellvertretender Kommandeur. Bald wird er selbst der Kommandeur des 30. Kavallerieregiments, schlägt sich mit der Weißen Garde im Ural und kämpft in der Mongolei gegen den legendären kurländischen Baron Ungern.

Der hünenhafte Reiteroffizier bleibt nach dem Bürgerkrieg in der Armee. Im Jahre 1924 wird er zusammen mit Schukow und Jeremenko zu einem Sonderkurs nach Leningrad geschickt, absolviert dann 1926 die Höhere Kavallerieschule und geht im November 1926 als Instrukteur der 1. Kavalleriedivision in die Mongolei. 1928 übernimmt Rokossowski die 5. Kavalleriebrigade und kämpft gegen die Chinesen. Nach Ausbildung an der Frunse-Akademie befehligt er eine Brigade und dann die 7. Kavalleriedivision (Samara); Kommandeur

eines seiner vier Regimenter ist G. K. Schukow. Im September 1937, einige Tage nach Übernahme des V. Kavalleriekorps (Pleskau) wird Rokossowski verhaftet – als »Agent des japanischen und polnischen Geheimdienstes«. Rokossowski hat es nur seinem Glück und womöglich seiner Kondition zu verdanken, daß er im Gegensatz zu Tausenden anderer Offiziere, wenn auch mit ausgeschlagenen Zähnen, die Säuberungswellen Stalins überlebt.

Nach drei Jahren NKWD-Kerker wird er von einem Tag auf den anderen im März 1940 freigelassen: »Als ich im Frühjahr 1940 aus dem Urlaub zurückgekehrt war, den ich mit meiner Familie in Sotschi verlebt hatte, rief mich der Volkskommissar für Verteidigung zu sich.« Timoschenko bietet ihm, als wäre nichts gewesen, das Kommando über sein altes 5. Kavalleriekorps an.

Ende 1940 wird er mit der Aufstellung des 9. motorisierten Korps beauftragt, eine nicht ganz einfache Sache für einen alten Kavalleristen. »Ich fürchtete, den Aufgaben eines Korpskommandeurs bei den mechanisierten Truppen nicht gewachsen zu sein.« Rokossowski geht an die ihm anvertraute Aufgabe – wie er sagt – nach dem Sprichwort »Frisch gewagt, ist halb gewonnen« heran, und drei Tage nach dem Ausbruch des Krieges mit den Deutschen, am 26. 6. 1941, greift Generalmajor Rokossowski aus den Wäldern von Klewanj mit seinem neu aufgestellten 9. mechanischen Korps das Panzerkorps des Generals Kempf an: »Der Versuch, den befohlenen Gegenstoß zu führen, kam uns teuer zu stehen.«

Zum Generalleutnant befördert, befehligt er die 16. Armee.

Boris M. Schaposchnikow

Der zurückhaltende, im Schatten von Stalin stehende Chef des Generalstabs ist am 20. 9. 1882 in Zlatoust, Bezirk Tschelabinsk, im Südural als Sohn eines Adligen geboren.

1901 tritt er in den Militärdienst ein, beendet 1903 die Moskauer Militärschule und 1910 die Akademie des zaristischen Generalstabs, dann dient er in einem Petersburger Garderegiment als Stabsoffizier im Militärbezirk von Turkestan, anschließend nach Tschenstochau abkommandiert, wo er bei Ausbruch des Krieges in der 14. Kavalleriedivision an den Operationen in Galizien und bei Lodz teilnimmt. Anfang 1915 Stabschef der 12. Armee, ab Juni 1915 im Generalstab der Kosaken-Großverbände an der Südwestfront. Ab Dezember 1915 Oberstleutnant. Ab Februar 1917 Generalstabschef des X. Armeekorps, im August 1917 wird Schaposchnikow zum Obersten befördert und übernimmt das 16. Grenadierregiment (Mingrelski), sowie nach der Oktoberrevolution die Kaukaser Gardedivision.

↓ Boris M. Schaposchnikow mit J. W. Stalin

↘ Georgi K. Schukow

Am 22. Mai 1918 wechselt Schaposchnikow zur Roten Armee, wird stellvertretender Chef der Operationsabteilung in der Verwaltung des Hohen Kriegsrates,
danach Kommissar der Aufklärungsabteilung des Feldstabs der Roten Armee
in der Ukraine, ab September 1919 Chef der Aufklärungsabteilung, einen
Monat später Chef der Operativen Abteilung der Feldarmee. Er entwirft den
Plan einer Offensive gegen die weißrussischen Generäle Denikin und Wrangel,
danach den Operationsplan für den polnisch-sowjetischen Krieg 1920/21 und
später für den Feldzug auf der Krim und wird mit dem Rotbannerorden
ausgezeichnet.
Ab Februar 1921 erster Stellvertreter des Generalstabschefs der Roten Armee,
1925–1928 Oberbefehlshaber der Leningrader und Moskauer Militärbezirke,
ab 1930 Mitglied der Kommunistischen Partei der UdSSR, 1931–32 Oberbefehlshaber des Wolga-Militärbezirks, 1932–35 Oberster Kommissar der be-
rühmten M. W. Frunse-Militärakademie, die unter Schaposchnikow höchstes
Niveau erreicht. 1935–37 Oberbefehlshaber des Leningrader Militärbezirks.
Ab April 1940 Marschall der Sowjetunion, stellvertretender Volkskommissar
für die Verteidigung der UdSSR. Vom 21.–30. 7. 1941 Stabschef der gesamten
Westfront, dann bereits zum dritten Mal Chef des Generalstabs der Roten
Armee.
General Schtemenko: »Schaposchnikow war ein charmanter Mensch und
brachte uns jungen Obersten väterliche Zuneigung entgegen. Ging bei uns
etwas schief, dann schimpfte er nicht, sondern sagte, ohne die Stimme zu
erheben, vorwurfsvoll: ›Was ist denn mit Ihnen los, mein Lieber?‹«
Marschall Schaposchnikow gilt als glänzender Theoretiker und Kriegswissen-
schaftler, ist Autor mehrerer Werke über die Kriegskunst. Er hat nie eine
politische Rolle gespielt, und es ist erstaunlich an der Karriere dieses zaristischen Offiziers, daß er die von Stalin inszenierten Säuberungswellen, denen
beinahe sämtliche Armeebefehlshaber zum Opfer fielen, überlebt hat.
Fast alle größeren Operationen der Roten Armee im Zweiten Weltkrieg, die
der Sowjetunion den Sieg und Stalin den Ruhm eines Strategen einbrachten,
sind an seinem Schreibtisch entstanden.

Georgi K. Schukow

Der stämmige, bäuerlich wirkende Mann mit dem runden sonnengebräunten
Gesicht ist ein glänzender Stratege und ein Meister der Improvisation, gut
vertraut mit den Problemen der Führung großer mechanisierter Verbände. Wie
J. W. Stalin Sohn eines armen Schuhmachers, am 2. Dezember 1896 im Dorf
Strelkowo bei Kaluga in Mittelrußland geboren, muß er bereits im Alter von elf
Jahren bei einem Kürschner arbeiten.
Er nimmt am Ersten Weltkrieg als einfacher Kavallerist, dann als Unteroffizier
bei den 10. Nowgoroder Dragonern teil und wird mit hohen Tapferkeitsauszeichnungen geehrt: zwei St.-Georg-Kreuzen und zwei St.-Georg-Medaillen.
1918 wechselt er zur Roten Armee und kämpft in der 1. Moskauer Kavalleriedivision (M. W. Frunse).
Im Jahre 1923 wird Schukow Kommandeur des 39. Busulukower Kavallerierei-
giments. Danach nimmt er an dem Führungskurs der Reichswehr in Deutschland teil. Im Jahre 1931 absolviert er die Frunse-Kriegsakademie. Während der
Säuberungswellen Stalins, avanciert Schukow unaufhaltsam. Eine Woche vor
dem Überfall Hitlers auf Polen sichert Schukow die sowjetischen Fernostgren-
zen durch einen glänzenden Sieg über Japan am mongolischen Fluß Chalchin-
gol. Hier setzen die Sowjets auch – erstmalig in ihrer Geschichte – massierte

Panzertruppen ein. Dies bringt Schukow den begehrten Titel eines »Helden der Sowjetunion« ein und den ersten seiner insgesamt sechs Lenin-Orden.

Ein Jahr später, am 28. Juni 1940, befehligt Schukow die Verbände, die das rumänische Bessarabien besetzten.

Nachdem der Kavallerist und Panzerfachmann Ende Dezember 1940 in einem Sandkasten-Manöver in Moskau seine Gegner nach allen Regeln der Kunst schlägt, befördert ihn der beeindruckte Stalin drei Tage danach zum Chef des Generalstabs. Als fünf Wochen nach dem deutschen Angriff Schukow zu J. W. Stalin sagt: »Kiew wird man aufgeben müssen«, ist der Diktator empört: »Was ist das für ein Blödsinn!« Schukow unbeeindruckt: »Wenn Sie meinen, daß der Generalstabschef nur Blödsinn verzapfen kann, dann hat er hier nichts zu suchen. Ich bitte, mich von den Pflichten des Generalstabschefs zu befreien und an die Front zu schicken. Dort werde ich der Heimat wohl mehr nützen.« Und Schukow fährt. Zwar geht Kiew verloren; aber Schukow stabilisiert die Westfront und sichert Leningrad. Seitdem gilt der bullige Stratege als Retter in der Not.

Semjon K. Timoschenko

Der stockgerade und kahlgeschorene Marschall der Sowjetunion entstammt wie die meisten höheren sowjetischen Heerführer einer Bauernfamilie.

Im Februar 1895 in dem bessarabischen Dorf Furmanowka geboren, schlägt sich Timoschenko zuerst als Gelegenheitsarbeiter durch, wird im Herbst 1914 MG-Schütze in der zaristischen Armee und tritt Ende 1917 im Rang eines Feldwebels mit seinem MG-Zug in die Rote Armee über.

Im April 1918 wird er Kommandeur der ersten Partisanengruppe auf der Krim, und vier Monate später, im Juli 1918, führt er das erste Reiterregiment auf der Halbinsel, dann eines der Regimenter der 10. Armee (K. J. Woroschilow), dessen Politkommissar J. W. Stalin ist. Ab 1919 wird er Kommandeur der 2. Kavalleriedivision in der 1. Reiterarmee (S. M. Budjonny), mit der er gegen Polen und den weißrussischen General Wrangel kämpft. Fünfmal verwundet, absolviert Timoschenko nach der Beendigung des Krieges die Frunse-Akademie und dann die Militärpolitische Akademie »W. I. Lenin«.

Noch während seines Studiums wird er Kommandierender und Kommissar des 3. Kavalleriekorps, dann von 1933 bis 1935 Befehlshaber des Militärbezirks Weißrußland, von 1935 bis 1937 Befehlshaber des Sondermilitärbezirks Kiew, später des Militärbezirks Charkow, und ab 1938 bis 1940 wieder Befehlshaber des Sondermilitärbezirks Kiew. Am 17. September 1939 marschiert die Armee General Timoschenkos mit der Ukrainischen Front (5., 6. und 12. Armee) in

→ Semjon K. Timoschenko

Polen ein. Während des finnischen Winterkrieges leitet er als Armeeoberbefehlshaber ersten Ranges im Februar 1940 die Offensive der sowjetischen Nordwestfront, die auf der Karelischen Landenge von den Finnen blutig zurückgeschlagen wird.

Der humorlose Timoschenko mit seinem grimmigen Gesichtsausdruck wird am 8. Mai 1940 Nachfolger von K. J. Woroschilow als Volkskommissar für die Verteidigung, zum Marschall befördert und tritt in den Obersten Kriegsrat ein. Bei Hitlers Überfall auf die Sowjetunion ist Timoschenko Oberbefehlshaber des Heeres und zugleich verantwortlich für die »Westfront«. Die ersten schweren Niederlagen der Roten Armee werden ihm angelastet, und am 19. Juli 1941 übernimmt J. W. Stalin selbst die Stellung als Verteidigungskommissar und ernennt Timoschenko zu seinem Stellvertreter.

Nachdem die sowjetischen Streitkräfte während der deutschen Sommer- und Herbstoffensive riesige Verluste erlitten haben, wird Timoschenko vorübergehend mit der Aufstellung der Ersatzarmee beauftragt.

Andrej A. Wlassow

General der Roten Armee, der an der Rettung Moskaus entscheidenden Anteil hat und der als Verräter gehenkt wird, ist am 1. 9. 1900 in dem Dorf Lomakino im Gouvernement Nischni-Nowgorod als achtes Kind eines Kleinbauern geboren.

↑ Andrej A. Wlassow

Er soll Geistlicher werden und studiert am Priesterseminar, wechselt aber 1918 in eine Landwirtschaftsschule über. Nach der Oktoberrevolution wird Wlassow im Frühjahr 1919 in das 27. Schützenregiment der Roten Armee einberufen. Im Herbst 1919, nach Beendigung eines Offizierskurses, als Zugführer der 2. Don-Division gegen die Armee des weißrussischen Generals Denikin eingesetzt. 1920 nimmt Wlassow an den Kämpfen gegen den weißrussischen General Wrangel auf der Krim teil. 1924 wird Wlassow zum Kommandeur der Regimentsschule des 26. Schützenregiments befördert, 1928 absolviert er in Moskau eine Kriegsschule, wird 1929 Bataillonskommandeur im 26. Schützenregiment und tritt der Kommunistischen Partei bei.

1931–34 Stabsoffizier des Leningrader Wehrkreiskommandos. 1935 stellvertretender Abteilungschef für militärische Ausbildung des Leningrader Wehrkommandos. 1936 Kommandeur des 2. Schützenregiments (4. turkestanische Division), dann Kommandeur des 137. Schützenregiments und danach Chef des Stabs der 72. Division. Im Frühjahr 1938 zum Obersten befördert, wird Wlassow Chef der Abteilung für militärische Ausbildung des Kiewer Wehrkreises. Im November 1938 geht er nach Tschunking/China als Militärberater von Marschall Jen Tsi-shan, wo er bis November 1939 bleibt. Nach seiner Rückkehr Kommandeur der 99. Schützendivision im Wehrkreis Kiew, deren hoher Ausbildungsstand in mehreren lobenden Artikeln von der Zeitung Prawda hervorgehoben wird. Am 4. 6. 1940 als einer der jüngsten Generäle der Roten Armee zum Generalmajor befördert. Im Januar 1941 zum Kommandeur des IV. Panzerkorps in Lwow ernannt, wo er einen Monat später mit dem Lenin-Orden ausgezeichnet wird.

Der hünenhafte General kämpft im Juni 1941 mit seinem Panzerkorps tapfer in den Grenzschlachten gegen die Panzerarmee von Generaloberst v. Kleist, übernimmt später die 37. Armee, mit der er Kiew verteidigt. Sein Name als Befehlshaber der 20. Armee, die Moskau am wichtigsten Frontabschnitt vor der Panzergruppe von General Hoepner gerettet hat, wird in der Sowjetunion für immer ausgelöscht.

Prolog

Vorstoß auf Moskau – erster Entwurf
Montag, 5. August 1940

(Auszug)
Generalmajor Marcks (Chef d. Genst. d. 18. Armee)
Operationsentwurf Ost.
Zweck des Feldzuges ist, die russische Wehrmacht zu schlagen und Rußland unfähig zu machen, in absehbarer Zeit als Gegner Deutschlands aufzutreten. Zum Schutz Deutschlands gegen russische Bomber soll Rußland bis zur Linie unterer Don – mittlere Wolga – nördl. Dvina besetzt werden. Rußlands kriegswirtschaftliche Hauptgebiete liegen in dem Lebensmittel- und Rohstoffgebiet der Ukraine und des Donezbeckens und in den Rüstungszentren um Moskau und Leningrad. Die östlichen Industriegebiete sind noch nicht leistungsfähig genug.
Unter diesen Gebieten bildet Moskau den wirtschaftlichen, politischen und geistigen Mittelpunkt der SSSR. Seine Eroberung zerreißt den Zusammenhang des russischen Reiches.
. . .

Der Hauptangriff des Heeres richtet sich von Nordpolen und Ostpreußen auf Moskau. Da ein Aufmarsch in Rumänien nicht möglich ist, gibt es keine andere entscheidende Operation. Ein Ausholen nach Norden würde nur den Weg verlängern, um schließlich in das Waldgebiet nordwestl. Moskaus zu führen. Seine leitende Idee ist, im geraden Stoß auf Moskau die Masse der russischen Nordgruppe vorwärts, innerhalb und ostwärts des Waldgebietes zu schlagen und zu vernichten, im Besitz von Moskau und Nord-Rußland sich nach Süden zu wenden, im Zusammenwirken mit der deutschen Südgruppe die Ukraine zu erobern und im Endziel die erstrebte Linie Rostow – Gorki – Archangelsk zu gewinnen.
Zur Deckung der Nordflanke dieser Operation ist eine besondere Kräftegruppe über die untere Düna auf Pskow – Leningrad anzusetzen.
    gez. Marcks

». . . alle Prüfungen bestanden«
Freitag, 23. August 1940, Moskau. Die Agentur TASS meldet:

Die Moskauer Presse widmet dem ersten Jahrestag des deutsch-sowjetischen Nichtangriffspakts vom 23. August 1939 ausführliche Kommentare. Unter der Überschrift »Ein Datum von großer historischer Bedeutung« veröffentlicht die »Iswestija« einen Leitartikel, in dem sie zu folgenden Schlußfolgerungen kommt:
Das verflossene Jahr hat die ungeheure geschichtliche Bedeutung des Paktes in jeder Hinsicht erwiesen. Er hat nicht nur mit Ehren alle Prüfungen bestanden, die durch die stürmischen Zeitläufe an ihn herangetragen wurden, sondern er hat auch seine unerschütterliche Festigkeit bewiesen.
In ähnlicher Weise äußert sich auch die parteiamtliche »Prawda«: Beide Staaten haben durch das Vertragsrecht der Feindschaft zwischen sich ein für allemal ein Ende gesetzt. Die Verschiedenheit der Systeme und Ideologien kann und darf kein unüberwindliches Hindernis sein für die Herstellung wirklich freundnachbarlicher Beziehungen. Die große Bedeutung des Paktes liegt darin, daß die zwei stärksten Mächte Europas damit die Möglichkeit eines bewaffneten Konflikts unter sich ausgeschlossen haben.

36

Weisung Nr. 21

Der Führer und Oberste Befehlshaber   Führerhauptquartier,
der Wehrmacht   den **18. Dezember 1940**
OKW/WFSt/Abt. L (I)
Nr. 33 408/40 g. Kdos. Chefs.
Geheime Kommandosache
Chef-Sache
Nur durch Offizier
Weisung Nr. 21   Fall Barbarossa.   (Auszug)
Die deutsche Wehrmacht muß darauf vorbereitet sein, auch vor Beendigung
des Krieges gegen England Sowjetrußland in einem schnellen Feldzug niederzu-
werfen (Fall Barbarossa).

. . .

Den Aufmarsch gegen Sowjetrußland werde ich gegebenenfalls acht Wochen
vor dem beabsichtigten Operationsbeginn befehlen.
Vorbereitungen, die eine längere Anlaufzeit benötigen, sind – soweit noch nicht
geschehen – schon jetzt in Angriff zu nehmen und bis zum 15. Mai 1941
abzuschließen.
Entscheidender Wert ist jedoch darauf zu legen, daß die Absicht eines Angriffs
nicht erkennbar wird.
Die Vorbereitungen der Oberkommandos sind auf folgender Grundlage zu
treffen:
    I. Allgemeine Absicht:
Die im westlichen Rußland stehende Masse des russischen Heeres soll in

← Erste Seite der Weisung Nr. 21 mit den Unterschriften der Oberbefehlshaber, die davon Kenntnis genommen haben

kühnen Operationen unter weitem Vortreiben von Panzerkeilen vernichtet, der Abzug kampfkräftiger Teile in die Weite des russischen Raumes verhindert werden.

In rascher Verfolgung ist dann eine Linie zu erreichen, aus der die russische Luftwaffe reichsdeutsches Gebiet nicht mehr angreifen kann. Das Endziel der Operation ist die Abschirmung gegen das asiatische Rußland aus der allgemeinen Linie Wolga – Archangelsk. So kann erforderlichenfalls das letzte Rußland verbleibende Industriegebiet am Ural durch die Luftwaffe ausgeschaltet werden.

Im Zuge dieser Operationen wird die russische Ostseeflotte schnell ihre Stützpunkte verlieren und damit nicht mehr kampffähig sein.

Wirksames Eingreifen der russischen Luftwaffe ist schon bei Beginn der Operation durch kraftvolle Schläge zu verhindern.

. . .

. . .

(gez.) Adolf Hitler

Tagesparole des Reichspressechefs
Montag, 14. April 1941:

Der Minister erklärte zunächst, die große Sensation des Tages sei natürlich die Unterzeichnung des russisch-japanischen Freundschaftspaktes und die dramatische Verabschiedung Matsuokas in Moskau. Aus bestimmten Gründen müßten wir diese Vorgänge jedoch von uns aus lediglich klein bringen, auch im Sprachendienst.

Eine sensationell aufgemachte Berichterstattung sei also nicht erlaubt, sondern die Angelegenheit werde nur der Chronistenpflicht genügend vermerkt. Nicht vermerkt werde dabei die so außerordentlich herzliche Verabschiedung Matsuokas und vor allem auch die Umarmung des deutschen Militärattachés durch Stalin . . .

Geheimer Bericht des Sicherheitsdienstes der SS
zur innenpolitischen Lage Nr. 185 (Auszug)
12. Mai 1941:

Zu den ohnehin schon zahlreichen Gerüchten treten täglich neue, immer genauere Angaben werden gemacht; so erzählt man sich nach verschiedenen Meldungen, daß 30, 100, ja 180 Divisionen deutscher Truppen an der russischen Grenze bereitstünden und daß in Finnland 100 000 deutsche Soldaten seien. Auch Termine für den Beginn der Rußlandoffensive werden genannt: überwiegend wird dabei vom 20. Mai gesprochen.

Erwähnenswert ist in diesem Zusammenhang auch das Gerücht anläßlich des Führerbesuches in Danzig, wonach sich der Führer auf hoher See mit Molotow getroffen habe, um den deutsch-russischen Konflikt wie im Jahre 1939 auf diplomatischem Wege zu beseitigen.

Weitere Gerüchte befassen sich mit einer angeblichen Aufstellung von Freiwilligen-Bataillonen in Berlin, die aus Angehörigen der Baltenstaaten rekrutiert werden sollen.

Wie zahlreiche Meldungen bestätigen, bekommen aber die Rußlandgerüchte am meisten Nahrung aus den Briefen der Soldaten, die an der russischen Grenze eingesetzt sind.

Tagesparole des Reichspressechefs
Donnerstag, 5. Juni 1941:

Der Minister erklärt, es sei notwendig, daß die Konferenzteilnehmer über die militärische und politische Lage, welche in naher Zukunft eintreten werde, ins Bild gesetzt werden. Der Führer habe entschieden, daß ohne eine Invasion Englands der Krieg nicht zu Ende gebracht werden könne. Operationen, die im Osten geplant worden seien, wurden abgesagt. Genauere Termine könne er nicht mitteilen, aber sicher sei: in drei, vielleicht in fünf Wochen werde die Invasion Englands beginnen.

». . . ungeschickte Propagandamanöver«
Freitag, 13. Juni 1941, Moskau:

Die Agentur TASS ist zur Abgabe folgender Erklärungen ermächtigt:
1. Deutschland hat keine Forderungen an die Sowjetunion gestellt, weshalb auch keine Verhandlungen am Platze sind.
2. Deutschland erfüllt die Abmachungen des sowjetisch-deutschen Paktes ebenso gewissenhaft wie die Sowjetunion. Den Bewegungen der deutschen Truppen an der deutschen Ostgrenze müssen andere Ursachen zugrunde liegen, die nichts mit den sowjetisch-deutschen Beziehungen zu tun haben.
3. Die Sowjetregierung hält die Bedingungen des sowjetisch-deutschen Paktes ein und hat auch weiterhin die Absicht, dies zu tun. Alle Gerüchte über Vorbereitungen zu einem Krieg mit Deutschland entbehren jeder Grundlage.
4. Die kürzlich erfolgte Mobilisierung von Reserven und die durchgeführten Manöver bezwecken die Ausbildung von Reservetruppen sowie die Prüfung der Transportverhältnisse des Eisenbahnnetzes, und es ist zum mindesten absurd, diese Operationen als deutschfeindlich hinzustellen.
Die Agentur TASS fügt hinzu, die betreffenden Gerüchte seien besonders bei der Ankunft des britischen Botschafters in Moskau, Sir Stafford Cripps, in London verbreitet worden, und bezeichnet die Meldungen als »ungeschickte Propagandamanöver von Mächten, die Deutschland und der Sowjetunion feindlich gesinnt« seien.

Proklamation Hitlers
Sonntag, 22. Juni 1941, Berlin. Das DNB meldet:

Heute morgen nach halb sechs Uhr wurde eine Proklamation des Führers bekanntgegeben, in der Reichskanzler A. Hitler der UdSSR den Krieg erklärt.

Ohne Kriegserklärung
22. Juni 1941, Moskau. Die Agentur TASS berichtet:

Im Namen der Sowjetregierung hat Außenminister Molotow folgende Erklärung abgegeben:
Um 4 Uhr morgens haben deutsch-faschistische und rumänische Streitkräfte den Krieg in unser Land getragen, ohne daß der Sowjetunion irgendeine Begründung oder Kriegserklärung übermittelt wurde.
Kiew, Sewastopol, Kowno und andere Städte wurden mit Bomben belegt. Mehr als 200 Menschen sind nach den bisher vorliegenden Meldungen getötet oder verwundet worden.

Tagesparole des Reichspressechefs
22. Juni 1941:

Wie der Kampf ausgeht, ist für uns klar. Er kann nur mit einem Sieg der deutschen Waffen enden. Die Presse hat jetzt die entscheidende Aufgabe, Herz und Gefühl der Heimat so zu lenken, daß die Front sich auch jetzt wieder auf die Heimat verlassen kann.
Der Minister führt wörtlich aus: »Der Führer sagt, es dauert vier Monate. Ich aber sage Ihnen, es dauert nur acht Wochen. Denn so wahr der Nationalsozialismus den Kommunismus an innerem Gehalt haushoch überragt, so wahr muß sich auch auf dem Schlachtfelde seine ungeheure Überlegenheit in kürzester Frist erweisen . . .

Erster Frontbericht
Montag, 23. Juni 1941. Das Oberkommando der Roten Armee gibt bekannt:

Am frühen Morgen des 22. Juni griffen die Truppen der deutsch-faschistischen Wehrmacht unsere Grenzstreitkräfte auf der ganzen Front von der Ostsee bis zum Schwarzen Meer an . . . Die feindliche Luftwaffe bombardierte mehrere unserer Flugplätze und Ortschaften. Überall stieß sie auf energischen Widerstand unserer Jagdmaschinen und der Bodenabwehr, wobei dem Feind schwere Verluste zugefügt wurden, 65 deutsche Flugzeuge gingen verloren.

Moskau am ersten Kriegstag
23. Juni 1941, Moskau. Die Agentur TASS meldet:

In Moskau herrscht glühende Sommerhitze, und nichts verrät die ungeheure Spannung, die über der Stadt lastet. Obwohl die Bevölkerung vom Kriegsausbruch überrascht wurde, sind nirgends Zeichen der Bestürzung zu erkennen. Auf allen öffentlichen Plätzen sind Lautsprecheranlagen angebracht, die ununterbrochen Weisungen an die Bevölkerung ausgeben. Vor den Untergrundbahnstationen haben Militärwachen Posten bezogen. Auf zahlreichen Gebäuden und in Parkanlagen sind Flugabwehrgeschütze aufgestellt. Das Straßenbild nimmt mehr und mehr militärischen Charakter an. Truppenabteilungen, die durch die Stadt marschierten, wurden von den Passanten stürmisch gefeiert. Seit Sonntagnacht ist die Hauptstadt verdunkelt.

Tagesparole des Reichspressechefs
23. Juni 1941:

Aus den bekannten militärischen Gründen sei in den nächsten Tagen nur mit ganz allgemeinen Formulierungen über die militärischen Ereignisse im Osten zu rechnen – so lautete die erste Weisung zur militärischen Berichterstattung über den Rußland-Krieg.

Geheimer Bericht des Sicherheitsdienstes der SS
zur innenpolitischen Lage Nr. 196 (Auszug)
23. Juni 1941.

I. Allgemeines: Nach den bisher vorliegenden Meldungen aus allen Teilen des Reiches hat die Nachricht über einen Ausbruch des Krieges mit Rußland unter

← Auf einem deutschen Feldflug-platz irgendwo im Osten des General-gouvernements (ehem. Polen): Sturzkampfflug-zeuge Junkers Ju 87 werden mit Bomben beladen

der Bevölkerung größte Überraschung hervorgerufen, vor allem der jetzige Zeitpunkt der Offensive im Osten . . . Die Bevölkerung ist sich der Schwere und Tragweite dieses Kampfes bewußt, vorherrschend ist aber eine ruhige, gefaßte Zuversicht. Ängstliche Gemüter äußern zwar, es werde große Schwierigkeiten haben, diese riesigen Räume zu erobern. Letzten Endes kommt aber doch immer wieder das große Vertrauen zu der Unüberwindlichkeit deutschen Soldatentums zum Ausdruck . . .

Dienstag, 24. Juni 1941. Das DNB meldet:

Heute haben deutsche Truppen die Hauptstadt Litauens, Kowno, genommen. Die Soldaten sind von den versammelten Einwohnern stürmisch begrüßt worden.

US-Hilfe für die Sowjetunion
Mittwoch, 25. Juni 1941. United Press berichtet:

Präsident Roosevelt erklärte gestern auf der Pressekonferenz, die Vereinigten Staaten werden der Sowjetunion in ihrem Kampf gegen das Deutsche Reich jede nur mögliche Hilfe gewähren.

Geheimer Bericht des Sicherheitsdienstes der SS
zur innenpolitischen Lage Nr. 197 (Auszug)
Donnerstag, 26. Juni 1941:

I. Allgemeines: Die inzwischen weiter eingegangenen Meldungen zum Krieg mit Rußland bestätigen einhellig, daß die anfängliche Nervosität und besonders bei Frauen festgestellte Bestürzung nur wenige Stunden angehalten hat und durch die umfassende Aufklärung einer allgemein ruhigen und zuversichtlichen Haltung Platz gemacht hat. Die Stimmung der Bevölkerung hat so weit umgeschlagen, daß heute Rußland als militärischer Gegner fast allgemein sehr gering eingeschätzt wird. Der militärische Sieg über Rußland in kurzer Zeit ist bei diesem Krieg so sehr Allgemeingut jedes einzelnen Volksgenossen wie noch bei keinem der bisherigen Feldzüge. Die Zuversichtlichkeit weitester Volkskreise ist so stark, daß sich die Wetten, die bereits an mehreren Orten abgeschlossen wurden, nicht mit dem Ausgang befassen, sondern nur noch mit den Terminen, dabei ist die zur Zeit meistgehörte Frist für die Beendigung des Krieges der Zeitraum von 6 Wochen.

↑ 22. Juni 1941:
sowjetischer Luft-
stützpunkt nach
einem überraschen-
den deutschen
Angriff; vorn die
zerstörten Jagd-
maschinen vom Typ
Polikarpow I-16
(»Rata«)

→ Berlin, 26. April
1941: Trotz des
erfolgreichen
Abschlüsses des
Balkanfeldzüges
jerrscht keine gute
Stimmung: A. Hit-
ler mit seinem Stell-
vertreter R. Hess,
dahinter (Mitte)
J. Goebbels

Verhältnismäßig selten ist bisher der Hinweis auf das Schicksal Napoleons, der an der Weite des russischen Raumes gescheitert sei. Die von Churchill an Rußland versprochene Hilfe wurde allgemein mit Humor aufgenommen. Dazu werde es nun nicht mehr kommen.

Meldungen über Anzeichen einer illegalen Betätigung gegnerischer Kreise seit Beginn des Krieges mit Rußland durch Flugschriften, Häuseraufschriften usw. liegen bisher nur aus Wien und Graz vor . . .

». . . Bis zur letzten Patrone«
26. Juni 1941, Berlin. United Press meldet:

In den Berichten der deutschen Propagandakompanien wird geschildert, daß der deutsche Vorstoß bei glühender Hitze vor sich gehe. Auch heute wird dem verbissenen Widerstand der sowjetischen Truppen, die oft bis zum letzten Mann kämpfen, Lob gezollt. Die sowjetischen Soldaten, die die Bunker oder die in aller Eile aufgeworfenen Verteidigungsstellungen besetzt haben, sollen sich, wie erklärt wird, in der Regel nicht ergeben, sondern bis zur letzten Patrone kämpfen.

Aus dem Kriegstagebuch des OKW
Freitag, 27. Juni 1941:

Die überraschend schnelle Wegnahme von Dünaburg wirft die Frage der Fortführung der Operationen bei der Heeresgruppe Nord auf (Einschwenken nach Norden oder Vorbeistoßen auf Moskau?). Führer stellt den Gesichtspunkt heraus, daß es nicht darauf ankomme, die feindliche Hauptstadt, sondern die Kräfte des Feindes zu treffen.

Moskau zum Sperrgebiet erklärt
27. Juni 1941, Moskau. Die Agentur TASS berichtet:

Durch Regierungsanordnung wurde für die gesamte Sowjetunion der Ausschank von alkoholischen Getränken einschließlich Wein verboten. Für Moskau erließ Generalleutnant Sacharkin, der Militärbefehlshaber des Bezirks, eine Ausgangssperre von Mitternacht bis vier Uhr früh. Für Moskau wurde ein Verbot des Photographierens und für Filmaufnahmen erlassen. Die Stadt darf nur mit Sondergenehmigung betreten werden.

Sender Beromünster (Schweiz)
27. Juni 1941:

Buchstäblich über Nacht hat sich die Kriegslage in Europa grundlegend geändert, als in den ersten Stunden des letzten Sonntags die deutsche Armee zu einer Offensive größten Ausmaßes gegen die russische Sowjetunion überging. Am ersten Jahrestag des Waffenstillstandes zwischen Deutschland und Frankreich begann ein deutsch-russischer Krieg . . . Daß Sowjetrußland große Anstrengungen betreffs einer Reorganisation seiner Armee, der Ausbildung ihrer Kader und der Vervollkommnung ihrer Ausrüstung machte, war längst kein Geheimnis mehr, sondern wurde von den politischen und militärischen Führern der Sowjetunion oft in öffentlichen Kundgebungen betont. Es ist nichts bekannt von Verhandlungen oder Forderungen, die der deutschen Kriegserklärung vorausgegangen wären. Diese ist eine Überraschungsaktion, die offiziell mit der Konzentrierung von russischen Truppen an der deutschen Ostgrenze gerechtfertigt wird.

Aus dem Kriegstagebuch des OKW
Erwägungen des Führers am **30. Juni 1941:**

Führer erwägt nach wie vor stärkere Teile der Panzergruppe der Heeresgruppe Mitte nach Norden auf Leningrad abzudrehen, um das Industriezentrum von Leningrad rasch in die Hand zu nehmen. Dann sollen die Panzerverbände von Leningrad auf Moskau vorstoßen.

Aus dem Tagebuch von Generaloberst Halder
Donnerstag, 3. Juli 1941. Der Chef des Generalstabs des Heeres:

3. 7. (12. Tag des Ostfeldzuges):
Im ganzen kann man also schon jetzt sagen, daß der Auftrag, die Masse des russischen Heeres vorwärts Düna und Dnjepr zu zerschlagen, erfüllt ist. Ich halte die Aussage eines gefangenen russischen Kommandierenden Generals für richtig, daß wir ostwärts der Düna und des Dnjepr nur noch mit Teilkräften zu rechnen haben, die allein stärkenmäßig nicht in der Lage sind, die deutschen Operationen noch entscheidend zu hindern.
Es ist also wohl nicht zuviel gesagt, wenn ich behaupte, daß der Feldzug gegen Rußland innerhalb 14 Tagen gewonnen wurde.

Aus dem Kriegstagebuch des OKW
Freitag, 4. Juli 1941:

Führer: »Ich versuche mich dauernd in die Lage des Feindes zu versetzen. Praktisch hat er diesen Krieg schon verloren. Es ist gut, daß wir die russische Panzer- und Luftwaffe gleich zu Anfang zerschlagen haben. Die Russen können sie nicht mehr ersetzen.«

Die Beresina überschritten
↓ Große Schlacht um die Straße nach Moskau – meldet diese Londoner Zeitung am 1. Juli 1941

4. Juli 1941. Das Oberkommando der Wehrmacht gibt bekannt:

Trotz schwieriger Wegverhältnisse schreitet die Verfolgung der sowjetischen Wehrmacht auf der ganzen Front unaufhaltsam vorwärts. Der abziehende

THE DAILY MAIL, Tuesday, July 1, 1941.

MAKES LESS MEAN MORE H·P SAUCE

Daily Mail

LATE WAR NEWS. SPECIAL

A RUM-FIZZ PLEASE

NO. 14,096   ONE PENNY   ★   FOR KING AND EMPIRE   TUESDAY, JULY 1, 1941

BIG BATTLE FOR ROAD TO MOSCOW

Berlin Says Fighting Nears Area of Smolensk

BERLIN last night claimed that Minsk, city of 100,000 people ten miles inside the frontiers of Soviet Russia proper, was in German hands. A military spokesman went further and said that German troops were advancing on Smolensk, 200 miles beyond Minsk and nearly half way along the road to Moscow.

Last night's Russian communiqué failed to bear out these sweeping claims, but made it clear that the most tremendous tank battle of all time is being fought in the Minsk sector for the defence of Moscow.

The Russians talked of "superior enemy mobile units" here, a clear indication that this is

NAZI THRUSTS AT RUSSIA

MAP showing the new danger point appearing in Russia. The Germans claim to have captured Minsk, just inside the Russian frontier, and to be advancing on Smolensk, 200 miles to the east —or nearly halfway to Moscow. Other German attempted thrusts are through the Kare-

RED PURGE BY VICHY

Thousands Under Arrest

VICHY, Monday.
SEVERAL thousand Russians, in both the occupied and unoccupied zones of France, have been placed under preventive arrest.

This follows the Vichy Government's decision, on orders from Otto Abetz, Hitler's representative in Paris, to sever diplomatic relations with Soviet Russia.

Those arrested include all Russians who have become naturalised Frenchmen within the past ten

RAF STRIKE TWICE

Day Raids on Kiel and Bremen

BRITAIN'S warplanes carried their day and night battering of the Nazi war machine a stage further yesterday. Twice they struck at Germany herself—Bremen and Kiel—in daylight raids.

Smoke still hung over battered Bremen when they swooped out of the clouds, for during Sunday night the big port had shared with Hamburg the weight of heavy blows from strong forces of our night bombers.

In this first double attack by day on Hitler's home territory, the R.A.F. lost only one machine.

The assault on Nazi bases in France did not slacken. In the evening bombers and a strong fighter escort were over Northern

Birth of an Idea

From The Daily Mail of May 22 last.

COUPON VALUES CHANGE

Women Given Clothe Concessions

By Daily Mail Reporter

NEW coupon values for clothes which give valuable concessions to women come into force to-day, after a month's experience of rationing. Second-hand clothes are also rationed if over certain prices.

Woollen skirts, which previously required six coupons, need only six. Suspender belts and similar articles are reduced from coupons to one. Women's handkerchiefs, a foot square, take only a quarter of a coupon instead of half. Women will be able to

TANK FUND BEGUN WITH £10,000

LORD BEAVERBROOK began his new duties as

Feind erleidet durch den rücksichtslos tief in das Hinterland greifenden Einsatz unserer Luftwaffe schwerste Einbußen. In der Mitte der Angriffsfront wurde die Beresina an mehreren Stellen überschritten. Nördlich davon ist die lettisch-sowjetische Grenze erreicht.

↑ Einer, der seinen Heimatboden verteidigt hat; dahinter ein zerstörter sowjetischer Bistrochodny-Tank BT-7 (Schnellkampfwagen)

Sender Beromünster (Schweiz)
4. Juli 1941:

Heute sind es dreizehn Tage her, seitdem der deutsch-russische Krieg entbrannt ist. In ununterbrochenen Kämpfen stehen sich auf beiden Seiten Truppenmassen gegenüber, deren Zahl schwer zu schätzen ist . . . Der zweite Hauptstoß der deutschen Offensive bewegte sich auf der klassischen Heerstraße, die einst

Napoleons Große Armee gegangen war, vom Njemen über Minsk mit Richtung Smolensk. Nach Meldungen aus Moskau ist im Abschnitt von Minsk die Lage der Roten Armee kritisch, da trotz den Verlusten, die die deutsche Tankwaffe erlitten habe, deren Stoßkraft nicht nachgelassen habe. Von Minsk bis Moskau beträgt die Distanz rund 700 Kilometer. Führt eine Straße von Minsk in nordöstlicher Richtung nach Smolensk, so führt eine andere in südöstlicher Richtung nach Bobruisk, einer Stadt an der Beresina. Bei Bobruisk finden gegenwärtig überaus heftige Kämpfe statt. An zwei Stellen haben die Deutschen die Beresina überschritten, von wo sie in südlicher Richtung nach Kiew, der Hauptstadt der Ukraine, vorstoßen. Diese Bewegung bedroht die russische Südarmee in ihrem Rücken . . . Falls eine Verteidigung der westlichen Gebiete Rußlands auf die Dauer nicht möglich sein sollte, wird es dann dem Oberkom-

↑ Brest-Litowsk, Anfang Juli 1941: Erst nach wochenlangem Kampf fiel die hart verteidigte Zitadelle; hier die letzten der überlebenden Rotarmisten

mando der Roten Armee gelingen, sich der Einkreisung und Vernichtung durch die deutsche Wehrmacht durch rechtzeitige Zurückverlegung der russischen Armeegruppen zu entgehen? Diese Frage nach der Möglichkeit der Zurückverlegung der russischen Verteidigungsfront, überhaupt die Frage nach der Möglichkeit einer rettenden Umgruppierung der russischen Armee ist viel wichtiger als die eventuelle Ausdehnung des Gebietsverlustes.

Vor dem Durchbruch der Stalin-Linie
Sonnabend, 5. Juli 1941, Berlin. United Press berichtet:

Die deutschen Panzerdivisionen bereiten sich auf einen Durchbruch der Stalin-Linie am Dnjepr vor, dem letzten künstlichen Hindernis vor Moskau.

46

Gegenoffensive der Roten Armee

Sonntag, 6. Juli 1941. Das Oberkommando der Roten Armee gibt bekannt:

Während der ganzen Nacht setzten unsere Truppen mit Erfolg den Kampf gegen faschistische Panzer fort, hielten deren Vordringen nach Osten auf und fügten ihnen beträchtliche Verluste zu.

Aus dem Tagebuch von Generaloberst Halder

Dienstag, 8. Juli 1941. Der Chef des Generalstabs des Heeres:

12.30 (Uhr) Vortrag beim Führer (in seiner Befehlsstelle) . . . Aussprache. Ergebnis: 1. . . .

↑ Deutscher Panzerkampfwagen III nach einem Gefecht mit sowjetischen Panzern. Wenige Augenblicke nach dieser Aufnahme wird der Panzer durch die Explosion von Munition und Treibstoff in Stücke gerissen

2. Feststehender Entschluß des Führers ist es, Moskau und Leningrad dem Erdboden gleich zu machen, um zu verhindern, daß Menschen darin bleiben, die wir dann im Winter ernähren müßten. Die Städte sollen durch die Luftwaffe vernichtet werden. Panzer dürfen dafür nicht eingesetzt werden. »Volkskatastrophe, die nicht nur den Bolschewismus, sondern auch das Moskowitertum der Zentren beraubt . . .«

. . .

Die größte Materialschlacht der Weltgeschichte
Freitag, 11. Juli 1941. Das Oberkommando der Wehrmacht gibt bekannt:

Wie bereits durch Sondermeldung bekanntgegeben, ist mit der Doppelschlacht um Bialystok und Minsk nunmehr die größte Material- und Umfassungsschlacht der Weltgeschichte abgeschlossen. 323 898 Gefangene, darunter mehrere Kommandierende Generäle und Divisionskommandeure, fielen in unsere Hand. 3 332 Panzerkampfwagen, 1 809 Geschütze und zahlreiche Mengen an sonstigen Waffen wurden erbeutet oder vernichtet . . .

Aus dem Kriegstagebuch des OKW
Montag, 14. Juli 1941:

Führer spricht über Notwendigkeit, Moskau zu bombardieren, um das Zentrum des bolschewistischen Widerstandes zu treffen und den geordneten Abzug des russischen Regierungsapparates zu verhindern.

Deutscher Vormarsch zum erstenmal gestoppt
14. Juli 1941. Das Oberkommando der Roten Armee gibt bekannt:

Von den Schlachtfeldern sind keine Änderungen von Bedeutung zu melden. Alle feindlichen Versuche, die sowjetischen Linien zu durchstoßen und auf sowjetisches Gebiet vorzudringen, schlugen fehl.

Verbrannte Erde
14. Juli 1941. Associated Press meldet:

Die Zerstörungen innerhalb und hinter den Kampfzonen werden mit einer Konsequenz durchgeführt, wie sie die Kriegsgeschichte kaum kennt. Die Parteiorganisation jeder sowjetischen Ortschaft ist dafür verantwortlich, daß dem Gegner keine Beute in die Hände fällt, selbst auf die Gefahr hin, daß die Bevölkerung einer Hungersnot ausgeliefert wird. An der Vernichtung von Erntebeständen und Vieh sowie beim Abtransportieren ins Innere des Landes beteiligt sich praktisch die ganze Bevölkerung. Auf den Kolchosen in und unmittelbar hinter der Kampfzone ist man dazu übergegangen, die noch nicht erntereifen Getreidefelder mit Traktoren in den Boden zu stampfen. Die kurz vor der Ernte stehenden Felder werden mit Benzin übergossen und in Brand gesetzt. An Bewässerungsanlagen und Deichen nimmt man Sprengungen vor, um mit den auslaufenden Wassermassen alles zu überschwemmen.
Hinter den Fronten haben die »Zerstörungsabteilungen« eine besondere Taktik entwickelt. Nach dem Abzug der Infanterie fahren schnelle leichte Panzerwagen in die Ortschaften ein und schießen Brandmunition in die Dächer. Auf diese Weise wurden zum Beispiel in Estland allein mehr als 400 Dörfer vollständig

zerstört. Die landwirtschaftlichen Geräte müssen vor den Häusern auf die Straße gelegt werden; sie werden dann von den Panzerwagen unbrauchbar gemacht. Nicht abgeerntete Felder, die nicht in Brand gesetzt werden können, werden ebenfalls von Panzerwagen zerstampft.

Keine Evakuierung Moskaus
Mittwoch, 16. Juli 1941, Moskau. Die Agentur Reuter teilt mit:

Der Chef des Sowinformbüros, Salomon K. Losowski, erklärte auf die Frage eines japanischen Journalisten, die Sowjetregierung bereite sich nicht zum Verlassen Moskaus vor. Es sei auch nicht nötig, daß die ausländischen Diplomaten die Hauptstadt verließen.

Überraschend harter Widerstand
16. Juli 1941, Moskau. Die Agentur Exchange berichtet:

Neutrale militärische Beobachter in Moskau geben zu, daß sie die Hartnäckigkeit des sowjetischen Widerstandes und die Zähigkeit der Roten Armee gegenüber dem gewaltigen Angriff der deutschen Streitkräfte überrascht habe.

Das Ende der Sowjet-Panzerwaffe
Kriegsberichter Wilhelm Ritter v. Schramm schreibt:

Alle Straßen, die unsere Truppen nach Osten zogen, sind förmlich übersät mit erbeuteten oder vernichteten Sowjet-Panzern. Sie stehen verlassen am Wege, zwischen zerschossenen Häusern und in niedergewalzten Feldern als ausgebrannte, rostbraune Ruinen, von Granaten und Fliegerbomben zerrissen oder zur Seite geworfen, andere mit zerschossenen Raupen hilflos ineinandergefahren oder in Sumpf und morastigem Boden steckengeblieben. Aber nicht wenige findet man auch, die keine ernsthaften Beschädigungen zeigen und von uns sogleich abgefahren werden können: Sie sind oft nur aus Mangel an Betriebsstoff stehengeblieben oder im Gefecht, wenn die deutsche Pak oder Flak oder die schweren Stukabomben in den Verband vernichtend schlugen, einfach von ihrer Besatzung im Stich gelassen worden. In den Gebieten, in denen die Panzerschlachten tobten, erscheinen wahre Massenfriedhöfe vernichteter oder liegengebliebener sowjetischer Panzer. So stellt sich die ungeheure Zahl von 7515 vernichteten oder erbeuteten Tanks, von denen der Wehrmachtbericht vor kurzem sprach, im Felde draußen dar . . .
Es ist noch nicht die Zeit, über die letzten Erfahrungen mit der sowjetischen Panzerwaffe zu berichten. Im einzelnen wußten die Sowjets jedenfalls technisch gerade mit den schwersten Kolossen oft nicht richtig umzugehen und haben manchen durch unsachgemäßes Fahren oder durch Mangel an Betriebsstoff liegen lassen müssen. Im ganzen gesehen ist klar geworden, daß man einem Volk, das gestern noch aus Analphabeten und dumpfen Muschiks bestand, nicht einfach so hochentwickelte technische Waffen wie Panzer anvertrauen kann, dazu braucht es schon eine organische Entwicklung, wie wir sie durchgemacht haben.
Die bolschewistische Panzerwalze ist vernichtet. Wohl haben die Sowjets bei ihrer gewaltigen Angriffsrüstung auch heute noch Panzer und Panzerdivisionen, aber sie sind nicht mehr von entscheidender Bedeutung.
Deutsche Allgemeine Zeitung, 17. 7. 1941

← Mitte Juli 1941,
Raum Witebsk: Ein
Landser nähert sich
dem Besatzungs-
mitglied eines in
Brand geschossenen
BT-7-Panzers

↑ Hoch über den Wolken und schier unerreichbar: So sah ein britischer Karikaturist vier Wochen nach dem deutschen Überfall auf die UdSSR Hitlers beschwerlichen Weg nach Moskau

Sender Beromünster (Schweiz)
Freitag, 18. Juli 1941:

Es hat nicht den Anschein, daß ein stimmungsmäßiger oder materieller Zerfall der russischen Armeen bereits eingetreten sei. Sie kämpfen trotz dem Geländegewinn und dem gigantischen Einsatz des Gegners mit jenem dem russischen Volk eigenen Gleichmut, der auch durch schwerste Verluste und Niederlagen nicht leicht gebrochen werden kann. Aber auf beiden Seiten wird das Letzte darangesetzt, um eine Entscheidung bzw. eine entscheidende Ermattung des Gegners herbeizuführen.

Smolensk erobert
Sonnabend, 19. Juli 1941. Das Oberkommando der Wehrmacht gibt bekannt:

Der Durchbruch durch die stark befestigte »Stalin-Linie« zwischen Mohilew und Witebsk hat sich über Smolensk hinaus erweitert. Vom Feind zäh verteidigt, ist Smolensk selbst am 16. Juli genommen worden. Alle Versuche des Feindes, diese Stadt zurückzugewinnen, sind gescheitert.

Erster Fliegeralarm in Moskau
19. Juli 1941, Moskau. Associated Press berichtet:

Moskau hatte gestern den ersten Fliegeralarm des Krieges. Es dauerte etwas mehr als eine halbe Stunde. Zwischenfälle werden keine gemeldet.

Stalin Volkskommissar für Verteidigung
Sonntag, 20. Juli 1941, Moskau. Die Agentur Reuter teilt mit:

Nach einer Mitteilung von Radio Moskau ist Stalin durch Dekret Kalinins, dem Vorsitzenden des Obersten Rates der Sowjets, zum Volkskommissar für die Verteidigung ernannt worden.
Stalin bleibt Ministerpräsident. Marschall S. K. Timoschenko, Kommandant des Westfrontabschnitts, wird stellvertretender Volkskommissar für die Verteidigung.

Aus dem Kriegstagebuch des OKW
Montag, 21. Juli 1941:

Besuch des Führers bei Heeresgruppe Nord . . . Führer wies auf folgende Punkte hin:
. . .
Zur Zeit sei die Heeresgruppe Mitte noch für mehrere Tage festgelegt, um mit Pz.Gr.2 und 3 einen äußeren Ring um die vor der Front befindlichen Feindkräfte zu schließen.
In spätestens 5 Tagen aber müsse die Entscheidung über das Herausnehmen der Pz. Gr. 3 aus Richtung Moskau nach Nordosten fallen.
In diesem Zusammenhang kann es dann kommen, daß Pz. Gr. 2 nach SO eindreht, so daß für den Stoß auf Moskau nur Infanteriearmeen der Heeresgruppe Mitte übrigbleiben.
Der Umstand macht aber dem Führer keine Sorge, da Moskau für ihn nur ein geographischer Begriff ist . . .

52

Erster Luftangriff auf Moskau
Dienstag, 22. Juli 1941, Berlin. Das DNB meldet:

Die deutsche Luftwaffe griff, außer kriegswichtigen Zielen in Moskau, in der Nacht zum 22. Juli mit starken Verbänden zurückflutende sowjetische Kolonnen, Eisenbahnlinien, Bahnhöfe und Panzeransammlungen auf der gesamten Ostfront an. Es wurden zahlreiche Panzer und Fahrzeuge aller Art zerstört.

Unter uns brennt Moskau
22. Juli 1941. Kriegsberichter Egon Kieffer schreibt:

P. K. . . .
Heute nacht starten die Flugzeuge unseres Geschwaders zum erstenmal gegen Moskau. Die Stadt, die seit den Tagen Napoleons niemals mehr vom Kriege berührt wurde, wird ihn noch in dieser Nacht in seinen Mauern spüren . . .
Im Nordosten hebt sich allmählich ein ganz zarter Dämmerschein über den Horizont und erleichtert dem Beobachter seine schwierige Arbeit . . . Das muß unser Ziel, Moskau, sein, aus dessen einzelnen Anlagen die ersten Maschinen unserer Geschwader schon weithin leuchtende Fackeln gemacht haben.
Rund 150 km waren wir noch von Moskau entfernt, als wir die schwarz-rote Brandwolke zum erstenmal bemerkten, die sich nun allmählich immer glühender viele, viele Kilometer breit vor uns ausdehnte.
Hunderte von Scheinwerfern pinseln in tollen Bogen am Grau des Himmels umher, stoßen sich an den Wolkenbänken, erlöschen und beginnen ihr planloses Spiel von neuem. Taghell ist es mit einem Mal in der Kanzel, so daß wir

↑ 20. Juli 1941, in einer Vorstadt von Mogilew: die zerschossenen Wagen des Stabes einer sowjetischen Schützendivision; rechts die Einfahrt zu einer Lokomotiven-Fabrik

↑ Moskau, in der Nacht vom 21. zum 22. Juli 1941: »Feuerwerk« über dem Kreml; die sowjetische leichte und schwere Flak eröffnet das Sperrfeuer

geblendet die Augen schließen. Aber im gleichen Augenblick ist die gefährliche Helle wieder von uns abgeglitten. Sie sind viel zu hastig und nervös mit ihren Scheinwerfern, um ein Flugzeug zu verfolgen. Außerdem lassen die pausenlos herankommenden Kampfmaschinen sie auch nicht mehr zur Überlegung kommen . . .

Wir lassen unsere Brandbomben auf das befohlene Ziel niederprasseln. Sekunden später lohen an dieser Stelle neue Brandherde auf, helfen das Werk der Vernichtung von kriegswichtigen Zielen vollenden. Während wir langsam in eine Steilkurve hineingehen und uns den gleißenden Fangarmen der Scheinwerfer entziehen, huscht in einiger Entfernung ein Fesselballon vorbei. Seine stählernen Seile können uns nicht mehr gefährden. Als wir nach Stunden unseren Feldflugplatz im Morgengrauen erreichen, starten schon wieder die ersten Kampfflugzeuge unseres Geschwaders zu Angriffen auf die zurückflutenden Sowjettruppen.

Völkischer Beobachter, 22. 7. 1941

Bomben auf Moskau
Erskine Caldwell berichtet:

Der Angriff galt der ganzen Stadt, den Kreml nicht ausgenommen, und auf Kilometer hin in allen Richtungen durchrüttelte und durchzitterte der Lärm detonierender Bomben die Nacht. Der Hagelsturm von Brandbomben kam ohne Unterlaß drei Stunden hindurch herab . . . Innerhalb des Ringes, der den größeren Teil Moskaus umfaßte, waren Maschinengewehre und leichtere Artillerie auf den Dächern aufgestellt; sie schossen einen fortlaufenden Feuerstrom

54

auf die während ihres ersten Angriffes niedrig fliegende Luftwaffe. Leuchtspurgeschosse jagten kreuz und quer durch den Himmel und hinterließen rote, gelbe oder grüne Streifen . . . Zum ersten und einzigen Male flog die Luftwaffe niedrig über Moskau. Die Flugzeuge waren, wenn sie von den Scheinwerferstrahlen erfaßt wurden, gewöhnlich auf einer Höhe von ungefähr 300 Metern . . .

↑ Ende Juli 1941, Raum Wladimirskoje: Ein deutscher Stoßtrupp zieht an einem brennenden Dorf vorbei

An der Spitze der Angriffsformation sah ich ein Flugzeug, das, vom Gespinst von fünf Scheinwerferstrahlen erfaßt, plötzlich hochzog und offenbar jäh in der Luft stehenblieb. Eine Explosion erfolgte, das Flugzeug schüttelte sich wie ein Blatt im Sturm, und einen Augenblick später neigte es sich abwärts und plumpste zur Erde wie eine tote Ente . . .

Nach den ersten zwei Stunden änderten die Deutschen offensichtlich ihre Taktik. Spätere Wellen von Flugzeugen begannen über der Stadt Leuchtbomben abzuwerfen . . .

Als die Leuchtkörper wie Federn in stiller Luft langsam abwärts trieben, regneten schwerste Sprengbomben auf die Stadt . . .

Unten in den Straßen befanden sich nur die Miliz- und zivile Luftschutzkräfte. Soldaten der Roten Armee saßen Seite an Seite mit Zivilisten in den Kellern. Die Leute in den Kellern konnten die Aufschläge und erderschütternden Detonationen der Bomben hören; von dem feurigen Schauspiel oben, das die Nacht über Moskau taghell erleuchtete, wußten sie nichts . . .

Mehrmals gab es Pausen von absoluter Stille, in denen nirgends ein einziges Geräusch zu vernehmen war. Einmal in diesen Augenblicken schlug das Geläut der Kreml-Uhr eine Viertelstunde; es klang, als käme es aus einer anderen Welt . . .

Tagesparole des Reichspressechefs
Mittwoch, 23. Juli 1941:

In Ergänzung des striktesten Verbots der Berichterstattung über erbeutete Vorräte aller Art, wird darauf hingewiesen, daß auch die Schilderung der Einbringung der Ernte in neu besetzten Ostgebieten sowie jegliche Mitteilung über unzerstörte Felder untersagt ist.

Hitlers neuer Entschluß
Führerweisungen am **23. Juli 1941.**

I. Betrifft Ergänzung zur Weisung Nr. 33
III. Operation gegen Moskau:
1. Taktische Durchführung:
. . .
Diese ungeheuere schwere Aufgabe kann die Heeresgruppe überhaupt nur lösen, wenn sie ihre Kräfte schwerpunktmäßig zusammenfaßt. Der südliche Schwerpunkt wird voraussichtlich in der Gegend bei und südlich Jelnja, der nördliche im Gebiet von Bjeloj zu liegen haben. Von hier werden die Stoßrichtungen zwischen der Straße Roslawl – Moskau und der Bahn Smolensk – Moskau sowie von Bjeloj über Rshew auf Moskau führen. Ein derartiger Ansatz der Kräfte käme auch der Aufgabe der Heeresgruppe, den Ausstoß der Panzergruppen nach Südwesten und Nordosten zu sichern und zu gewährleisten, entgegen.
OKH ist sich darüber klar, daß unter diesen Verhältnissen ein schneller Erfolg in Richtung Moskau keinesfalls erwartet werden kann. Es wird vielmehr ein mühsames verlustreiches Durchfressen durch immer wieder entgegengeworfene Feindkräfte werden, und es ist durchaus möglich, daß der Angriff überhaupt zum Erliegen kommt.
. . .

Aus dem Kriegstagebuch des OKW
Sonntag, 27. Juli 1941:

General Jodl prüft die Frage der Fortführung der Operationen nach Abschluß der Schlacht von Smolensk. Er spricht sich dafür aus, doch den Vorstoß auf Moskau ins Auge zu fassen. Nicht wegen der feindlichen Hauptstadt soll dies geschehen, sondern weil dort noch die einzige Kräftegruppe zu erwarten ist, die der Gegner zusammenbringen kann. Er vertritt damit den vom Führer stets vertretenen Grundsatz, zuerst die lebendige Kraft des Gegners zu zerschlagen, wo man sie trifft.
Demgegenüber vom Führer die Notwendigkeit entgegengestellt, das Industriegebiet um den Donez baldmöglichst in die Hand zu bekommen und damit den Russen die Möglichkeit der Aufrüstung zu nehmen und sie von ihrer Ölzufur abzuschneiden.

Aus dem Kriegstagebuch des OKW
Montag, 28. Juli 1941:

Führer betont erneut seine Auffassung, daß ihm das Industriegebiet um Charkow wichtiger ist als Moskau.

56

Weisung Nr. 34

Der Führer und Oberste Befehlshaber
der Wehrmacht
OKW/WFSt/Abt. L. (I Op.)
441298/41 G. K. Chefs.
Geheime Kommandosache
Chefsache!
Nur durch Offizier!
Weisung Nr. 34

Führerhauptquartier,
den **30. Juli 1941**

Die Entwicklung der Lage in den letzten Tagen, das Auftreten starker feindlicher Kräfte vor der Front und in den Flanken der Heeresgruppe Mitte, die Versorgungslage und die Notwendigkeit, den Panzergruppen 2 und 3 etwa 10 Tage Zeit zur Auffrischung ihrer Verbände zu geben, zwingen dazu, die in der Weisung 33 vom 19. 7. und der Ergänzung hierzu vom 23. 7. gestellten weitergehenden Aufträge und Ziele vorerst zurückzustellen.
Ich befehle daher:
. . .

2.) Die Heeresgruppe Mitte geht unter Ausnützung günstiger Geländeabschnitte zur Verteidigung über.
Soweit es für die spätere Angriffsoperation gegen die sowjetrussische 21. Armee erforderlich ist, günstige Ausgangsstellungen zu gewinnen, können Angriffe mit beschränktem Ziel noch geführt werden.
Im übrigen sind die Panzergruppen 2 und 3, sobald es die Lage erlaubt, aus der Front zu ziehen und beschleunigt aufzufrischen.
. . .

(gez.) Adolf Hitler

Schlacht um Smolensk tobt weiter
Mittwoch, 30. Juli 1941, Berlin. United Press berichtet:

Die Schlacht von Smolensk, für die das deutsche Oberkommando bereits einen erfolgreichen Ausgang prophezeite, scheint gegenwärtig von den Sowjets immer noch mit Erbitterung fortgesetzt zu werden. Die Operationen erstrecken sich offensichtlich über ein großes Gebiet, in dem sich auch die Städte Smolensk, Mohilew und Wjasma befinden, doch sind auch jetzt noch keine Einzelheiten darüber zu erhalten. Alle Anzeichen deuten darauf hin, daß die Schlacht – es handelt sich offensichtlich um eine Reihe von Einzelschlachten – die heftigste ist, die die deutschen Streitkräfte je in einem Feldzuge durchzukämpfen hatten.

»An die Partisanen!«
Freitag, 1. August 1941, Moskau. Die Agentur TASS teilt mit:

Der Oberkommandierende an der Südwestfront, Marschall S. M. Budjonny, und der Sekretär des Zentralkomitees der Kommunistischen Partei der Ukraine, Nikita Chruschtschow, haben an die Bevölkerung der von Deutschen besetzten Gebiete einen Aufruf erlassen, in dem es u. a. heißt:
»Wir wenden uns an alle, die fähig sind, Waffen zu tragen: Schließt euch den Partisanenabteilungen an. Baut neue Stellungen zur Vernichtung des Feindes. Unterbrecht seine Verkehrswege. Sprengt die Getreidespeicher in die Luft,

↓ »Tod den deutschen Faschisten!« Ein Aufruf an die Bevölkerung der besetzten Gebiete, Partisanenabteilungen zu bilden; Einsatzmöglichkeiten sind in Text und Bild beigegeben

57

damit nicht ein Korn für den Feind übrig bleibt. Erntet, was ihr zur Deckung der sofortigen Bedürfnisse braucht, und vernichtet den Rest. Vernichtet die Ernte, die Zuckerrüben, den Hanf. Die Stunde des Sieges ist nahe!«

Tagesparole des Reichspressechefs
Sonnabend, 2. August 1941:

Meldungen der sowjetischen Presse über Partisanenkämpfe bzw. Greueltaten der sowjetischen Zivilbevölkerung an deutschen Soldaten eignen sich vorerst nicht zur Übernahme.
Die Frage der Sowjetreserven ist dadurch in der Öffentlichkeit aktuell geworden, daß vor mehr als 14 Tagen der OKW-Bericht lapidar meldete: »Stalin wirft seine letzten Reserven in die Schlacht«.

Aus dem Kriegstagebuch des OKW
Besprechung gelegentlich Anwesenheit des Führers und Obersten Befehlshabers der Wehrmacht bei Heeresgruppe Mitte am **4. August 1941:**

Der Führer: Nach den vorangegangenen Feststellungen steht die Lebenswichtigkeit des Gebietes Moskau für den Gegner erst an dritter Stelle. Deshalb erscheint die Operation nach Südosten vordringlich, während man wahrscheinlich nach Osten zunächst besser defensiv bleiben wird. Auch die Berichte der Sachverständigen für Jahreszeit und Witterung in Rußland sprechen dafür, daß die Operation in Richtung Osten voranzustellen ist, weil die Herbst-Regenperiode in Süd-Rußland im allgemeinen bereits Mitte September, im Moskauer Raum dagegen erst Mitte Oktober beginnt.

Geheimer Bericht des Sicherheitsdienstes der SS
zur innenpolitischen Lage Nr. 208 (Auszug)
Montag, 4. August 1941:

I. Allgemeines: Das Warten auf Sondermeldungen von neuen größeren Erfolgen an der Ostfront, die bisher noch in keinem Feldzug so lange ausgeblieben seien, bewirkt allmählich ein Absinken der erwartungsvollen Stimmung der Bevölkerung.
Dabei sind es in erster Linie die Gerüchte über angeblich sehr hohe Verluste unserer Truppen, die alle Kreise der Bevölkerung anhaltend beschäftigen.
Stark verbreitet sind auch Gerüchte, daß es der Roten Armee gelungen sei, den deutschen Vormarsch weitgehendst zum Stehen zu bringen. Aus dem meist negativen Inhalt der umlaufenden Gerüchte muß geschlossen werden, daß viele Volksgenossen wieder annehmen, durch Abhören ausländischer Sender Einzelheiten und genauere Nachrichten erfahren zu können.

». . . an der Straße des Sieges«
Kriegsberichter Fritz Lucke schreibt:

Vor dem Wald, wo sie stürmten, siegten und starben, liegen die Gefallenen des I. Bataillons. Vier Offiziere, ein Unterarzt und mehrere Unteroffiziere und Mannschaften. Ihre Kameraden erweisen ihnen den letzten Liebesdienst. Es ist wieder Abend geworden. Wir sind alle still und ergriffen. Es ist der erste große Friedhof an der Straße des Sieges. Der Regimentsarzt bettet selbst seinen gefallenen jungen Unterarzt. Er hat Tränen in den Augen, und viele andere auch. Keiner braucht sich dessen zu schämen. Es sind harte Soldaten. Dieser Tag hat sie noch härter gemacht. Der Kampf gegen die Sowjetunion ist schwer. Aber jeder Soldat weiß, daß es durchgestanden werden muß, damit Deutschland leben kann. Hoch ragt ein Kreuz über die vielen kleinen Namenskreuze. Leise spricht ein junger Kamerad:

»Wenn einer von uns fallen sollt',
Der andere steht für zwei,
Denn jedem Kämpfer gab ein Gott
Den Kameraden bei.«
Berliner Lokalanzeiger, 6. 8. 1941

Nachtangriff auf Moskau
Donnerstag, 7. August 1941. Das Oberkommando der Wehrmacht gibt bekannt:

Starke Kampffliegerverbände griffen in der letzten Nacht wieder Moskau an. Zahlreiche Bombenvolltreffer wurden in einer Flugzeugfabrik erzielt. Im Moskwabogen und ostwärts davon entstanden große Brände.

Lieferungen der UdSSR an Deutschland
Freitag, 8. August 1941, London. Die Agentur Reuter meldet:

Die britische Regierung besitzt nun Dokumente darüber, in welchem Ausmaß die Sowjetunion Deutschland vor Kriegsausbruch mit wichtigen strategischen Gütern versorgt hat. In den letzten 18 Monaten vor dem deutsch-sowjetischen Krieg wurden von der UdSSR beträchtliche Mengen wichtiger Rohstoffe an Hitler-Deutschland geliefert, vor allem Öl, Getreide, Holz, Mangan, Chrom und Baumwolle. Deutschlands Ölimporte aus der Sowjetunion betrugen etwas mehr als eine Million Tonnen, einschließlich hochwertiger Schmierfette und Flugzeugbenzin. Ferner wurden über die sibirische Eisenbahn – die einzige Verbindung zwischen Deutschland und dem Fernen Osten – allein in den letzten 12 Monaten trotz der beschränkten Leistungsfähigkeit dieser Bahnlinie über 500 000 Tonnen kriegswichtiger Güter nach Deutschland befördert.

Aus dem Tagebuch von Generaloberst Halder
11. August 1941. Der Chef des Generalstabs des Heeres:

(51. Tag des Ostfeldzuges)
. . . Unsere letzten Kräfte sind ausgegeben. In der gesamten Lage hebt sich immer deutlicher ab, daß der Koloß Rußland, der sich bewußt auf den Krieg vorbereitet hat, mit der ganzen Hemmungslosigkeit, die totalitären Staaten eigen ist, von uns unterschätzt worden ist. Diese Feststellung bezieht sich ebenso auf die organisatorischen wie auf die wirtschaftlichen Kräfte, auf das Verkehrswesen, vor allem aber auf rein militärische Leistungsfähigkeit. Wir haben bei Kriegsbeginn mit etwa 200 feindlichen Divisionen gerechnet. Jetzt zählen wir bereits 360. Diese Divisionen sind sicherlich nicht in unserem Sinne bewaffnet und ausgerüstet, sie sind taktisch vielfach ungenügend geführt. Aber sie sind da. Und wenn ein Dutzend davon zerschlagen wird, dann stellt der Russe ein neues Dutzend hin. Die Zeit dazu gewinnt er dadurch, daß er nah an seinen Kraftquellen sitzt, wir immer weiter von ihnen abrücken.

Vor einer Offensive gegen Moskau?
Donnerstag, 14. August 1941, Moskau. Das Sowinformbüro teilt mit:

Unsere Luftaufklärung bestätigte, daß bedeutende faschistische Reserven südöstlich von Smolensk im Anmarsch sind und daß Transportflugzeuge in den
letzten Nächten ständig Mannschaften und Material heranbringen. Die deutsche Vorhut, die etwa bei Dorogobusch steht, hat sich eingegraben, und die
Kämpfe haben infolge der Verluste auf beiden Seiten nachgelassen. Marschall
Timoschenko bereitet sich auf die vierte deutsche Offensive vor, die offenbar
der Einnahme Moskaus gilt.

Aus dem Kriegstagebuch des OKW
Freitag, 15. August 1941:

Der Führer hat heute nach Vortrag des Oberbefehlshabers des Heeres befohlen:
1. Bei der Heeresgruppe Mitte sind weitere Angriffe in der Richtung auf
Moskau zu unterlassen . . .

Japan und die Sowjetunion
15. August 1941, Tokio. Die Agentur Reuter teilt mit:

Der Sprecher des japanischen Informationsbureaus, M. Ishii, erklärte Presse-
vertretern, daß die Beziehungen zwischen Japan und der Sowjetunion freund-
schaftlich seien.
Er dementierte die Meldung, wonach Japan Forderungen an die Sowjetunion
gestellt habe.
Die Regierungen beider Staaten legen großen Wert darauf, auch in Zukunft
ihre Beziehungen wie gute Nachbarn zu pflegen.

Sender Beromünster (Schweiz)
15. August 1941:

Weder der deutsche Offensivgeist noch die russische Widerstandskraft sind
bisher gebrochen worden. Auf deutscher Seite ist das Bemühen zu bemerken,
mit größtem Einsatz eine Entscheidung zu erzwingen, ehe der Herbstregen und
der strenge russische Winter die Operationen behindern oder gar zum Stillstand
bringen werden . . .

→ Britischer Kari-
katurist als Hell-
seher: Als die deut-
sche Führung noch
fest davon über-
zeugt ist, den Krieg
im Osten vor dem
Winter beenden zu
können, prophezeit
er im August 1941
den Winterkrieg
und berichtet von
den dafür gesam-
melten 5 Millionen
Pelzmänteln für die
deutschen Soldaten;
leider entsprach
letzteres nicht der
Wirklichkeit

». . . Eroberung von Moskau? Nichts ist törichter . . .«
Sonderberichter Oberstleutnant Soldan schreibt:

Man hört vor allem im Ausland immer wieder, daß das Ziel der deutschen Operationen in erster Linie die Eroberung von Moskau und Leningrad sei. Nichts ist törichter als das. Wenn inmitten der deutschen Front nun auch im Großen erkennbar ein starker Keil sich gegen Moskau vorgeschoben hat, so ist das die Folge der vernichtenden Wirkung der Schlachten von Bialystok und Minsk gewesen. Es war selbstverständlich, daß die deutschen Truppen den hier besonders schwer getroffenen Feind nicht mehr zur Besinnung kommen lassen wollten. Diese rücksichtslose Verfolgung hat, wie heute schon festzustellen ist, die Kräfte der Bolschewiken so zerschlagen, daß sie die Reste ihrer zertrümmerten Divisionen zusammenlegen und zu überhasteten Neuaufstellungen mit halb- und unausgebildeten Leuten schreiten mußten. Läge Moskau nicht in der ostwärtigen Verlängerung dieser Kesselschlacht, so würden die Operationen genau so verlaufen sein.
Das Reich, 17. 8. 1941

Aus dem Hauptquartier des OKH
Montag, 18. August 1941:

1. Feindlage: Die Kräfteverteilung des feindlichen Heeres läßt erkennen, daß z. Z. nach dem Zerschlagen der Feindkräfte vor Heeresgruppe Süd und bei den sich anbahnenden Erfolgen der Heeresgruppe Nord die Masse der lebendigen militärischen Kräfte des Gegners vor Heeresgruppe Mitte steht. Der Gegner scheint demnach einen Angriff der Heeresgruppe Mitte in Richtung Moskau als eine entscheidende Gefahr anzusehen. Er wendet alle Mittel auf (Truppenzusammenziehungen, Befestigungsarbeiten), um diesen Angriff mit Sicherheit abfangen zu können.

Aus dem Kriegstagebuch des OKW
Mittwoch, 20. August 1941:

Führer mit Vorschlag des Oberbefehlshabers des Heeres für die Fortführung der Operationen vom 18. 8. nicht einverstanden.
Es kommt ihm gar nicht auf Moskau und die dort versammelten starken Feindkräfte an, vordringlich ist vielmehr, die russischen Industriegebiete auszuschalten, bzw. für eigene Zwecke in die Hand zu bekommen.

↓ Mitte August 1941, an der Rollbahn Smolensk–Moskau: Deutsche Pioniere suchen nach Minen

Der Führer an den OB des Heeres
Donnerstag, 21. August 1941:

An den
Oberbefehlshaber des Heeres
Der Vorschlag des Heeres für die Fortführung der Operationen im Osten vom
18. August stimmt mit meinen Absichten nicht überein. Ich befehle folgendes:
1. Das wichtigste, noch vor Einbruch des Winters zu erreichende Ziel ist nicht
die Einnahme von Moskau, sondern die Wegnahme der Krim, des Industrie-
und Kohlengebietes am Donez und die Abschnürung der russischen Ölzufuhr
aus dem Kaukasus, im Norden die Abschließung Leningrads und die Vereini-
gung mit den Finnen.

→ Anfang Septem-
ber 1941: Eine deut-
sche Einheit über-
quert die Beresina

62

21. August 1941:

I. Allgemeines:

Trotz Zuversicht in die Überlegenheit der deutschen Kriegführung und die unvergleichliche Kampfkraft der deutschen Wehrmacht, die einen endgültigen Sieg Deutschlands nie in Frage stelle, bereitet die Dauer des Krieges, vor allem die wider alles Erwarten große Zähigkeit des russischen Widerstandes und die angeblich geringer werdende Aussicht, diesen Krieg in absehbarer Zeit, vielleicht sogar noch vor Ablauf dieses Jahres, beenden zu können, weiten Kreisen der Bevölkerung steigende Sorge.

Freitag, 22. August 1941:

. . . Auf militärischem Gebiet hat sich die Lage im Osten während der Berichts-
woche zugunsten der deutschen Wehrmacht entwickelt. Man gibt in Moskau zu,
daß es den Deutschen gelungen sei, die russischen Armeen zurückzudrängen
und große Geländegewinne zu erzielen; aber andererseits äußern sich russische
Stimmen dahin, daß sich die Rote Armee die weiten Räume des russischen
Gebietes zu ihrem Verbündeten mache, bis sie in dem russischen Winter einen
noch mächtigeren Verbündeten finden werde.

Zweite Front – einziger Ausweg
J. W. Stalin an W. Churchill
Mittwoch, 3. September 1941:

Die Deutschen betrachten die Drohung im Westen als Bluff und verlegen
ungestraft alle ihre Kräfte vom Westen nach dem Osten, denn sie wissen, daß es
eine zweite Front im Westen nicht gibt und wahrscheinlich auch nicht geben
wird.
Sie halten es für durchaus möglich, daß sie ihre Feinde einzeln schlagen können,
zuerst die Russen und dann die Engländer.
Infolgedessen haben wir mehr als die Hälfte der Ukraine verloren und, was
schlimmer ist, der Feind steht jetzt vor den Toren Leningrads . . .
Der einzige Ausweg ist nach meiner Meinung, noch in diesem Jahr eine zweite
Front irgendwo auf dem Balkan oder in Frankreich zu errichten, die 30–40
deutsche Divisionen von der Ostfront abziehen würde. Gleichzeitig müßten der
Sowjetunion bis Anfang Oktober 30 000 Tonnen Aluminium geliefert und eine
monatliche Mindesthilfe von 400 Flugzeugen und 500 (kleinen oder mittleren)
Panzern gewährleistet werden.
Ohne diese beiden Hilfeleistungen wird die Sowjetunion entweder eine totale
Niederlage erleiden oder in solchem Maße geschwächt werden, daß sie für lange
Zeit außerstande sein wird, ihren Verbündeten durch aktive Operationen an
der Kampffront gegen den Hitlerfaschismus Hilfe zu leisten . . .

». . . Höhepunkt schon überschritten«
W. Churchill an J. W. Stalin
Donnerstag, 4. September 1941:

1. Ich will sofort im Geiste Ihrer Botschaft antworten. Obwohl wir keine
Anstrengungen scheuen dürfen, gibt es außer Luftangriffen praktisch keine
Möglichkeit, durch irgendeine britische Aktion im Westen noch vor Beginn des
Winters deutsche Streitkräfte aus dem Osten abzuziehen . . . Eine noch so
gutgemeinte Aktion, die nur zu einem kostspieligen Fiasko führt, würde
niemandem helfen außer Hitler.
2. Ich habe aufgrund der Informationen, über die ich verfüge, den Eindruck,
daß die Heftigkeit der deutschen Invasion ihren Höhepunkt schon überschritten
hat und daß der Winter Ihren heldenhaften Armeen eine Atempause gewähren
wird. Das ist allerdings nur meine persönliche Meinung . . .
3. Zum Nachschub. Wir sind uns der schweren Verluste wohl bewußt, die die
russische Industrie erlitten hat, und wir haben alle Anstrengungen unternommen und werden sie auch fortsetzen, um Ihnen zu helfen . . .

Der Führer und Oberste Befehlshaber	Führerhauptquartier,
der Wehrmacht	**den 6. September 1941**

OKW/WFSt/Abt. L. (I Op.)
Nr. 441492/41 G. Kdos. Chefs.
Geheime Kommandosache
Nur durch Offizier!
Weisung Nr. 35

Die Anfangserfolge gegen die zwischen den inneren Flügeln der Heeresgruppen Süd und Mitte befindlichen Feindkräfte haben, im Hinblick auf die fortschreitende Einschließung des Raumes von Leningrad, die Grundlage für eine entscheidungssuchende Operation gegen die vor der Heeresmitte in Angriffskämpfen festgelegte Heeresgruppe Timoschenko geschaffen. Sie muß in der bis zum Einbruch des Winterwetters verfügbaren befristeten Zeit vernichtend geschlagen werden. Es gilt hierzu, alle Kräfte des Heeres und der Luftwaffe zusammenzufassen, die auf den Flügeln entbehrlich werden und zeitgerecht herangeführt werden können.

Nach Vortrag des Oberbefehlshabers des Heeres befehle ich für die Vorbereitung und Durchführung dieser Operationen:

. . .

2.) In der Heeresmitte ist die Operation gegen die Heeresgruppe Timoschenko derart vorzubereiten, daß möglichst frühzeitig (Ende September) zum Angriff angetreten werden kann mit dem Ziel, den im Raum ostwärts Smolensk befindlichen Gegner in doppelter, in allgemeiner Richtung Wjasma angesetzter Umfassung – starke, zusammengefaßte Panzerkräfte auf den Flügeln – zu vernichten.

. . .

Erst dann, wenn die Masse der Heeresgruppe Timoschenko in dieser scharf zusammengehaltenen, eng umfassenden Vernichtungsoperation geschlagen ist, wird die Heeresmitte zur Verfolgung Richtung Moskau – rechts angelehnt an die Oka, links angelehnt an die obere Wolga – anzutreten haben.

. . .

4.) Für den weiteren Verlauf der Operationen ist vorzusehen, daß der Angriff der Heeresgruppe Süd durch eine in allgemein nordostwärtiger Richtung vorgehende Flankenstaffel (aus dort freiwerdenden Schnellen Verbänden) abgedeckt wird und daß Kräfte der Heeresgruppe Nord zur Deckung der Nordflanke sowie zur Verbindungsaufnahme mit der finnischen Karelischen Armee beiderseits des Ilmensees vorgetrieben werden.

5.) Jede Abkürzung und damit Vorverlegung der jeweiligen Termine kommt der Gesamtoperation und ihrer Vorbereitung zugute.

(gez.) Adolf Hitler

Marschall Timoschenkos Gegenoffensive
Mittwoch, 10. September 1941, Moskau. Das Sowinformbüro teilt mit:

Marschall Timoschenko, der nun die Offensive im Frontabschnitt selbst führt, steht mit Panzer- und Schützenverbänden in äußerst schweren Kämpfen zwischen Smolensk und Jelnja. Gleichzeitig hat Timoschenko, gemeinsam mit den Streitkräften von Marschall Budjonny, etwa 250 Kilometer südwestlich Jelnja einen neuen Offensivvorstoß in Richtung Gomel eingeleitet.

». . . gemeinsame Sache«
Sonntag, 14. September 1941, London. Die Agentur Reuter teilt mit:

Lord Beaverbrook erließ einen Aufruf an die britische Arbeiterschaft, in dem es heißt: »Arbeiter aller britischen Panzerwagenfabriken! Es ergeht der Ruf an euch zur äußersten Anstrengung. Von nun an müssen unsere Panzerwagenfabriken nicht nur die britischen Heere, sondern auch die Armeen der Sowjetunion versorgen. Die Soldaten der Roten Armee stehen mit uns im Kampf für eine gemeinsame Sache: die Freiheit.

Weisung Nr. 35

Oberkommando der Wehrmacht   Führerhauptquartier,
WFSt/Abt. L (I Op.)   den **19. September 1941**
Nr. 441545 gK. Chefs.
Bezug: Weisung Nr. 35
Der bevorstehende Angriff gegen die Heeresgruppe Timoschenko erhält den Decknamen »Taifun«.
     Der Chef des Oberkommandos der Wehrmacht
     I. A.
     (gez.) Warlimont

Die Umfassungsschlacht ostwärts Kiew
Sonntag, 21. September 1941. Das Oberkommando der Wehrmacht gibt bekannt:

Im Verlauf der ostwärts Kiew im Gang befindlichen Umfassungsschlacht haben die Armee des Generalfeldmarschalls v. Reichenau und die Panzerarmeen der Generalobersten v. Kleist und Guderian starke Teile des umzingelten Feindes vernichtet und jetzt schon über 150 000 Gefangene eingebracht, sowie 151 Panzerkampfwagen, 602 Geschütze und unabsehbares sonstiges Kriegsmaterial erbeutet. Die Zerschlagung der restlichen Truppen des eingeschlossenen Feindes ist in vollem Gange. Weitere große Zahlen an Gefangenen und Beute sind zu erwarten.

1812 und heute
Oberst d. G. Scherff berichtet:

Jeder Vergleich hinkt. Und doch ist ohne Vergleich kein Gedankenaustausch möglich. Am Gewesenen versucht der denkende Mensch das Geschehnis von heute zu verstehen. Im Rückblick auf das Geschehene findet er die Möglichkeit, sich das Dunkel der Zukunft vorzustellen. Im geschichtlichen Vergleich sucht er schließlich die Gesetzmäßigkeiten des Lebens und schöpft aus ihrer Erkenntnis die Kraft, um die Erfordernisse dieses Lebens zu bewältigen.
Der Vorstoß in das Dunkel des russischen Raumes und seiner Machthaber, den der Führer im Interesse seines Volkes und darüber hinaus des ganzen europäischen Kontinents gewagt hat, ruft dieses innere Bedürfnis naturgemäß auf den Plan. Es kommt ihm entgegen, daß Napoleons Feldzug nach Moskau im Jahre 1812 sich als Beispiel förmlich anbietet. Freund und Feind haben sich seiner bemächtigt, um – je nach Zweck und Standpunkt – bejahende oder verneinende Seiten daran herauszuarbeiten und propagandistisch auszuwerten.

← Moskau, September 1941: Ausbildung der Volkswehr an einem schweren Maxim-Maschinengewehr

↓ Die bisher größte Kesselschlacht der Geschichte ist beendet; der »Völkische Beobachter« sieht das »Schicksal der Sowjetarmeen . . . erfüllt«

Norddeutsche Ausgabe

271. Ausg. / 54. Jahrg. / Einzelpreis 20 Pf.

„Freiheit und Brot"

Norddeutsche Ausgabe

Berlin, Sonntag, 28. September 1941

VÖLKISCHER BEOBACHTER

Kampfblatt der nationalsozialistischen Bewegung
Großdeutschlands

Das Ende der Katastrophe von Kiew
Ein Millionenheer ausgelöscht

665000 Gefangene — 3718 Geschütze und 884 Panzer erbeutet oder vernichtet

So fiel der eiserne Vorhang hinter Budennys Armeen

Von Kriegsberichter Günter Heysing

Einmaliger Schlachtensieg

VB. Berlin, 27. September.

Das Schicksal der Sowjetarmeen zwischen Dnjepr und Djesna hat sich erfüllt: Sie sind ausgelöscht. 665 000 Bolschewisten wurden als Gefangene eingebracht, Überlebende eines Millionenheeres, das sich selbst mit schwachen Teilen nicht mehr aus der Umklammerung lösen konnte und sein gesamtes Kriegsmaterial einbüßte, darunter 884 Panzer und 3718 Geschütze. Ein Sieg, wie ihn die Geschichte bisher nicht gekannt hat und dessen

Aus dem Führerhauptquartier, 27. September.

Das Oberkommando der Wehrmacht gibt bekannt:

Wie bereits durch Sondermeldung bekanntgegeben, ist die große Schlacht bei Kiew beendet. In doppelseitiger Umfassung auf gewaltigem Raum ist es gelungen, die Dnjepr-Verteidigung aus den Angeln zu heben und fünf sowjetische Armeen zu vernichten, ohne daß auch nur schwache Teile sich der Umklammerung entziehen konnten.

Im Verlauf der im engsten Zusammenwirken von Heer und Luftwaffe durch-

. . . Daß der Winter eines Tages unseren Operationen Halt gebieten wird, steht außer Zweifel. Lagen wir aber nicht auch im Weltkrieg 1914–1918 mit unserer Ostfront mehrere Winter lang in Rußland, ohne daß die Truppe Not gelitten hätte? Zwar wird unsere Front diesmal um ein beträchtliches weiter im Osten stehen. Dafür haben wir aber auch keinen Zweifrontenkrieg und können der Truppe alle Mittel zukommen lassen, die sie braucht, um den Winter körperlich und seelisch unangefochten zu überstehen. Ein Volk, das wie das unsrige die Organisationsfähigkeit für ein Netz von Reichsautobahnen, einen Westwall, eine gewaltige Rüstungsindustrie und eine ebenso gewaltige Wehrmacht aufgebracht hat, wird um die Organisation des Kampfes gegen die Natur des russischen Winters nicht verlegen sein. Über die Formen dieses Winterkrieges zu sprechen, ist heute noch nicht die Zeit gekommen. Eines kann aber ohne Übertreibung gesagt werden: Die deutsche Wehrmacht wird den russischen Winter in Feindesland besser überstehen als ihr östlicher Gegner!

Völkischer Beobachter, 30. 9. 1941

Sibirische Armee bereits unterwegs?
Mittwoch, 1. Oktober 1941, Moskau. Associated Press meldet:

Seitens der Zensurbehörden ist heute erlaubt worden, auf die Vorbereitungen hinzuweisen, die das sowjetische Oberkommando für einen Winterkrieg getroffen hat. Eine der großen Überraschungen ist, daß in Sibirien bereits vor zwei Jahren eine Spezialarmee gebildet wurde, ausschließlich für den Einsatz im Winterfeldzug. Diese Armee besteht aus rund 500 000 Mann, formiert in Stoßbrigaden und motorisierten Divisionen mit einer technischen Sonderausbildung. Sie können Ski laufen, sind trainierte Scharfschützen und besitzen Extraausrüstungen für die Wintertarnung. Dieser Armee unterstehen auch mehrere Bomber- und Jägergeschwader. Man vermutet, daß diese Armee, die nichts mit der sowjetischen Fernostarmee zu tun hat, sich bereits auf dem Wege zur Westfront befindet.

». . . bedeutende Verstärkungen«
1. Oktober 1941, Moskau. Das Sowinformbüro teilt mit:

Über den Verlauf der Kämpfe im mittleren Frontabschnitt liegen keine genauen Berichte vor. Luftaufklärer melden, daß die deutsch-faschistische Heeresleitung bedeutende Verstärkungen für die Heeresgruppe v. Bock zusammengezogen hat und daß Reservedivisionen nördlich und südlich von Smolensk in die Frontlinie verlegt werden.

Und so war es:

Unter stürmischem Jubel der Bevölkerung und dem Läuten der Glocken marschieren am Donnerstag, dem 18. Juli 1940, die ersten aus Frankreich heimkehrenden siegreichen Frontdivisionen blumengeschmückt zwei Stunden lang über die historische Prachtstraße der Reichshauptstadt Unter den Linden. Zum sechsten Male in der Geschichte sind deutsche Truppen durch das Brandenburger Tor eingezogen, niemals aber wurde ihnen ein so großartiger Empfang bereitet.

Am nächsten Abend erlebt Berlin die dritte Reichstagssitzung seit Beginn des Krieges, deren Bedeutung durch die demonstrative Teilnahme des italienischen

Außenministers Graf Ciano noch unterstrichen wird. Als einziger Punkt der Tagesordnung ist eine Rede Hitlers angekündigt. Der Reichskanzler gibt einen Überblick der militärischen Ereignisse der letzten Monate, richtet einen »Appell an die Vernunft Englands« und deutet die Möglichkeit einer Verständigung an. Zur deutsch-russischen Beziehung stellt Hitler fest, daß »die Hoffnung Englands, durch einen neuen europäischen Krieg eine Entlastung für sich selbst erreichen zu können, soweit Deutschland und Rußland in Frage kämen, ein Trugschluß sei. Die britischen Staatsmänner werden auch das im Laufe der Zeit begreifen lernen.«

Zwei Tage danach, am Sonntag, dem 21. Juli 1940, gerade zu der Zeit, als die Engländer dies in der Presse lesen können, gibt Hitler dem verblüfften Generalfeldmarschall v. Brauchitsch, den er in der Reichskanzlei zu einer Besprechung empfangen hat, den Auftrag, einen Angriff auf die Sowjetunion vorzubereiten.

Am Mittwoch, dem 31. Juli 1940, setzt das Oberkommando der Wehrmacht (OKW) den Beginn des Angriffs auf die Sowjetunion für Mitte Mai 1941 fest. Am gleichen Tage ordnet Hitler an, das Feldheer auf 180 Divisionen zu erhöhen.
Hitler wiegt sich in der Hoffnung, daß Großbritannien eher geneigt sei, Frieden zu schließen, wenn die Sowjetunion, ihr letzter möglicher Verbündeter auf dem Kontinent, zerschlagen ist. Für den Fall, daß Großbritannien trotz allem weiterkämpfen sollte, gibt die Eroberung des europäischen Teils der Sowjetunion mit seinen Wirtschaftsgebieten und Rohstoffen Hitler die Möglichkeit, auch einen längeren Krieg mit Großbritannien erfolgreich zu beenden.

Am 18. Dezember 1940 erteilt Hitler die Führerweisung Nr. 21 »Fall Barbarossa«. Sein Ziel: Die Masse des sowjetischen Heeres im westlichen Teil der Sowjetunion durch weites Vortreiben von Panzerkeilen zu vernichten, den Abzug kampfkräftiger Teile in die Weite des russischen Raumes zu verhindern und in rascher Verfolgung die allgemeine Linie Wolga–Archangelsk zu erreichen, um das Industriegebiet im Ural durch die Luftwaffe auszuschalten.
Bereits im Januar 1941 beginnt der getarnte Aufmarsch des deutschen Heeres gegen die Sowjetunion.
Auf dem Balkan hat sich seit dem italienischen Überfall auf Griechenland im Oktober 1940 die Lage immer mehr zugespitzt und mit dem anti-deutschen Militärputsch in Belgrad am 27. März 1941 ihren Höhepunkt erreicht. Hitler will vor Auslösung des Falles Barbarossa die Südostflanke gegen englische Landungen sichern und vor allem eine mögliche Bedrohung des wertvollen rumänischen Ölgebietes von Ploesti durch britische Bomber ausschalten.

Am Sonntag, dem 6. April 1941, gibt Hitler bekannt, daß die Wehrmacht in Jugoslawien und Griechenland einmarschieren muß, um der englischen Einmischung auf dem Balkan ein Ende zu bereiten. Der Balkanfeldzug wirft aber den Zeitplan für den Fall Barbarossa völlig durcheinander und verspätet seinen Beginn um gut drei Wochen.

Als Hitler am 17. Juni 1941 endgültig den Termin für den Fall Barbarossa auf Sonntag, den 22. Juni 1941 festlegt, fordert er damit die Vorsehung heraus: Am 22. Juni 1812 hat nämlich Napoleon Bonaparte seine Kriegsproklamation vor

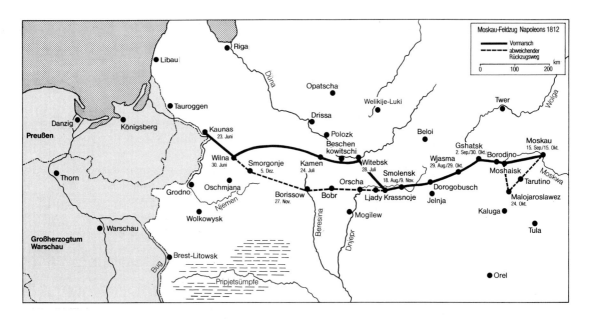

↑ Napoleons Weg
nach Moskau 1812

Überschreiten der Memel herausgegeben. Und Hitler kennt das Schicksal des damaligen Feldzuges nach Moskau und die erstaunliche Parallele sehr gut: Genau wie Napoleon wird er durch die innere Logik der Ereignisse auf den gleichen Weg gedrängt, was Napoleon die Natur der Sache – »la nature des choses« – nannte. Genau wie er, kann Hitler Großbritannien auf seinen Inseln nicht erreichen.

So wie Napoleon stellt er England sein Kontinentalsystem, seine europäische Organisation, entgegen. Wie Napoleon gewinnt auch Hitler die vorübergehende Zusammenarbeit mit Rußland. Und genauso wie Napoleon seinen stärksten Bundesgenossen, Zar Alexander I., an England verloren hatte, verliert jetzt Hitler seinen Verbündeten Stalin. Napoleon schlug los und hinterließ den nicht beendeten Krieg mit den Engländern in Spanien, obwohl er sich der Gefahr bewußt war, eine Kerze von beiden Seiten anzuzünden. Er warf sich auf Rußland, weil er nicht auf den Augenblick warten wollte, in dem Rußland in einer Allianz mit Großbritannien dasselbe zu tun gedachte. Sicherlich, wie Napoleon, hätte auch Hitler zuerst den Krieg mit England beendet. Aber, wie Napoleon, konnte er ihn nicht beenden. Und es fällt schwer, Hitlers Entschluß als einen Fehler zu bezeichnen: Er war nicht gewillt, bis zur Aufrüstung Großbritanniens mit Hilfe der USA und bis zur sowjetischen Kampfbereitschaft zu warten, auch nicht bis zur Koordination ihrer Kräfte. Von zwei Gegnern mußte der zuerst zerschlagen werden, der für seine Streitkräfte zu Lande erreichbar war. Die Chance für die Unterwerfung Rußlands beruhte bei Napoleon auf der Überlegenheit seiner eigenen Kräfte – immerhin standen bei Kriegsbeginn 450000 Soldaten der Grande Armée nur 160000 Russen gegenüber –, ihrer größeren operativen Beweglichkeit und der überlegenen Truppenführung. Die vermeintliche Schwäche und Unentschlossenheit von Alexander, die Gewißheit, die Bevölkerung des ehemaligen polnischen Gebietes für sich zu gewinnen und die eventuelle Möglichkeit des Zusammenbruchs des russischen Imperiums, waren Napoleons ganze Hoffnung. Auf diese Voraussetzungen stützten sich die Pläne Napoleons zur Herausforderung der russischen Hauptkräfte, diese auf dem Schlachtfeld zu vernichten, was in seiner letzten Konsequenz die politische Kapitulation herbeiführen sollte.

70

Bei alledem rechnete Napoleon fälschlicherweise mit dem labilen Charakter des Zaren. Im Falle eines unerwarteten Widerstandes würde ihn – so meinte Napoleon – das weitere Eindringen in das Herz des russischen Imperiums, der Angriff auf Moskau und nachher auf Petersburg zur Kapitulation zwingen. In einer solchen Situation sah Napoleon nämlich den Zusammenbruch der zaristischen Herrschaft und innere Umstürze in Rußland voraus. Sollte jedoch der Sommerfeldzug des Jahres 1812 zu keinem endgültigen Ergebnis führen, so hoffte Napoleon, immerhin sichere Winterquartiere in Ostpolen nach den errungenen Siegen vorzufinden. Obwohl Moskau nicht die Hauptstadt war, wurde sie von Napoleon zutreffend als das Herz des russischen Imperiums bezeichnet.

Welche Chancen einer strategisch blitzschnellen Entscheidung bestehen bei Hitlers Feldzug? Es ist der gleiche weite Raum, der nur von einigen Eisenbahnlinien und wenigen Autobahnen und Fernstraßen durchzogen wird, also unzureichend für motorisierte Nachschubkolonnen. Das russische Straßennetz, das den Fuhrwerken der Grande Armée trotzte, eignet sich noch weniger für schnelle Bewegungen der Panzerverbände, für motorisierte Einheiten und Transportkolonnen.

Im Gegensatz zur Offensive Napoleons soll nun die deutsche die ganze gewaltige Front vom Schwarzen Meer bis an das Eismeer umfassen. Jetzt ist Moskau in politischer und administrativer Hinsicht zweifellos das Herz Rußlands, sogar in noch höherem Maße als zu Napoleons Zeiten.

Die Organisation der Kriegführung hat auf deutscher Seite einen hohen Stand. Und die qualitative Überlegenheit der Roten Armee gegenüber tritt weitaus stärker hervor als im napoleonischen Feldzug. Hitler kann damit rechnen, den Gegner mit dem Kampfgeist und der Tatkraft seiner Truppe und vor allem – wie Napoleon – mit der Geschwindigkeit seiner Operationen zu überraschen, die jetzt durch Luftwaffe, Panzer und die Motorisierung vervielfacht werden. Hitler darf jedoch im Gegensatz zu Napoleon keine Kapitulation erwarten. Er kann und will die Sowjetunion vollständig zerschlagen und hofft, dies durch Vernichtung der sowjetischen Streitkräfte zu erreichen. Die Chancen Napoleons, den Krieg nach einem kurzen Feldzug zu beenden, waren fraglich. Die Chancen Hitlers, ihn blitzartig zu gewinnen, sind noch wesentlich geringer.

Am Vortage von Napoleons Überfall erklärte Zar Alexander I.: »Ich habe zwei mächtige Verbündete – den weiten Raum und die Zeit.« Nicht anders denkt auch Stalin darüber. Bereits in den dreißiger Jahren wird in der sowjetischen Militär- und Geschichtsliteratur der Vaterländische Krieg von 1812 verherrlicht. Er erweckt die Legende vom zaristischen Feldmarschall Kutosow zu neuem Leben. Der zutreffende Leitgedanke von Alexander I. stand jedoch im Widerspruch zu seinen operativen Dispositionen: Der Schwerpunkt der Ausgangsgruppierung seiner Streitmacht, dem Gegner im allgemeinen bekannt, befand sich vorgeschoben im Grenzgebiet. Obwohl Alexander I. nachher erklärte, er könne »sich bis nach Kamtschatka zurückziehen«, war es gar nicht klar, ob es gelingen würde, seine Armeen aus Litauen zurückzunehmen. Selbst im Falle eines geordneten Rückzuges bestand keine Gewißheit, ob sie währenddessen nicht aufgerieben werden konnten.

Zar Alexander I. mußte den Entschluß, seine Armeen nahe der Grenze zu halten, beinahe mit deren Vernichtung bezahlen. Stalin zieht im Jahre 1941 daraus jedoch keine Schlüsse, denn auch er hat einen großen Teil der sowjetischen Kräfte in das Grenzgebiet vorgeschoben. Er gewinnt dadurch zwar eine größere Tiefe des Operationsraumes. Dieser Vorteil wird später aber mit

→→ Anfang Juni 1941: Auf der breiten Fahrbahn südlich von Lublin rollen deutsche Panzer in ihre Bereitstellungen

riesigen Verlusten bezahlt. Ähnlich wie Napoleon kann Hitler nicht mit einer Überlegenheit in der Ausrüstung rechnen.

Im napoleonischen Krieg kam der Zeitpunkt des Angriffs nicht überraschend, denn Rußland war täglich seit Monaten darauf vorbereitet. Diesmal zeigt sich Stalin überrascht: Am Sonntag, dem 22. Juni 1941, tritt im Morgengrauen um 3.15 Uhr das deutsche Heer mit über 3 Millionen Mann, von 3500 Panzern und 2700 Kampfflugzeugen aller Art unterstützt, aus seinen Bereitstellungsräumen im Osten zum Angriff auf einer Front von 1600 Kilometern gegen die Sowjetunion an, dabei ohne einheitliche Zielsetzung, ohne klare Schwerpunkte und ohne festen Operationsplan.

Gegen 5.30 Uhr verliest Reichspropagandaminister Dr. Goebbels vor den versammelten Journalisten Hitlers Erklärung für das Vorgehen gegen die

→ Auf einem Hügel vor dem sowjetischen Grenzfluß, im Morgengrauen des 22. Juni 1941: GFM v. Bock (dritter v. links) und Gen-Oberst Guderian (rechts außen) kurz vor Beginn des Unternehmens »Barbarossa«

Sowjetunion. Sie erinnert sonderbarer Weise an die Proklamation von Napoleon vom 22. Juni 1812, die er im Schatten der Pappeln am Rande des polnischen Grenzdorfes Wilkowiszki diktierte. Auch sie rief damals die Erinnerung an große Siege der letzten Jahre wach, deren Geist den Triumph des neuen Kreuzzuges sichern sollte. Die treulosen Russen seien für den Ausbruch des Krieges verantwortlich, so erklärte Napoleon in feierlichem Ton.

Zwei Stunden nach Dr. Goebbels verliest Außenminister Molotow über Rundfunk eine offizielle Erklärung. Mit stotternder Stimme gibt er den deutschen Angriff auf die Sowjetunion bekannt und erinnert daran, daß im großen vaterländischen Krieg von 1812 das ganze russische Volk sich wie ein Mann gegen Napoleon erhoben habe. Dasselbe werde jetzt auch dem anmaßenden Hitler widerfahren. Hitlers Angriff auf die Sowjetunion sei kein Präventivkrieg. Sein Entschluß entspringe nicht der Sorge vor einem drohenden, bevorstehenden sowjetischen Angriff, sondern sei Ausdruck seiner Aggressionspolitik.

Die Absicht Napoleons war, die Hauptkräfte des Gegners in einer ihm aufgezwungenen Schlacht zu vernichten, entweder bei Wilna oder, falls sich der Feind zurückziehen sollte, an der Düna, bei Smolensk, oder auf dem Wege nach Moskau. Es gelang ihm aber erst bei Borodino, den Feind zu stellen. Für die Hauptangriffsrichtung wählte Napoleon die Linie Wilna–Smolensk–Moskau. Waffen und Kriegsgerät waren auf beiden Seiten ähnlich, die Zahl der Geschütze beinahe gleich. Dagegen konnten sich die Russen besser den Erfordernissen des Kriegsschauplatzes anpassen.

Die Taktik auf beiden Seiten führte kaum zu einer Überraschung des Gegners. Im operativen Bereich aber war die Beweglichkeit wie in allen bisherigen Feldzügen auf seiten Napoleons, was seiner unermüdlichen Energie entsprang, sei es durch Ansporn der Truppen zu forcierten Marschleistungen, sei es durch die Gewöhnung der Soldaten, während der Operationen von den Vorräten des Landes zu leben. Die Führungsqualitäten seiner Marschälle und Generäle waren für die Grande Armée bezeichnend, was auch von der Gegenseite anerkannt wurde. Die maximal vorgesehene Tiefe der Offensive Napoleons betrug 1000 Kilometer, die der Deutschen anderthalbmal mehr. Die Frontbreite spielte zu Napoleons Zeiten in Anbetracht der damaligen operativen Verhältnisse nicht eine so gewichtige Rolle wie 1941.

Napoleon hatte bei seinen Operationen in dem ausgedehnten und tiefen Raum die weitverstreuten, jedoch enggruppierten Armeen oder die selbständigen russischen Korps vor sich. Sein Problem: sie zu finden, zum Kampf zu stellen und zu vernichten. Hitler muß dagegen auf Kämpfe, sowohl in der ganzen

← Auf einem Hügel am russischen Grenzfluß Njemen (Memel), im Morgengrauen des 22. Juni 1812: Napoleon Bonaparte (rechts), als polnischer Kürassiergeneral verkleidet, inspiziert in Begleitung des Pioniergenerals Haxo die Übergangsstelle für die Grande Armée

Breite als auch in der ganzen Tiefe des Raumes gefaßt sein, den er durch seine Offensive zu umschließen gedenkt. Das Verhältnis der Streitkräfte zum Raum hat sich völlig verändert, sowohl durch die mehr als verzehnfachte Zahl der kämpfenden Armeen, als auch durch die gewaltig gesteigerte Wirkungskraft der Kampfmittel und die weitaus bessere Möglichkeit der Beherrschung des Raumes durch Artillerie, Flugzeuge, Panzer und motorisierte Verbände.

Zu Napoleons Zeiten wurden die Operationen mehr oder weniger gemächlich in einem leeren oder nur schwach geschützten Raum durchgeführt. Und die Kampfhandlungen konzentrierten sich auf das Schlachtfeld. Der Marsch gehörte zum täglich Trott, die Schlacht war nur eine kurze, aber dramatische Steigerung, durch Raum und Zeit begrenzt. Dagegen kann man in einem neuzeitlichen Krieg kaum mit einem kampflosen Vormarsch rechnen. Die Armee Napoleons bewältigte den größten Teil der Entfernungen durch ständigen Vormarsch, nur selten in Gefechten. Hitler aber muß damit rechnen, daß seine Truppen den Raum in ununterbrochenem Kampf überwinden müssen.

Die Heeresgruppe Mitte (GFM v. Bock), die Moskau einnehmen soll, tritt mit der 9. Armee (GenOberst Strauß) und der Panzergruppe 3 (GenOberst Hoth) aus Ostpreußen an. Die 4. Armee (GFM v. Kluge) und die Panzergruppe 2 (GenOberst Guderian) stoßen beiderseits Brest-Litowsk vor. Insgesamt zählt die Heeresgruppe Mitte 5 Panzer- und 11 Armeekorps mit 35 Infanterie-, 11 Panzerdivisionen und 1 Kavalleriedivision. Die Verbände werden unterstützt durch die Luftflotte 2 (GFM Kesselring) mit 2 Flieger- und 1 Flak-Korps, ihnen unterstehen 10 Fliegergeschwader, 3 Selbständige Fliegergruppen und je 2 Nachrichten- und Flakregimenter.

Der Heeresgruppe Mitte steht gegenüber die sowjetische Heeresgruppe Westfront (Armeegen. Pawlow) mit der 3. Armee (GenLt. Kusnetzow), der 4. Armee (GenMaj. Korobkow) und der 10. Armee (GenMaj. Golubjew), die den Grenzabschnitt zwischen Grodno im Norden und Kobryn im Süden hält. Die drei Armeen verfügen über 6 Schützenkorps, je 1 mechanisiertes- und 1 Kavalleriekorps mit 23 Schützendivisionen, 6 Kavalleriedivisionen und 9 Panzerbrigaden. Die Rote Luftflotte bildet keine selbständige Waffengattung, ihre Verbände sind der Armee unterstellt.

Die Rote Armee unterscheidet sich in der Gliederung ihrer Einheiten von der deutschen durch das Fehlen eines Korpsverbandes. So sind die einzelnen sowjetischen Armeen schwächer als die deutschen, aber zahlenmäßig größer. Auch die Anzahl der deutschen Heeresgruppen ist geringer als bei den Sowjets, die ihre Armeen in »Fronten« (Heeresgruppen) zusammenfassen, die den Abschnitten unterstehen. Auch bei den Divisionsstärken ist ein Unterschied: Etwa 2½ sowjetische Divisionen entsprechen einer deutschen Division.

Die deutschen Truppen drängen schnell ostwärts. Die Luftwaffe beherrscht eindeutig den Luftraum. Am Abend des 22. Juni 1941 meldet sie 1811 zerstörte oder abgeschossene Feindmaschinen bei 35 eigenen Verlusten. Sowjetische Quellen nennen 1200 Verluste auf 66 Jägerplätzen in Grenzbezirken bis zum Mittag des ersten Angriffstages.

Hitler und seine Generäle im OKW übersehen, daß, von diesem Tage an gerechnet, den Truppen nur zwei Monate zur Verfügung stehen bis zum Einsetzen des alljährlichen Herbstregens, der weite Teile der Sowjetunion in fast grenzenlosen Morast verwandelt. Erst im Einsatzraum stellen die Panzerkommandanten zu ihrem Entsetzen fest, daß die Landkarten der UdSSR, die ihnen das OKH ausgehändigt hat, in keiner Weise der Wirklichkeit entsprechen: Fast alle als Straßen eingezeichneten Verbindungen erweisen sich als unbefestigte Sandwege.

Am Montag, dem 23. Juni 1941, wird durch Beschluß der Regierung der UdSSR und des ZK der Partei (Vorsitzender: Volkskommissar der Verteidigung Marschall Timoschenko) das Hauptquartier des sowjetischen Oberkommandos STAWKA errichtet. Die Mobilisierung der Jahrgänge 1905 bis 1918 wird angeordnet, für die Hauptstadt und das Moskauer Gebiet die Luftverteidigung organisiert, übrigens viel stärker als in London und Berlin zusammen.

Alle Theater, Kinos, Clubs, Restaurants und Geschäfte, die in Friedenszeiten bis Mitternacht geöffnet haben, müssen jetzt um 22 Uhr schließen. Sämtliche Ferienbestimmungen werden für die Dauer des Krieges aufgehoben.

Bereits in den ersten Tagen zeichnet sich eine durchdachte Taktik der sowjetischen Verteidigung ab, die ihr schließlich den Erfolg bringen soll:

I. Zu Beginn entscheidenden Kämpfen ausweichen, mit Rückzugsmanövern den Gegner immer tiefer ins Land hineinlocken, ohne dabei die lebenswichtigen Zentren aufzugeben, im günstigsten Moment das Rückzugsmanöver in ein Haltemanöver umwandeln.

II. Den später entscheidenden Kampf erst dann aufnehmen, wenn das gegnerische Kräftepotential erschöpft ist. Weil der Feind weit von seinen natürlichen Basen operieren muß, soll der entscheidende Kampf unter Ausnutzung geographischer und klimatischer Begebenheiten erfolgen. Den erschöpften Gegner zwingen, auf immer längerer Front und damit mit schwächeren Kräften zu kämpfen.

III. Eine Taktik anwenden, welche die großen Umfassungsaktionen des Gegners zunichte macht: Gegenangriffe, örtlicher Widerstand, verstärkt durch in

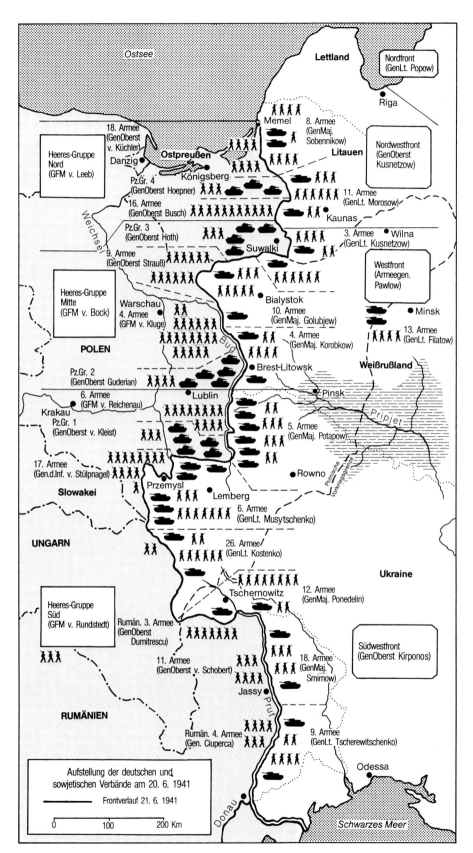

Ostsee

Lettland

Nordfront
(GenLt. Popow)

Riga

Memel

8. Armee
(GenMaj. Sobennikow)

18. Armee
(GenOberst
v. Küchler)

Ostpreußen

Danzig

Königsberg

Litauen

Nordwestfront
(GenOberst
Kusnetzow)

Pz.Gr. 4
(GenOberst Hoepner)

16. Armee
(GenOberst Busch)

11. Armee
(GenLt. Morosow)

Kaunas

Pz.Gr. 3
(GenOberst Hoth)

Suwalki

3. Armee
(GenLt. Kusnetzow)

Wilna

9. Armee
(GenOberst Strauß)

Westfront
(Armeegen.
Pawlow)

**Heeres-Gruppe
Nord**
(GFM v. Leeb)

Weichsel

Bialystok

10. Armee
(GenMaj. Golubjew)

Minsk

**Heeres-Gruppe
Mitte**
(GFM v. Bock)

Warschau

4. Armee
(GFM v. Kluge)

4. Armee
(GenMaj. Korobkow)

13. Armee
(GenLt. Filatow)

POLEN

Bug

Brest-Litowsk

Weißrußland

Pinsk

Pripjet

Pz.Gr. 2
(GenOberst Guderian)

6. Armee
(GFM v. Reichenau)

Lublin

5. Armee
(GenMaj. Potapow)

Krakau

Pz.Gr. 1
(GenOberst v. Kleist)

Politische Vorkriegsgrenze

Rowno

17. Armee
(Gen.d.Inf. v. Stülpnagel)

Przemysl

Lemberg

6. Armee
(GenLt. Musytschenko)

Slowakei

26. Armee
(GenLt. Kostenko)

UNGARN

Ukraine

Tschernowitz

12. Armee
(GenMaj. Ponedelin)

**Heeres-Gruppe
Süd**
(GFM v. Rundstedt)

Rumän. 3. Armee
(GenOberst
Dumitrescu)

Südwestfront
(GenOberst Kirponos)

11. Armee
(GenOberst v. Schobert)

18. Armee
(GenMaj.
Smirnow)

Jassy

RUMÄNIEN

Prut

Rumän. 4. Armee
(Gen. Ciuperca)

9. Armee
(GenLt. Tscherewitschenko)

Odessa

Aufstellung der deutschen und
sowjetischen Verbände am 20. 6. 1941

Frontverlauf 21. 6. 1941

0   100   200 Km

Donau

Schwarzes Meer

← Der Truppen-
aufmarsch am Vor-
abend des Unter-
nehmens »Barba-
rossa«

77

die Tiefe gestaffelte Truppenteile. Den frontalen Druck der weit vorstoßenden gegnerischen Panzerverbände durch Aktionen auf ihre Nachschublinien brechen.

IV. Den vorstoßenden gegnerischen Panzerverbänden die eigenen Panzerverbände, die mit Schützenverbänden operieren, entgegenwerfen und damit die Abnützung beim Gegner beschleunigen.

V. Im passenden Moment, nachdem die deutsche Offensivkraft ihre Grenze erreicht hat, zur Gegenoffensive übergehen und den Gegner schrittweise aus dem Land vertreiben.

Bereits an diesem Tag führen sowjetische Panzerverbände energische Gegenangriffe, so südlich von Grodno das XI. mech. Korps (GenMaj. Mostowenko) und im Raum Rossieny das III. mech. Korps. Hier kommt es zur ersten

→ 22. Juni 1941, an der Straße von Brest–Litowsk nach Kobrin: eine durch deutsches Artilleriefeuer zerschlagene Abteilung der sowjetischen bespannten Pak

bedeutenden Panzerschlacht: Die sowjetische 2. Panzerdivision (GenMaj. So-
lakin) greift die deutsche 6. Panzerdivision (GenMaj. Landgraf) des XXXXI.
Panzerkorps (Gen. d. Pz. Tr. Reinhardt) an. Die Sowjets setzen hier erstmals
ihren gefürchteten überschweren Panzer KW I ein.

General Reinhardt: »An die hundert eigene Panzer, darunter ein Drittel
Panzer IV, traten nun zum Gegenstoß an. Sie legten sich dem Gegner mit
Teilen frontal vor und fielen ihn mit der Masse in den Flanken an. Von drei
Seiten hämmerten ihre Granaten gegen die dicken Stahlriesen. Aber es war ein
vergebliches Bemühen, sie vernichten zu wollen. Dagegen sind sehr bald
Ausfälle auf eigener Seite eingetreten. Nach längerem Ringen mit den russi-
schen Giganten mußten die deutschen Panzereinheiten in deckendes Gelände
ausweichen, um ihrer Vernichtung zu entgehen . . .

↑ Deutsche Infan-
terie kauert im
Schutz eines Panzer-
wagens IV der
6. Panzerdivision
und beobachtet zwei
auf ein brennendes
Gehöft vorstoßende
Panzer

Immer näher kamen die nach Breite und Tiefe gegliederten Kolosse heran. Hier
traf ein solcher auf einen Sumpftümpel, in dem ein deutscher Panzer stecken
blieb. Ohne sich lange zu besinnen, rollte das schwarze Ungeheuer über ihn
hinweg. Ähnlich ging es einer deutschen 15-cm-Haubitze, die nicht rechtzeitig
weggekommen ist. Als sie die schweren Feindpanzer herankommen sah, be-
schoß sie diese im direkten Schuß, ohne daß sie darauf zeichneten. Einer fuhr
genau auf das Geschütz zu, das ihn bis auf 100 m herankommen ließ; dann jagte
es ihm eine schwere Granate entgegen, die den Panzer mitten auf die Stirnplatte
traf. Ein Feuerschein und gleichzeitiger Donnerschlag des berstenden Geschos-
ses folgte.
Der Panzer blieb, wie vom Blitz getroffen, stehen. Also erledigt, dachten die
Kanoniere und atmeten auf. Ja, der hat genug, meinte der Geschützführer.
Doch schlagartig änderten alle den Gesichtsausdruck, als einer rief: »Er bewegt
sich wieder!« Wahrhaftig, schon kam er mit schwerem Kettengerassel heran,
umarmte das Geschütz wie ein Spielzeug, preßte es in den Boden und fuhr
darüber hinweg, als hätte es sich um eine selbstverständliche Angelegenheit des
Alltags gehandelt. Die schwere Haubitze hatte damit ihr Ende gefunden, doch
die Bedienung kam heil davon . . .« Die Panzerschlacht von Rossieny führt
zum ersten Halt im Blitzkrieg nach Osten. Das Bewußtsein, diesen schwerge-
panzerten Ungetümen trotz eigener zahlenmäßiger Überlegenheit nicht gewachsen zu sein, löst bei Führung und Truppe einen Schock aus.

Am Dienstag, dem 24. Juni 1941, erobert das II. Armeekorps (Gen. d. Inf. v.
Brockdorff-Ahlefeldt) Kowno, während die 7. Panzerdivision (GenMaj. v.
Funck) Wilna nimmt. Die beiden Städte wurden, wie Generaloberst Halder in

seinem Kriegstagebuch vermerkt, am gleichen Tage von Napoleon eingenommen.

Am Freitag, dem 27. Juni 1941, nimmt die zur Panzergruppe 2 (GenOberst Guderian) gehörende 3. Panzerdivision (General Model) Bobruisk. Sie hat für die Strecke von 440 Kilometern zwischen Brest-Litowsk und Bobruisk sechs Tage gebraucht. Damit wird sogar ein Tagesrekord von 115 Kilometern erreicht, ähnlich wie ein Jahr zuvor die Panzerverbände von Guderian in Frankreich, nur mit dem Unterschied, daß der französische Widerstand keineswegs so hart war wie hier und die Straßen in einem ganz anderen Zustand.
Ebenfalls am 27. Juni 1941 treffen sich abends am Südrand von Minsk die Spitzen der deutschen 18. Panzerdivision (GenMaj. Nehring) und die 20. Panzerdivision (GenMaj. Stumpff), die bereits am Vortage die Stadt erobert hat. Im Kessel bei Minsk werden nun Teile der sowjetischen Westfront eingeschlossen.
Die Doppelschlacht von Bialystok–Minsk kostet die Sowjets 330 000 Gefangene, 3 300 Panzer, 1 800 Geschütze und unzähliges sonstiges Kriegsmaterial. Mehrere sowjetische Kommandeure und viele ihrer Soldaten verüben Selbstmord. Sämtliche höheren Offiziere, die dem Debakel von Bialystok–Minsk entkommen sind, läßt Stalin zum Tode verurteilen und erschießen, darunter den Befehlshaber der Heeresgruppe Westfront, Armeegeneral Pawlow, ebenso General Klimowski und Generalmajor Korobkow sowie den Chef der Luftstreitkräfte der Nordwestfront General Rychagow.

Am 28. Juni 1812, dem siebten Tag seiner Operationen, erreichte Napoleon Wilna. Graf Anatole de Montesquiou, ein jüngerer Leutnant im Stabe, zählte auf dem Weg von Njemen nach Wilna 1 240 tote Pferde. Trotz der minuziösen Planung, die dem Feldzug vorausging, kamen die Nachschubkolonnen auf der Straße, die nichts anderes als ausgefahrene Räderspuren waren, nur mühsam voran. Der drückenden Hitze am Tage folgten kalte Nächte, und plötzlicher Sturm und Regen verwandelten die staubigen Landstraßen in tiefen, klebrigen Schlamm.
Zwar hatte jeder Soldat der Grande Armée eine Ration für fünf Tage erhalten, aber die Entbehrungen waren für die unerfahrenen Truppen zu groß. Und als sich die Husaren in den frühen Morgenstunden der Vorstadt von Wilna näherten, hatten sie schon viel von ihrem Schwung verloren.
Nicht anders geht es jetzt den deutschen Truppen: Der sowjetische Widerstand wird mit jedem Tag härter, und die Verluste werden immer größer. Die Infanteriedivisionen ziehen in Eilmärschen durch Staub und Sonnenglut den weiter nach Osten vorstoßenden Panzerverbänden nach.

Erst am Sonntag, dem 29. Juni 1941, eine Woche nach Beginn der Kampfhandlungen, erfährt die deutsche Öffentlichkeit erste Einzelheiten über den Verlauf der bisherigen Operationen im Osten. Der Rundfunk unterbricht wiederholt sein Sonntagsprogramm und bringt eine ganze Reihe von Sondermeldungen, untermalt durch Fanfarenstöße. Das Reichspropaganda-Ministerium muß zu seinem Bedauern feststellen, daß die psychologische Wirkung der durch Marschmusik und Fanfarentöne unterbauten Sondermeldungen durch ihre häufige Wiederholung rasch verlorengeht.
An diesem Tag erklärt in Moskau das Zentralkomitee der KPDSU und der Rat des Volkskommissariats den Abwehrkampf gegen die deutsche Invasion zum

»Vaterländischen Krieg« und gibt eine Direktive für das Parteikomitee heraus, in den von Deutschen besetzten Gebieten Partisanenbewegungen zu organisieren.

Am Montag, dem 30. Juni 1941, wird in Moskau unter Vorsitz von Stalin das neue Staatliche Verteidigungskomitee (Gosudarstwennij Komitet Oborony = GOKO) gebildet, dem Molotow, Woroschilow, Malenkow und der Chef des NKWD, Berija, angehören. Diesem Gremium als »militärischem Politbüro« erteilt Stalin höchste Weisungsbefugnis. Damit tritt das eigentliche Politbüro mit Kaganowitsch, Mikojan, Andrejew, Kalinin, Chruschtschow und Schdanow in den Hintergrund.
Erst am 30. Juni 1941, erfahren Stalin und STAWKA von der Einschließung der Stadt Minsk, und das erst durch einen abgehörten deutschen Funkspruch. Besonders diese Tatsache verursacht bei dem Diktator einen Wutausbruch.

Bereits am Dienstag, dem 1. Juli 1941, setzen die Sowjets ihre Fallschirmtruppen ein. Die veralteten, langsamen viermotorigen Maschinen Tupolew TB-3 »Maxim Gorki« bringen die besonders ausgebildeten Fallschirmjäger in den Rücken der deutschen Frontlinie. Die Heeresgruppe Nord (GFM Ritter v. Leeb) meldet an diesem Tage: »Bei Koltyniany (40 km südostwärts Utena) gegen 18 Uhr Absprung russischer Fallschirmjäger aus 7 Maschinen (davon eine abgeschossen).«

Am Mittwoch, dem 2. Juli 1941, erreichen die Spitzen der Panzergruppe 2 (GenOberst Guderian) den Dnjepr bei Rogatschew.
Schon Ende Juni 1941 hat man in Moskau begonnen, die erste Abteilung der Volkswehr aufzustellen. Es sind meist Arbeiter, die in ihrer Freizeit eine militärische Grundausbildung erhalten haben.
Am gleichen Tag ernennt Stalin Marschall Timoschenko zum Oberbefehlshaber der Westfront, seine Vertreter werden Marschall S. Budjonny und Generalleutnant A. Jeremenko, Chef des Stabes wird Generalleutnant Malandin. Der Westfront werden aus der STAWKA-Reserve drei Armeen zugeteilt.

Am Donnerstag, dem 3. Juli 1941, elf Tage nach Kriegsbeginn, bricht Stalin endlich sein Schweigen. In einer Rundfunkrede gibt er zu, daß sich die Sowjetunion »in ernster Gefahr« befinde. Er spricht seine Hörer dabei als Genossen und Bürger, Brüder und Schwestern an, für die Masse eine bisher ungewöhnliche Redewendung. Stalin erinnert auch in seiner Ansprache an den Sieg

→ Ende Juni 1941, nach der Kesselschlacht bei Minsk: Rotarmisten, die mit hoch erhobenen Händen den vorrückenden Infanteristen entgegenkommen, werden nach Waffen durchsucht

82

Rußlands über Napoleon und bemerkt: »Hitler ist auch nicht unüberwindlicher als der französische Kaiser«.

Dann folgen seine Anweisungen zur Taktik der verbrannten Erde: ». . . Nicht ein Kilo Korn und kein einziger Liter Brennstoff dürfen dem Feind in die Hände fallen . . . Alles von Wert, so Metalle, Getreide und Petroleum, ist unbedingt zu vernichten, wenn es nicht mitgenommen werden kann . . .« Von nicht minderer Bedeutung sind Stalins Direktiven für den Partisanenkrieg: ». . . In feindbesetzten Gebieten müssen Partisaneneinheiten zu Fuß und zu Pferd Brücken und Straßen sprengen, Telefon- und Telegrafenleitungen zerstören, Wälder, Vorratslager und Eisenbahnzüge in Brand stecken, den Feind verfolgen und schädigen, wo immer es möglich ist . . .«

Die Sowjetunion hat die Partisanenorganisation seit 1923 systematisch aufgebaut und die entsprechenden Kader in Massenkursen ausgebildet. Es wird der zentrale Partisanenstab (GShPD) unter Marschall Woroschilow geschaffen und ein Sekretär des Zentralkomitees, P. K. Ponomarenko, als Chef ernannt. Der Stab erfaßt jede Partisaneneinheit und versieht sie mit Ausbildern und Führungsoffizieren, Nachrichtengerät, Waffen, Sprengstoff und erteilt die Aufträge.

Als erster organisierter Bezirk entsteht das Partisanenkommando Nr. 1 »Weißrußland«, dem mehrere Abteilungen, Zerstörungsbataillone sowie zahlreiche Agenten angehören. Beim Rückzug der Roten Armee übernehmen Partisanen deren Handwaffen und Funkgeräte, verstecken sie und rüsten damit Einzelgruppen aus. Die Aufgabe der unter Eid verpflichteten Partisanen sind Sprengungen deutscher Munitionslager, Überfälle auf Depots und Transportkolonnen, Verminung von Straßen, Eisenbahnlinien und Brücken, Befreiung von Kriegsgefangenen sowie Spionage und Sabotage jeder Art. Nach Weisungen aus Moskau darf auf die eigene Bevölkerung keine Rücksicht genommen werden, und sollte sie der Partisanentätigkeit hinderlich sein, ist sie als Feind zu behandeln.

Mit seiner Rede leitet Stalin eine Umstellung der Sowjetpropaganda auf das bis jetzt geschmähte Nationalgefühl, auf den sowjetischen Patriotismus ein, der sich nun auf den von Stalin geprägten Ausdruck vom »Großen Vaterländischen Krieg« des Sowjetvolkes stützt. Die Begriffe wie Sozialismus und Kommunismus verschwinden mit einem Schlag aus dem Sprachgebrauch der Propagandisten, dafür werden die Kirche und das Religionsgefühl des Volkes im Dienste der psychologischen Massenbeeinflussung eingespannt.

An diesem Tage erreichen die Vorausabteilungen der Panzergruppe 2 (Gen-Oberst Guderian) den Dnjepr, 510 Kilometer von der Demarkationslinie ent-

↓ Juli 1941: So wie diese russische Familie fliehen Abertausende vor den deutschen Truppen nach Osten

fernt. Damit haben die Panzerspitzen bereits den halben Weg nach Moskau hinter sich. Selbst der nüchterne Generaloberst Halder, Chef des Generalstabs des OKH, läßt sich durch Optimismus hinreißen und notiert in seinem Tagebuch am 3. Juli 1941: »Es ist wahrscheinlich keine Übertreibung, wenn ich feststelle, daß der Feldzug gegen Rußland in 14 Tagen gewonnen worden ist.« Zur gleichen Stunde wird die zur Panzergruppe 2 gehörende 18. Panzerdivision (GenMaj. Nehring) in ein heftiges Gefecht mit sowjetischen Panzern verwickelt und meldet einen neuen gegnerischen Panzer, dessen Silhouette völlig von den bekannten Typen abweicht. Es ist der berüchtigte T-34, der bald den deutschen Truppen viel Kummer bereiten wird.

Unter dem Eindruck des Erfolges im Baltikum nimmt Hitler nun wieder seinen alten Plan auf und kündigt eine Schwerpunktverlagerung nach Norden an. Leningrad, als Hauptschwerpunkt der Roten Flotte, soll genommen werden. Auf Drängen der Heeresleitung billigt er zwar noch einmal die Vorschläge zum Vorstoß auf Moskau, macht sie aber von der Bedingung abhängig, die Operation gegen Leningrad zu beenden. Die Heeresgruppe Süd (GFM v. Rundstedt) soll mit ihrem linken Flügel weiterhin auf Kiew vorgehen, die Heeresgruppe Mitte (GFM v. Bock) einen Teil ihrer motorisierten Verbände südlich Smolensk nach Jelnja werfen, und der Rest soll über den Abschnitt Witebsk–Newel angreifen. Das Gelände zwischen diesen Zangenarmen ist danach für die Säuberung durch Infanteriekorps vorgesehen. Die Panzergruppe 2 und die Panzergruppe 3 (GenOberst Hoth) werden jetzt dem Armeeoberkommando AOK 4 (GFM v. Kluge) unterstellt, das seine bisherigen Kräfte an das AOK 2 (GenOberst Frhr. v. Weichs) abgegeben hat.

In Moskau kursieren unterdessen alle möglichen Gerüchte. Es wird sogar behauptet, daß Stalin bereits für seine Verbrechen abgeurteilt wurde, und Trotzki unterwegs sei, um die Führung zu übernehmen.

Am Montag, dem 7. Juli 1941, erläßt das Präsidium des Obersten Sowjets der UdSSR eine besondere Verfügung, um Herr der Lage zu bleiben: »Es wird bestimmt, daß während der Kriegszeit diejenigen, die unwahre Gerüchte verbreiten und damit Unruhe in der Bevölkerung hervorrufen, durch Urteil von Kriegstribunalen mit einer Gefängnisstrafe von zwei bis fünf Jahren bestraft werden, sofern ihr Vergehen nicht eine härtere Strafe nach sich zieht.«

Am Dienstag, dem 8. Juli 1941, notiert Generaloberst Halder in seinem Tagebuch, daß es des Führers feststehender Entschluß sei, Moskau und Leningrad dem Erdboden gleichzumachen, »um zu verhindern, daß die Überlebenden darin bleiben, die wir dann im Winter ernähren müßten«. Die Städte sollen durch Luftangriffe vernichtet werden, Panzer dürfen dafür nicht eingesetzt werden.

Der Optimismus von Generaloberst Halder, »innerhalb von 14 Tagen die Sowjetunion besiegt zu haben«, wirkt ansteckend. Erstaunlicherweise nimmt dieser Wunschgedanke in Krakau ganz reale Formen an: Der Generalgouverneur Dr. Hans Frank, Herr über Tod und Leben von etwa 15 Millionen Polen, gibt seiner Abteilung für Volksaufklärung und Propaganda die Order, den Sieg über die UdSSR und was damit untrennbar verbunden ist, die Einnahme von Moskau, gebührend zu feiern, genau wie ein Jahr zuvor den Sieg im Westen, und zwar mit einem Spezial-Großfeuerwerk am Fuße des königlichen Schlosses Wawel auf den Weichsel-Wiesen.

Da Eile geboten ist, setzt sich die GG-Hauptpropagandaleitung noch in der

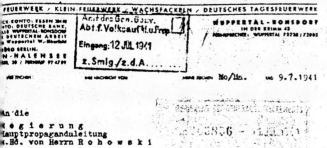

HANS MOOG
PYROTECHNISCHE FABRIK

FEUERWERK / KLEIN-FEUERWERK / WACHSFACKELN / DEUTSCHES TAGESFEUERWERK

WUPPERTAL-RONSDORF

An die
Regierung
Hauptpropagandaleitung
z.Hd. von Herrn Rohowski
Krakau.

Betr. Grossfeuerwerk.

Unter höflicher Bezugnahme auf die diversen Fernschreiben durch die
Gauleitung Düsseldorf und unser geführtes Telefongespräch in der
Nacht vom 8. zum 9.d.M. bestätige ich Ihnen dankend den erteilten
Auftrag auf

1 Spezial-Grossfeuerwerk im Betrage von netto

RM 15.000.--.

Transport und Fahrtspesen für die 6 Pyrotechniker gehen zu Ihren
Lasten. Genaues Programm sowie detaillierte Materialaufstellung
wird Ihnen persönlich in Krakau nachgereicht.

Ich nahm davon Kenntnis, dass das Feuerwerk genau wie im Jahre 1940
zu Fusse der Weichsel abgebrannt werden soll. Die Zusammenstellung
des Feuerwerkes ist reichhaltig und dürfen Sie versichert sein,
dass dieses Staatsfeuerwerk Ihre vollste Zufriedenheit finden wird.

Wie ich Ihnen heute schon durch Fernschreiben mitteilte, habe ich
es möglich gemacht, dass der Waggon bereits am Freitag Abend hier
in Wuppertal abrollt. Nach dem von der Reichsbahn Wuppertal aufgestellten Fahrplan müsste der Waggon am Dienstag den 15.7. um

MOSKAU
GNIAZDO BOLSZEWIZMU W NIEMIECKICH RĘKACH

↖ Einige der erstaunlichsten Dokumente zur Schlacht um Moskau: Hier die erstmalig veröffentlichten Unterlagen zur Siegesfeier anläßlich der Eroberung der sowjetischen Hauptstadt: das Bestätigungsschreiben des Herrn H. Moog, Besitzer einer pyrotechnischen Fabrik in Wuppertal-Ronsdorf, an die Hauptpropagandaleitung der Regierung des Generalgouvernements (G.G.) über eine bestellte Waggonladung mit Leuchtkörpern für das Großfeuerwerk in Krakau

↑ Das bereits gedruckte Plakat in polnischer Sprache – »Moskau, das Nest des Bolschewismus in deutschen Händen«

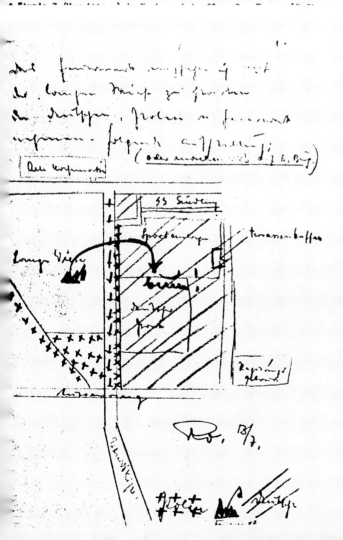

← Der am Sonntag, dem 13. Juli 1941, von Herrn Rohowski aus der Hauptpropagandaleitung des G. G. gezeichnete Situationsplan für die Siegesfeier »Moskau ist gefallen« in Krakau. Statiker führen bereits Untersuchungen durch, ob die Balkone der mittelalterlichen Tuchhallen vor der Marienkirche dem Andrang der Ehrengäste auch standhalten

Nacht vom 8./9. Juli 1941 mit der pyrotechnischen Fabrik in Wuppertal-Ronsdorf in Verbindung und gibt die Bestellung für ein Spezial-Großfeuerwerk auf.

Der Waggon mit der Ladung soll planmäßig am Dienstag, dem 15. Juli 1941, um 7 Uhr morgens in Krakau eintreffen. Die Regierung des Generalgouvernements läßt vorsorglich sogar ein recht eindrucksvolles Plakat mit der Aufschrift drucken: »MOSKAU, das Nest des Bolschewismus in deutscher Hand«.
Sofort nach Eintreffen der Meldung, daß die sowjetische Hauptstadt gefallen ist, sollen die Plakate angebracht werden. »Deutsche! Moskau erobert! Hängt die Fahne hoch!« Alle Uniformierten bekommen Kino-Freikarten, wo die letzten Wochenschauen gezeigt werden; selbst an die Polen hat man gedacht: Die Polizeistunde wird an diesem Feiertag für sie bis Mitternacht verlegt, die Juden dagegen dürfen ihre Häuser nicht verlassen.

Am Donnerstag, dem 10. Juli 1941, übernimmt Stalin die Führung von STAWKA. Zugleich beschließt das staatliche Verteidigungskomitee, drei Oberkommandos für die strategischen Richtungen zu bilden: für die Nordwestrichtung wird Woroschilow als Oberbefehlshaber, für die Westrichtung Timoschenko und für die Südwestrichtung Budjonny ernannt.

Am Sonnabend, dem 12. Juli 1941, berichtet General der Artillerie Brand vom OKH nach Rückkehr von seiner Frontreise über »ein neuzeitliches, uns bisher unbekanntes Artilleriegerät«. Dies ist die erste Meldung über die sowjetische Geheimwaffe, den Raketenwerfer MN-3. Stalin befiehlt Jeremenko, diese unter die höchste Geheimhaltungsstufe eingereihte Waffe, von der zur Zeit nur einige Versuchsmodelle existieren, bei Rudnja einzusetzen. Die Werfer, von den Sowjets später Katjuschas genannt, stehen unter der Obhut des NKWD, der sowjetischen Sicherheitstruppe. Ihr Einsatz im Raum Smolensk gegen die deutsche 12. Panzerdivision der Panzergruppe 3 beweist am besten die Bedeutung, die STAWKA den Kämpfen im Raum Smolensk beimißt.
An diesem Tag werden die Sowjetunion und Großbritannien Alliierte: Am Nachmittag um 17.15 Uhr unterzeichnen im Kreml der britische Botschafter, Sir Stafford Cripps, und Molotow ein Abkommen über das gemeinschaftliche Vorgehen im Krieg gegen Deutschland. Der Pakt entsteht im Verlauf zweier Unterredungen zwischen Cripps und Stalin und – wie Churchill berichtet – auf Initiative der UdSSR. In knappen Worten abgefaßt, enthält der Vertrag nur zwei Klauseln: »Die beiden Mächte sollen sich gegenseitig Hilfe leisten und keiner von ihnen einen Separatfrieden oder Waffenstillstand schließen.« Während der Unterschriftszeremonie taucht die Frage auf, wann das Abkommen in Kraft treten soll. »Sofort«, ruft Cripps.
Ebenfalls am 12. Juli 1941 ereignet sich in Strugi Krasne, einer Stadt im Bereich der Heeresgruppe Nord, eine geheimnisvolle Explosion in dem von deutschen Truppen des LVI. Panzerkorps (Gen. d. Inf. v. Manstein) belegten Gebäude. Mehrere Offiziere und Soldaten finden dabei den Tod. Die Untersuchungskommission kann sich diesen Vorfall nur durch zufälliges Hochgehen der vermutlich im Keller gelagerten sowjetischen Beutemunition erklären. Was jedoch als nicht seltener Unglücksfall ad acta gelegt wird, ist in Wirklichkeit der erste Kampfeinsatz in der Kriegsgeschichte mit einer per Funk ferngezündeten Sprengladung. Sowjetische Pioniere einer Spezialeinheit der Heeresgruppe Nordfront (GenLt. Popow) haben eine Woche zuvor während der Räumung von Strugi Krasne drei Fernspreng-Zündladungen von je 250 kg gelegt, die man

↑ Mitte Juli 1941:
eine Verschnauf-
pause irgendwo im
Raum Smolensk

← Smolensk über
Prutki: ein Weg-
weiser für die nach-
folgenden deutschen
Truppen

mit den neuesten, streng gehüteten F-10-Funkanlagen zur Explosion bringen kann. Diese tückische Geheimwaffe, die übrigens nicht einmal entschärft werden kann, wird zu einer gefürchteten Kampfmethode der Sowjets, und es dauert eine ganze Weile, bis man die Ursache der mysteriösen Explosionen aufklärt. Dies ist auch einer der Hauptgründe, warum Hitler im Falle der Einnahme von Moskau den deutschen Truppen verbietet, die sowjetische Hauptstadt zu betreten.

Am Montag, dem 14. Juli 1941, gibt Hitler Richtlinien für die Weisung Nr. 32. Er befiehlt darin, nach Niederwerfung der Sowjetunion, den Schwerpunkt der Rüstung auf die Luftwaffe zu verlegen. Der Generalstab beginnt weisungsgemäß, sich mit der Gliederung der zukünftigen Besatzungskräfte in dem zerschlagenen Land zu befassen.

Am Dienstag, dem 15. Juli 1941, kann die Panzergruppe 3 (GenOberst Hoth) einen Erfolg melden: Ihre Spitzen haben östlich Smolensk die Moskauer Autobahn erreicht.
Hat das Vormarschtempo der deutschen Panzerverbände in den Grenzschlachten bisher durchschnittlich 50 bis 55 Kilometer am Tage betragen, so fällt es jetzt auf 20 bis 25 Kilometer zurück.

Am Abend des 16. Juli 1941 nimmt die 29. mot. Division (GenMaj. v. Boltenstern) Smolensk nach 48 Stunden erbitterter Straßenkämpfe. Die Stadt hat auch jetzt die gleiche Bedeutung wie damals, als die Grande Armée sie, übrigens einen Monat später, am 17. August 1812, nach verlustreichem Kampf eroberte: Smolensk öffnet den Weg nach Moskau.
Nun hat die Panzergruppe 2 von Brest-Litowsk bis Smolensk eine Strecke von gut 600 Kilometern hinter sich gebracht – trotz anhaltenden Widerstandes der Roten Armee und einiger Unterbrechungen zur Wartung der Panzer. Sie nimmt die Stadt am 25. Tage der Operation. Bis hierher erreichen die deutschen Truppen bei ihrer Offensive im Mittelabschnitt einen Tagesdurchschnitt von 24 Kilometern, mehr als das Doppelte von Napoleons Grande Armée.
Die Sowjetverbände der Westfront sind zwischen Smolensk und Orscha eingekesselt, nur ein schmaler Streifen nach Osten bleibt noch frei. Zur Stunde wird die lockere Umfassung mit schnellen Verbänden und Panzern durch die herbeieilenden Infanteriedivisionen verstärkt. Trotzdem leisten die ostwärts Mogilew, nordöstlich Witebsk, bei Smolensk und um Newel eingeschlossenen Sowjetgruppen erbitterten Widerstand.
Die Schlacht im Raum Smolensk dauert jedoch weiter an, der Vormarsch wird langsamer. Die Rote Armee bringt neue Reserven heran, und ihr Widerstand wird straffer organisiert. Die sowjetischen Soldaten kämpfen selbst abgeschnitten und in scheinbar aussichtsloser Lage einfallsreich, verstehen es ausgezeichnet, sich zu tarnen und der Umgebung anzupassen und sind beispielhafte Einzelkämpfer, die alle Arten des Nahkampfes beherrschen und mit Vorliebe Nachtangriffe führen.
Das Oberkommando des Heeres befindet sich zunehmend in einer Zwangslage: Zwar rechnet Hitler für die Durchführung des Unternehmens »Barbarossa« mit etwa fünf Monaten, aber bei Beginn des Feldzuges stehen nur Vorräte für etwa zwei Monate zur Verfügung, darunter kaum Winterausrüstung für die Truppe. So wird nun für einen Blitzkrieg vorgesorgt, und die Entscheidung muß spätestens vor der etwa Anfang Oktober eintretenden Schlammperiode fallen,

oder es droht der deutschen Wehrmacht eine Katastrophe von wahrhaftig napoleonischem Ausmaß. Auch der Nachschub steht vor unlösbaren Problemen: Weder das Straßen- noch das Eisenbahnnetz ist für den Verkehr der Transportkolonnen geeignet. Auch die Entscheidung des Generalstabs, erst 20 Tage nach Beginn des Unternehmens und nicht wie üblich nach einer Woche eine Vormarschpause anzuordnen, um neue Depots in Frontnähe anzulegen, aus denen die weiteren Operationen versorgt werden sollen, macht die Nachschublage noch kritischer. Besonders die Schnellen Truppen leiden unter dem Zustand der Wege und Ölknappheit: Durch den Staub der Vormarschstraßen und den Ölmangel fallen mehr Kampfwagen aus als durch Feindeinwirkung. STAWKA wiederum bezeichnet die Westfront als die wichtigste und bringt hier in der zweiten Julihälfte über 70 Prozent seiner Reserven zum Einsatz.

Am Donnerstag, dem 17. Juli 1941, ergeht Hitlers Erlaß über die Verwaltung der neubesetzten Ostgebiete, der die NS-Ausbeutungspolitik im Osten einleitet. Zugleich lehnt Hitler kategorisch die Zusammenarbeit mit den anti-sowjetisch eingestellten Völkern der baltischen Länder, Weißrußlands und der Ukraine ab, was im Kreml mit Erleichterung zur Kenntnis genommen wird.
Die zahlenmäßige Überlegenheit in bestimmten Frontabschnitten und das Beherrschen des Luftraumes ermöglicht den deutschen Kräften weiterhin, die strategische Initiative zu behaupten. Vier Wochen nach dem Überfall halten zwar die Sowjets ihre zersplitterten Gegenangriffe im Abschnitt der Heeresgruppe Mitte aufrecht, doch trotz logistischer Erschwernisse bleibt das Tempo des Vormarsches der deutschen Truppen weiterhin beständig. Es ist aber klar, daß die langen Anmärsche zu neuen Operationen immer wieder neue Ausfälle bringen, die man dann zunächst kaum ersetzen kann.
Gerade der enorme Verschleiß der Schnellen Truppen und Panzerverbände gibt Grund zur Besorgnis. Besonders da Hitler trotz Drängen des OKH der gesamten Ostfront nur 300 Panzermotoren zuweisen läßt, aber keinen einzigen neuen Panzer. Nach Beendigung der Instandsetzungsarbeiten auf den eingenommenen vorderen Flugplätzen starten unterdessen die Kampfgeschwader der Luftwaffe zu ihrer ersten Serie von Bombenangriffen auf die sowjetische Hauptstadt.

Am Sonnabend, dem 19. Juli 1941, läßt sich Stalin vom Obersten Sowjet zum Volksverteidigungskommissar ernennen. In diesen Tagen nimmt Moskau langsam das Aussehen einer Frontstadt an. Mit Sonnenuntergang von 19 Uhr bis morgens 5 Uhr wird der Straßenverkehr auf ein Minimum eingeschränkt, und in der Nacht herrscht streng beachtete, völlige Verdunkelung. Die Schaufenster werden mit Sandsäcken oder Brettern verbarrikadiert, an denen jetzt riesige Propagandaplakate hängen. An den Ausfallstraßen Moskaus läßt man Sperrballons aufsteigen, und bei der Tarnung vor deutschen Bombern und Aufklärern wird keine Mühe gescheut.
Die Umrisse von Hauptstraßen, Plätzen, Industriebauten und wichtigen Kultur- und Wohngebäuden werden in Kleinarbeit geändert. Der Swerdlowplatz und das Bolschoi-Theater sehen aus der Luft jetzt wie eine Gruppe kleiner Häuser aus. Alle bekannten Bauten der Hauptstadt, wie zum Beispiel das Haus des Obersten Sowjets oder das Riesenhotel Moskwa, bekommen einen Tarnanstrich. Die Kreml-Mauern werden mit Farbe zu Reihenwohnhäusern umstilisiert, das Leninmausoleum auf dem Roten Platz wird mit Sandsäcken bedeckt und mit Brettern in ein Dorfhaus verwandelt. Die Fahrbahnen der Hauptstra-

↑ Psychologische Kriegführung: ein deutsches Flugblatt mit der Aufforderung an die Rotarmisten, ihre politischen Kommissare, die sie mit vorgehaltener Waffe in die Schlacht treiben, zu töten und zu den Deutschen überzulaufen

ßen bemalt man mit Zickzacklinien, so daß sie von oben wie Hausdächer aussehen. Die Fassade des Großen Palais im Kreml verschwindet unter einem Netz mit künstlichen grünen Zweigen. Die goldenen Kuppeln der Kreml-Kirchen bekommen einen dunklen Anstrich, und die patinagrünen Dächer zahlreicher bedeutender Bauwerke werden mit erdbrauner Farbe bepinselt. Sämtliche großen Plätze hat man mit Hausdächern bemalt, und die freien Flächen der Sportstadien mit Hausdächern aus Holz bedeckt. Selbst die Schleifen der Moskwa werden vollständig mit Holz verschalt, es soll den deutschen Fliegern die Orientierung erschwert werden. Der Metro-Betrieb läuft nur auf einigen wichtigen Linien weiter. Entlang den Schienen werden Bretterwände aufgestellt, und die unterirdischen Metro-Stationen und Schächte in einen riesigen Luftschutzkeller für die Moskauer umfunktioniert. In den Waldgürteln der Vorstädte sind Hunderte von Scheinwerfern aufgestellt und daneben schwere Flakbatterien.

In der Nacht vom 21./22. Juli 1941 greifen 127 Maschinen Moskau an. Nach sowjetischen Angaben sind es 250 Bomber gewesen, von denen 22 Flugzeuge verlorengingen.
In der darauffolgenden Nacht sind es 115 Maschinen, und in der Nacht vom 23./24. Juli nur 100 Bomber. Dann sinken die Zahlen ab: In 59 von 76 Angriffen bis Ende des Jahres 1941 werden nur noch 3 bis 10 Maschinen vom Typ He 111 und Ju 88 eingesetzt.
Bereits nach dem ersten deutschen Luftangriff wird der einbalsamierte Leichnam Lenins in der nächsten Nacht ohne viel Aufsehen per Eisenbahn in Richtung Ural abtransportiert.
In dieser Nacht ist auch General Schtemenko von STAWKA auf dem Kazaner Bahnhof: »Nach dem ersten Luftangriff schickte auch ich meine Frau mit ihrer Mutter und meinen beiden Kindern nach Nowosibirsk – ohne festes Domizil, keiner wußte, zu wem. Der Kazaner Bahnhof war verdunkelt. Tausende von Menschen warteten auf den Abtransport. Mit Mühe und Not preßte ich meine Frau in den Wagen. Die Tochter mußte ich ihr durch das Fenster reichen, weil niemand mehr durch die Eingangstür kam.«
In dem von Luftangriffen geplagten Moskau bereitet man sich nun auf die Möglichkeit eines Frontzusammenbruches und auf den deutschen Vorstoß in Richtung Hauptstadt vor. Das gesamte Verteidigungssystem, die sogenannte Moskauer Verteidigungszone, unterstellt Stalin dem Oberkommando des Moskauer Militärbezirkes (GenLt. P. M. Artemjew). Dem Militärbezirk obliegt die Mobilisierung der Moskauer Bevölkerung für Befestigungsarbeiten in der

→ Ein Zeichner der Luftwaffen-Illustrierten »Der Adler« malt sich einen Bombenangriff auf den Kreml aus

→→ Eine Luftschutz-Instruktion für die Bewohner der sowjetischen Hauptstadt

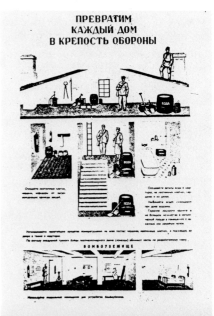

Hauptstadt und Umgebung, die Aufstellung und Bewaffnung von Arbeiterbataillonen, Komsomolbrigaden, sowie Volksabwehrformationen. Die sowjetischen Jägerbataillone, die die letzten Reserven des Befehlshabers des Militärbezirkes bilden, zieht man zusammen und bringt sie in einzelnen Kasernen
unter. Sie sollen bei einem plötzlichen Durchbruch der Deutschen nach Moskau
oder im Falle einer deutschen Fallschirmjägerlandung eingesetzt werden. Der
Militärbezirk ist nun auch für die Ordnung in Moskau, die Aufrechterhaltung
der Industrieproduktion, das Transportwesen, die Nachrichtenverbindungen,
ja sogar für die Versorgung der Bevölkerung verantwortlich. So hat das Militär,
genauer gesagt der NKWD, die wichtigste Lebensfunktion der Hauptstadt in
der Hand.

In der zweiten Julihälfte nehmen an allen Frontabschnitten die Aktivitäten der
sowjetischen Partisanen zu. Am 25. Juli 1941 erwähnt der deutsche Wehrmachtsbericht erstmals das Auftreten von Partisanen. Zu dieser Zeit gelingt es
Stalin durch die Verteidigungsmaßnahmen um Moskau und das bedeutend
verlangsamte Tempo des deutschen Vormarsches in den anderen Frontabschnitten, die bedrohten wichtigsten Industriebetriebe geordnet hinter den Ural
zu verlegen und die ganze Wirtschaft auf Kriegsbedarf umzustellen. Diese
Tatsache kann man als ersten »stillen« Sieg betrachten.
In der Hauptstadt stehen nun, Ende Juli, 12 Volkswehrdivisionen mit etwa
120 000 Mann unter den Waffen, in der Regel von NKWD-Offizieren geführt.
Und man beginnt, Museen und Kinderheime aus Moskau zu evakuieren. Alle,
die weder der Verteidigung noch der Kriegswirtschaft nützlich sein können,
werden in das Landesinnere – meist nach Sibirien – verschickt. Auch kommunistische Emigranten aus West- und Südosteuropa müssen Moskau räumen und
werden in die südostasiatischen Republiken zwangsweise umgesiedelt.
Hitler in seiner Siegeseuphorie sieht sich unterdessen schon als Herr des
gesamten europäischen Rußlands und gibt am 27. Juli 1941 den Auftrag,
Studien für eine Expedition in Richtung Ural und für eine Operation an die
persische Grenze zu entwerfen.
Bei Stalin wiederum spielen in seinem Verteidigungskonzept die strategischen
Reserven, besonders die in den wichtigsten Westabschnitt verlegten, eine
entscheidende Rolle. Man beginnt mit der Aufstellung einer großen Anzahl
neuer Divisionen, von denen einige bereits an den Kämpfen bei Smolensk
teilnehmen. Die Reserven von STAWKA sollen jetzt als taktische Verbände
(Division, Korps) und als Armeen oder Fronten (Heeresgruppe) zum Einsatz
kommen.
Ende Juli erkennt die deutsche Führung, daß man eine Pause einlegen muß,
bevor die neuen Operationen eingeleitet werden können. Bei den Sowjets, die
trotz aller Erwartungen »nach wie vor mit wilder Verbissenheit und unter
ungeheuren menschlichen Opfern« kämpfen, treten trotz schwerster Verluste
noch keine Zerfallserscheinungen auf, was die deutschen Heerführer nach-
denklich stimmt.
Auch in Napoleons Umgebung herrschte in den letzten Juli-Tagen des Jahres
1812 in Witebsk eine ähnliche Stimmung, und ein Teil der Marschälle äußerte
Bedenken über die Zukunft der Grande Armée, falls diese in die Tiefe
Rußlands weiter eindringen sollte. Als ihm jedoch seine Generäle vorschlugen,
den Versuch an der Düna und dem Dnjepr anzuhalten, entgegnete der Kaiser
nicht zu Unrecht, daß es trügerisch wäre, Sicherheit hinter den beiden Flüssen
zu suchen: »Die Sicherheit kann man nur durch eine entscheidende Schlacht
erlangen, in der der Gegner geschlagen wird.«

»... Das Auftreten starker feindlicher Kräfte (und) die Versorgungslage« sind laut Hitlers Weisung Nr. 34 vom 30. 7. 1941 Gründe dafür, »... weitergehende Aufträge und Ziele vorerst zurückzustellen«.

Diese Weisung ist ein Eingeständnis, daß der mächtige deutsche Schlag sein Ziel nicht erreicht hat: Es ist in keinem strategischen Abschnitt gelungen, die im »Barbarossa«-Plan vorgezeichneten Aufgaben zu erfüllen. Nur die Heeresgruppe Mitte hat teilweise ihre Operationsziele erreicht. Sie soll aber nach Weisung Nr. 34 unter Ausnutzung günstigster Geländeabschnitte zur Verteidigung übergehen.

Im Süden und Norden der Ostfront können die Sowjets ihre Kräfte zurücknehmen und Kiew sowie Leningrad halten. In Wirklichkeit ist die Rote Armee zwar nachhaltig geschwächt, aber noch keineswegs geschlagen. General R. J. Mali-

↓ Anfang August 1941, Ukraine: Eine deutsche Panzerspitze rollt eingehüllt in Staubwolken über ausgetrocknete Felder

nowski: »Wir wichen zurück, weil wir den Gegner einfach nicht aufzuhalten vermochten.«

Die Rote Armee führt nun immer öfter örtliche Gegenstöße durch. Auf deutscher Seite machen sich dagegen der Versorgungsmangel und die Folgen des pausenlosen Einsatzes bemerkbar. Die Zahl der einsatzfähigen Kampfwagen sinkt bei den Schnellen Truppen und Panzerverbänden von Tag zu Tag. Anfang August muß die Heeresgruppe Mitte auf ganzer Frontbreite zum Stellungskrieg übergehen – als Ergebnis der von Hitler befohlenen Verlegung der 2. Armee und der Panzergruppe 2 in die Ukraine zur Schlacht um Kiew. Dies hat auch eine entscheidende Auswirkung für den späteren Angriff auf Moskau: Damit gibt Hitler Stalin fast zwei Monate Zeit für die Verlegung der strategischen Reserven aus dem Fernen Osten und Verstärkung der Ver-

teidigungsstellungen in eine Tiefe von fast 250 Kilometern um die Hauptstadt.

Am Montag, dem 4. August 1941, spricht Hitler im Hauptquartier der Heeresgruppe Mitte mit Generalfeldmarschall von Bock, Generaloberst Guderian und Generaloberst Hoth. Dabei macht er eine Anspielung auf das 1936 unter dem Titel »Achtung Panzer« erschienene Buch von Guderian: »Wenn ich gewußt hätte, daß die Panzerzahlen der Russen, die Sie in Ihrem Buch erwähnt haben, tatsächlich stimmen, dann hätte ich – glaube ich – diesen Krieg nicht angefangen.«
Guderian und Hoth melden Hitler, ihre Panzerverbände seien jetzt während der Pause aufgefrischt worden und spätestens am 15. August wieder einsatzbereit zum Vorstoß auf Moskau. Hitler dagegen plant statt dessen die Wegnahme der Ukraine, der Krim sowie des Industrie- und Kohlegebietes am Donez. Sowohl von Bock als auch Guderian und Hoth sind der Überzeugung, daß ein Abdrehen der Panzerdivisionen nach Süden derart viel Zeit kosten würde, daß ein Winterfeldzug unvermeidlich wäre, und Guderian weist auf die immensen Nachschubschwierigkeiten hin, die sich dabei ergäben. Er bezweifelt auch, ob die Panzer diese durch den Umweg um mehrere hundert Kilometer verlängerte Operation auf Moskau überhaupt aushielten.

Die bis zum 5. August 1941 gut 3 Wochen andauernde erbitterte Kesselschlacht von Mogilew–Smolensk ist eigentlich ein Erfolg der sowjetischen Verzögerungstaktik: Es gelingt Marschall Timoschenko, bis auf wenige Abschnitte nicht nur die Umfassung der Deutschen einzudämmen, sondern sie sogar in die Defensive zu drücken. 310 000 Gefangene, 3 205 Panzer und 3 120 Geschütze sind hier seit dem 10. 7. 1941 in deutsche Hand gefallen: Ein bedeutender taktischer Sieg, der aber durch langanhaltende Bindung der Panzerkräfte in den Kesselkämpfen die Fortführung der Operationen stark beeinträchtigt. Mit jedem solcher taktischer Siege schwindet die Chance eines strategischen Erfolges, denn je weiter sich die Kesselschlachten in die Tiefe des russischen Raumes hineinziehen, desto mehr nehmen sie von der kostbaren Zeit in Anspruch, die noch bis zur Schlammperiode zur Verfügung steht.
Jedesmal, wenn es den deutschen Panzerdivisionen gelingt, feindliche Verbände einzuschließen, beginnt das Warten auf die eigene Infanterie, um den sich anbahnenden Erfolg auszuweiten. Oft werden die Panzerverbände tagelang am weiteren Vormarsch gehindert, nur weil sie warten müssen, bis der von ihnen gebildete Kessel durch die Infanterie ausgeräumt ist.

Am Donnerstag, dem 7. August 1941, wird in Moskau das Hauptquartier des Oberkommandos STAWKA von Stalin nochmals umgebildet. Der Diktator hat nun das erreicht, was er schon immer wollte: Man ernennt ihn zum Obersten Befehlshaber.
Jetzt muß der begabte Marschall Schaposchnikow praktisch die wichtigsten Generalstabsarbeiten selbst machen, was Stalin übrigens nicht daran hindert, sich von seinen Genossen als der Mann, dem jeder Sieg zu verdanken ist, feiern zu lassen.
In diesen Tagen stößt die Heeresgruppe Mitte östlich Smolensk noch bis Jelnja vor und geht hier nach der Weisung Hitlers vom 30. 7. 1941 zur Verteidigung über. Ihre Südflanke bleibt jedoch gegen die weiterhin sich in den Pripjet-Sümpfen und bei Gomel hartnäckig wehrenden sowjetischen Truppen kaum geschützt. Schlimmer noch: Zu der an ihrem rechten Flügel stehenden Heeres-

gruppe Süd (GFM v. Rundstedt) entsteht eine fast 170 Kilometer breite Lücke. Nun macht sich die mangelnde Treibstoffversorgung immer mehr bemerkbar. »Der Angriff der Panzerbrigade 5 mußte zurückgestellt werden, da kein Treibstoff vorhanden war . . .« verzeichnet am 11. 8. 1941 der Gefechtsbericht der 4. Panzerdivision (GenMaj. v. Langermann und Erlenkamp).

Um den 15. August 1941 funkt aus Tokio der als Korrespondent der Frankfurter Zeitung getarnte Agent des sowjetischen militärischen Nachrichtendienstes GRU, Dr. Richard Sorge, die neuesten Meldungen an seine Zentrale in Moskau, die ihm sein Vertrauensmann Ozaki, Berater der japanischen Regierung, übermittelt hat: »Der japanische Kronrat hat beschlossen, den Vormarsch nach Südasien fortzusetzen und den Kampf gegen die Sowjetunion von Mandschukuo aus endgültig zurückzustellen. Japan ist eher bereit, notfalls einen Krieg gegen die USA und Großbritannien in Kauf zu nehmen, als auf die Besetzung Süd-Indochinas und dessen strategische Rohstoffe zu verzichten.« Stalin, durch den am 13. April 1941 in Moskau unterzeichneten Nichtangriffspakt mit Japan abgesichert, kann sich gewiß kaum vorstellen, daß Japan sich auf einen Mehrfrontenkrieg einlassen würde, obwohl auch Hitler einen Freundschaftsvertrag mit der Sowjetunion hatte. Inwieweit die Berichte von Dr. Sorge einen entscheidenden Einfluß auf den Verlauf der Schlacht um Moskau haben werden, kann nur Stalin beantworten; auf jeden Fall sind sie einer der Faktoren, die bei Bewertung der internationalen Lage der sowjetischen Führung geholfen haben, sich in gewisser Weise Klarheit zu verschaffen. Fest steht, daß Stalin dadurch den größten Teil seiner für den Winterkrieg bestens geeigneten sibirischen Fernostarmee an die stark gefährdete Westfront verlegen kann. Dieser Entschluß ist allerdings mehr eine politische als operative Maßnahme. Die Fernostarmee steht schließlich an der Grenze gegen Japan, einem Verbündeten der Achse und einer Antikomintern-Macht. Der Transport der sibirischen Truppen über eine Entfernung von etwa 8000 Kilometern und unter erschwerten Transportverhältnissen nimmt mehrere Wochen in Anspruch. In ihren fernöstlichen Standorten verbleiben lediglich Restkommandos und täuschen durch fingierten Funkverkehr das Vorhandensein der Truppen vor. Die Transportzüge fahren auf der Strecke Wladiwostok–Moskau unter Verzicht auf das übliche Blocksystem auf Sicht direkt hintereinander. Die Truppentransporte haben absoluten Vorrang und rollen in Tagesetappen von rund 750 Kilometern westwärts. Als erste werden verlegt: aus den Transbaikalregionen 7 Schützen-, 2 Kavalleriedivisionen, 2 Panzerbrigaden und 3 Luftgeschwader; aus der Äußeren Mongolei 1 Schützendivision und 1 Panzerbrigade; aus dem Amur-Gebiet 2 Schützendivisionen, 1 Panzerbrigade und 1 Luftgeschwader; aus der Gegend von Ussuri 5 Schützen-, 1 Kavalleriedivision und 3 Panzerbrigaden.

In der Nacht vom 16./17. August 1941 landet auf den Feldern nahe Zofiowka, einem Dorf östlich von Lodz im Kreis Petrikau, die erste Gruppe von Agenten der sowjetischen Militärspionage GRU (Hauptverwaltung für Aufklärung). Ihr Auftrag: nachrichtendienstliche Aufklärung der für die deutsche Führung strategisch wichtigsten Verbindungslinien zwischen dem Reich und der Ostfront nördlich und südlich von Warschau. Diese Gruppe besteht aus fünf ehemaligen Offizieren der polnischen Armee: dem Leiter Hauptmann d. Res. M. Arciszewski, seinem Stellvertreter, Unterleutnant Z. Romanowski, dem Funker Unterleutnant I. Mickiewicz sowie den beiden Unterleutnants S. Winski und J. Ziolkowski. Sie alle sind den Sowjets nach deren Einmarsch im

↓ Der polnische Hauptmann der Res. Michal Arciszewski

95

September 1939 in die Hände gefallen. Als Kriegsgefangene im berüchtigten Lager Kozielsk untergebracht, arbeiten sie als Spitzel des NKWD, die man auf ihre Leidensgenossen angesetzt hat. Während für Tausende von polnischen Offizieren das Lager Kozielsk die letzte Etappe auf dem Weg nach Katyn ist, wo sie auf Stalins Geheiß als »Sowjetunion-feindliche Elemente« erschossen werden, bringt der NKWD etwa 40 polnische Offiziere in das GRU-Schulungslager Schodnia bei Moskau.

Nach einer kurzen Ausbildung werden sie im Moskauer Lux-Hotel in allen Ehren von den Vertretern der GRU und STAWKA mit einem Festessen, Reden und dem Toast auf das Wohl der Sowjetunion und den gemeinsamen Sieg verabschiedet. Ziolkowski: »Nach dem Toast spielte das Orchester ›Noch ist Polen nicht verloren!‹ – Rührung drückte mir die Kehle zu. Wie lange schon hatte ich diese Melodie nicht mehr gehört. Es war eine sympathische Geste unserer Gastgeber, die damit unterstreichen wollten, daß sie in uns die Vertreter eines befreundeten Staates sahen . . .« Jetzt, aus einer Dakota durch Navigationsfehler etwa 250 Kilometer westlich des eigentlichen Landesziels abgesetzt, hat die Gruppe »Michal« ausgesprochenes Glück: Sie geht vor einem polnischen Dorf, das inmitten deutscher Siedlungen liegt, nieder und kann sich auf Umwegen über die Reichsgrenze in das Generalgouvernement durchschlagen. Die Gruppe nimmt nach dem Aufbau eines Spionagenetzes den Funkverkehr mit der Zentrale in Moskau auf und versorgt sie mit wichtigen Informationen im Zusammenhang mit der bevorstehenden Schlacht um Moskau. Erst am 27. Juli 1942 gelingt es der deutschen Abwehr, einen Teil der Gruppe »Michal« nahe Warschau auszuheben.

Am 18. August 1812, dem 58. Operationstag, eroberte Napoleon nach blutigen Kämpfen Smolensk. Die Russen verloren dabei 6000 Mann und zogen geordnet zurück, die Franzosen zählten 7000 Tote und Verwundete und waren nicht in der Lage, die Verfolgung aufzunehmen. Die Grande Armée hatte bis jetzt Luftlinie 580 Kilometer zurückgelegt, täglich im Schnitt etwas über 10 Kilometer.

Napoleon ging nun folgerichtig davon aus, daß, nachdem die Russen Smolensk nicht kampflos aufgegeben hatten, sie auch Moskau nicht hergeben würden, ohne alles auf eine Karte zu setzen. Um sich nicht in der Weite Rußlands zu verlieren, konzentrierte Napoleon alle seine Kräfte zum Vorstoß auf die Hauptstadt. Napoleon: »Ein Feind ins Herz getroffen, spielt nicht mehr mit den Beinen.«

Weder die reichen Vorräte der Ukraine noch die Verwaltungsmetropole Petersburg oder die Industriezentren von Kaluga und Tula mit ihren reichen Vorräten lockten ihn: Er hatte es nicht auf das gegnerische Kräftepotential abgesehen, sondern auf seine aktiven Streitkräfte. Darin lag zwar ein tödliches Risiko aber zugleich die Chance einer raschen Entscheidung. Seine Hauptkräfte vor der Operation gegen Moskau zählten etwas über 170000 Mann.

Bei Smolensk beschwor General Fürst Poniatowski Napoleon, die Offensive anzuhalten und den Feldzug mit einem Schlag auf die russischen rückwärtigen Verbände in der Ukraine zu beenden. Napoleon wollte aber mit einer entscheidenden Schlacht, zu der es irgendwo zwischen Smolensk und Moskau kommen mußte, die Kapitulation Rußlands erzwingen. Er dachte nicht daran, den Vormarsch aufzugeben und zu einer operativen Verteidigung überzugehen. Nach einer Pause für die abgekämpfte Armee sollte sie schleunigst in Richtung Moskau weitermarschieren.

Am Abend des 18. August 1941 legen der Oberbefehlshaber des Heeres, Generalfeldmarschall von Brauchitsch, und sein Chef des Generalstabs, Generaloberst Halder, Hitler ihre Denkschrift über die Weiterführung des Feldzuges vor. Die wichtigste Ost-Operation soll jetzt der Vorstoß der Heeresgruppe Mitte auf Moskau sein.

Drei Tage später, am 21. August 1941, befiehlt Hitler – entgegen diesem Vorschlag – den endgültigen Stop der Heeresgruppe Mitte und die Fortführung des Angriffs der Heeresgruppe Nord (GFM Ritter v. Leeb) auf Leningrad und der Heeresgruppe Süd zur Eroberung des Donez-Beckens, Wegnahme der Krim und Abschnürung der sowjetischen Ölzufuhr aus dem Kaukasus.
Zuerst soll aber die Heeresgruppe Süd die sowjetische Armee von Marschall Budjonny östlich Kiew umfassen. Dafür wird das Abdrehen der Panzergruppe 2 (GenOberst Guderian), die zur Zeit im Jelnja-Bogen etwa 70 Kilometer östlich von Smolensk und nur noch 298 Kilometer vor Moskau steht, von Hitler in die Ukraine befohlen.
Auch die der Heeresgruppe Mitte unterstellte Panzergruppe 3 (GenOberst Hoth) sowie das VIII. Fliegerkorps (Gen. d. Fl. Frhr. v. Richthofen) müssen verlegt werden. Sie drehen zur Heeresgruppe Nord ab.
Wenn aber eine militärische Entscheidung fallen soll, bevor Schlamm und Winter dies unmöglich machen, so muß die Heeresgruppe Mitte ihre Panzergruppen behalten und gleich auf Moskau vorstoßen. Als Generaloberst Guderian im Gefechtsstand der Heeresgruppe Mitte der Aussprache zwischen Generalfeldmarschall von Bock und Generaloberst Halder beiwohnt und von Hitlers Befehl erfährt, fliegt er kurzentschlossen ins Führerhauptquartier, um dort

97

↑ Raum Jelnja: Gefangene Mitglieder der kommunistischen Jugendorganisation Komsomol blicken ängstlich-mißtrauisch in die deutsche Kamera

wegen des geplanten Abdrehens seiner Panzergruppe nach Süden – statt des Vormarschs in Richtung Moskau – vorstellig zu werden. Hitler, der ihn kaum zu Wort kommen läßt, entgegnet: »Meine Generäle verstehen nichts von Kriegswirtschaft – wir brauchen das Getreide der Ukraine, die Industrie am Donez muß für uns statt für Stalin arbeiten.«

Durch gleichzeitiges Vorgehen gegen Leningrad und nach Süden nutzen sich die Panzerverbände noch mehr ab als bisher, und wertvolle Zeit geht verloren. So gilt der 21. August 1941 als der Wendepunkt der ersten Phase des Ostfeldzuges.

Nachdem die Heeresgruppe Mitte nun ihre 2. Armee (GenOberst Frhr. v. Weichs) und die Panzergruppe 2 nach Süden zur Desna eindrehen muß, wo sie zusammen mit der 6. Armee (GFM v. Reichenau) die sich zurückziehenden Teile sowjetischer Großverbände fassen sollen, ergibt sich kaum ein beachtenswerter operativer Erfolg: Im Südabschnitt stößt der deutsche Vormarsch auf harten Widerstand und einen geregelten Rückzug der Sowjets.

Den Zustand der Schnellen Truppen schildert am deutlichsten die Eintragung des Kriegstagebuches der Heeresgruppe Mitte vom 22. August 1941: »Die Panzerverbände sind in derartig hohem Maße abgekämpft und verbraucht, daß an einen operativen Einsatz ihrer Masse vor einer totalen Auffrischung nicht zu denken ist.« Außer den erbitterten Kämpfen, den Widrigkeiten der Natur und dem Nachschubproblem kommt noch hinzu, daß die Sowjets bei ihrem Rückzug kaum etwas unzerstört hinterlassen, was den vordringenden deutschen Truppen nützlich sein könnte: Die Industrieanlagen, Brücken, Bahnhöfe, Silos mit Getreide, Kolchosen und nahezu die gesamte Infrastruktur der Städte hat man mit Bedacht zerstört. Ein großer Teil der Bevölkerung, vor allem im Militärdienstalter, ist nach Osten evakuiert.

Am Dienstag, dem 26. August 1941, verfaßt das OKW eine Denkschrift die selbst Hitler nicht bestreiten kann und die er billigt. In ihr kommt das OKW zu der Überzeugung, daß der Feldzug gegen die Sowjetunion im Jahre 1941 »nicht mehr zu beenden ist«. Als Reichspropagandaminister Dr. Goebbels davon erfährt, schlägt er dem OKW vor – wohl auf gute Stimmung innerhalb der Truppe bedacht, – eine Wollsammlungsaktion zu starten. General Jodl lehnt strikt das Angebot von Goebbels ab, eine »nationale Sammlung« von Winterbekleidung für das Heer zu organisieren: Man befürchtet, damit Front und Heimat, die der Meinung seien, der Ostfeldzug wäre vor Einbruch des Winters beendet, zu schockieren.

So geht die erste Phase der deutschen Offensive zu Ende. Drei Monate hat man für die Ausschaltung der sowjetischen Militärmacht vorgesehen, von denen zwei Monate bereits verstrichen, aber die gesteckten Ziele noch nicht erreicht sind. Schlimmer noch: Oft ist es schwierig festzustellen, welcher der beiden Gegner den anderen eingekesselt hat, die Deutschen die Sowjets oder umgekehrt. Währenddessen ist in Moskau die Stimmung auf einem Tiefpunkt angelangt. Schulen und die für die Kriegswirtschaft nicht erforderlichen Institutionen sind seit einigen Tagen aus der Hauptstadt evakuiert. Selbst stramme Parteigenossen hausen jetzt in ihren Büros inmitten von Koffern, jederzeit zur Flucht bereit.

Am Montag, dem 1. September 1941, erleben die deutschen Soldaten eine unangenehme Überraschung: Es beginnt zu regnen, und man merkt sofort, daß dies etwas anderes ist als in der Heimat. Es gießt in Strömen, und es fehlt die Sonnenwärme, die sonst in wenigen Minuten die dünne Schlammschicht aus-

trocknet. Jetzt aber macht der dicke und zähe Schlamm jede Bewegung zu einem wahren Abenteuer. Dabei ist das erst ein Vorbote der großen Schlammperiode.

An diesem Tage geht es anstatt vorwärts nur zurück: Bei Jelnja, einer Stadt etwa 70 Kilometer östlich von Smolensk, deren Hochrücken die Umgebung beherrscht und einen wichtigen strategischen Punkt auf dem Wege nach Moskau bildet, muß die Heeresgruppe Mitte dem seit Tagen energischsten Vorstoß der sowjetischen 24. Armee (GenMaj. Rakutin) nachgeben. Der von der 4. Armee gehaltene Frontbogen muß aufgegeben werden: Es ist der erste Rückzug deutscher Verbände im Zweiten Weltkrieg. »Die Rückverlegung der HKL westlich Jelnja verläuft planmäßig«, verzeichnet das Kriegstagebuch des OKW zu diesem Ereignis.

Am Sonnabend, dem 6. September 1941, ändert Hitler unerwartet seine bisherige Meinung und erteilt der Heeresgruppe Mitte in der Weisung Nr. 35 den Befehl, einen Angriff auf Moskau möglichst bald vorzubereiten. Er will, daß Generalfeldmarschall von Bock mit seinen Verbänden spätestens bis Ende des Monats soweit ist. Nach dem Plan der Heeresgruppe Mitte sollen die auf ihrem nördlichen Flügel liegenden Armeen und Panzergruppen die Sowjets in beiderseitiger Umfassung einkesseln, um so den operativen Durchbruch aus Moskau einzuleiten. Währenddessen wird die jetzt am südlichen Flügel kämpfende 2. Armee sowie die Panzergruppe 2 von dort die Abdeckung der Operation sichern und später eine weitausholende Verfolgung über Orel und Tula in Richtung Moskau führen.

Um die Voraussetzungen für die geplante Operation zu schaffen, soll zunächst

↑ Mitte September 1941, in einem Vorort von Kiew: Soldaten der deutschen 71. Infanteriedivision (GenMaj. v. Hartmann) während des erbitterten Häuserkampfes; mit MPi und Karabiner wird der Gegner von einem Wohnzimmer aus unter Feuer genommen

die Masse der feindlichen Truppen auf einer etwa 200 Kilometer breiten Front bei Brjansk und Wjasma ostwärts Smolensk in doppelseitiger Umfassung durch die Panzerverbände vernichtet werden. Für den Treffpunkt der beiden nördlich und südlich umfassenden Zangenarme ist Wjasma, 150 Kilometer nordöstlich von Smolensk, vorgesehen. Bereits jetzt wird vermutet, daß auf dem Wege nach Moskau der Kern der Roten Armee den deutschen Divisionen entgegengeworfen wird.

Am 7. September 1812 um 6 Uhr morgens eröffnen mehr als 100 französische Kanonen nahe dem Dorf Borodino an der Kalotscha, einem Nebenfluß der Moskwa, das Feuer auf russische Brustwehren. Der Rauch der detonierten Granaten vermischte sich mit dem aufsteigenden Nebel und zog als übelriechende Wolke über das Schlachtfeld. 134 000 Russen unter dem Fürsten Kutosow mit 640 Geschützen und ebenso viele Franzosen mit 587 Geschützen standen sich gegenüber.

Diese Schlacht bedeutete eine Wende in der Kriegführung: Das Zeitalter der Artillerieschlachten hatte begonnen, obwohl noch ein Jahrhundert vergehen sollte, bis sie im Ersten Weltkrieg ihren tragischen Höhepunkt fanden. Auch die Soldaten der Grande Armée, die jetzt in der feuchten Kälte an den Lagerfeuern hockten, spürten, daß es eine merkwürdige Schlacht war: Es gab wenige Gefangene, keine Beute – nur die Einnahme einer Hügelkette. Sie nannten die Schlacht »la bataille des généraux«: 18 französische und 22 russische Generäle fielen in diesem Kampf.

In dieser Schlacht, einer der verlustreichsten der Geschichte, büßten die Russen 43 000 und die Franzosen 50 000 Mann ein.

In der Morgendämmerung des nächsten Tages zogen sich die Russen im Schutz des Nebels, von den Franzosen unbemerkt, geordnet mit ihren Fahnen zurück.

Kutosow schickte, obwohl er die Schlacht verloren hatte, dem Zaren eine Siegesmeldung. Alexander I., der Moskau schon gerettet wähnte, machte Kutosow zum Feldmarschall und schenkte ihm 100 000 Silberrubel. In den Kirchen der Hauptstadt wurde das Tedeum angestimmt. Umso größer war das Entsetzen der Bewohner, als sie die Wahrheit erfuhren. Auch Napoleon hatte die Lage falsch eingeschätzt: Er war überzeugt, daß bei Borodino sein Gegner endgültig geschlagen und für den weiteren Kampf unfähig wäre. Ähnlich kündigt Hitler immer wieder den bevorstehenden Zusammenbruch der Sowjetunion an.

Die deutschen Panzerverbände haben jetzt einen anderen mächtigen Feind: »Infolge andauernder Regenfälle in den letzten Tagen sind die Wege grundlos geworden. Der Divisionsstab legt 20 Kilometer in 10 Stunden zurück«, meldet die 18. Panzerdivision am 7. 9. 1941.

Am Dienstag, dem 11. September 1941 beginnt in der Mandschurei die Verladung der ersten Verbände der sowjetischen Fernostarmee in Richtung Moskau.

Noch am Donnerstag, dem 13. September 1941, bittet GenMaj. Wlassow, der Oberbefehlshaber der im Raum Kiew kämpfenden 37. Armee, Stalin per Funk um die Erlaubnis zum Rückzug, bevor seine Truppen vollständig von deutschen Panzerverbänden eingekreist werden. Wlassow hat es so lange hinausgezögert, weil Stalin persönlich den Befehl gegeben hat, die Stadt unter gar keinen Umständen aufzugeben. Auch jetzt lautet der Befehl des Diktators, in keinem Fall den Rückzug anzutreten.

100

Am 14. September 1812, am 85. Tage der Operationen, 920 Kilometer Luftlinie von ihrer Ausgangsstellung entfernt und einer Marschleistung von 11 Kilometern täglich, erreichte die Grande Armée Moskau. Es waren nur noch 90 000 Soldaten, mit denen Napoleon durch die Stadttore einzog. Er fand hier nicht – wie erhofft – Friedensbotschafter vor, sondern eine fast leere Stadt, in der schon die ersten Brände aufflackerten.

Am Freitag, dem 14. September 1941, hält der Generalquartiermeister bei Generaloberst Halder Vortrag über die vom Generalstab einheitlich gesteuerte Wintervorbereitung, was jedoch nichts an der Tatsache ändert, daß die Truppe, als an der Ostfront der Winter einfällt, weder mit der nötigen Winterkleidung versehen ist, noch in den rückwärtigen Heereslagern warme Sachen in erforderlichen Mengen vorhanden sind.
Am gleichen Tag, um 18.20 Uhr, trifft bei Lochwitza, 200 Kilometer ostwärts von Kiew, die 16. Panzerdivision (GenMaj. Hube) der Panzergruppe 1 (Kleist) bei ihrem Vorstoß von Südosten nach Norden auf die Spitzen der 3. Panzerdivision (GenLt. Model) der Panzergruppe 2 (GenOberst Guderian). Der Ring um das Gros der sowjetischen Südwestfront (GenOberst Kirponos) wird eingeengt, und die bisher größte Kesselschlacht der Geschichte tritt nun in ihre letzte Phase.

Am Sonnabend, dem 15. September 1941, rollen nahe der Brücke von Sentscha, die Spitzen des Panzerregiments 33 der 9. Panzerdivision (GenLt. Hubikki) den Vorausabteilungen der 3. Panzerdivision entgegen und schließen endgültig 50 sowjetische Divisionen ein. Die Panzergruppe 2 hat seit dem Tag, als sie auf Hitlers Geheiß nach Süden abdrehen mußte, innerhalb von vier Wochen 400 Kilometer Luftlinie – größtenteils quer durch die Linien des überlegenen Gegners – zurückgelegt.
Vier sowjetische Armeen mit insgesamt 700 000 Mann sind im Raum Kiew–Tscherkassy–Lochwiza von zwei deutschen Panzerarmeen in einem Dreieck von rund 500 Kilometern eingeschlossen. Die Kesselfläche beträgt etwa 135 000 Quadratkilometer, doppelt so groß wie Holland und Belgien zusammen. Zum Flankenschutz für die Panzergruppe 1 führt die 17. Armee mit ihrem rechten Flügel einen Stoß auf Poltawa durch und ihr linker Flügel schwenkt nach Nordwesten ein. Gleichzeitig geht die 6. Armee (GFM v. Reichenau) beiderseits Kiew über den Dnjepr vor und drängt die sowjetischen Armeen noch enger zusammen. Durch Angriffe auf Bahnlinien, Brücken und Straßen riegelt die Luftwaffe das Schlachtfeld nach Osten ab. Die Sowjets versuchen verzweifelt

↓ Östlich von Smolensk, Mitte September 1941: Vorhuten eines deutschen Infanterieregiments marschieren durch ein soeben eingenommenes Dorf

aus dem Kessel auszubrechen oder von Osten her den Eingeschlossenen zu Hilfe zu kommen.

Am Sonntag, dem 16. September 1941, stellt Hitler in seinem Befehl der Heeresgruppe Mitte die Aufgabe, die Hauptkräfte der Westfront (Armeegen. Schukow), der Reservefront (Armeegen. Schukow) und der Brjansker Front (GenLt. Jeremenko) zu vernichten und durch einen von Süden und Norden geführten Angriff Moskau einzunehmen.

Am Mittwoch, dem 19. September 1941, brechen gegen Mittag die Regimenter der 296. Infanteriedivision (GenMaj. Stemmermann) und der 71. Infanteriedivision (GenMaj. v. Hartmann) der 6. Armee in das Festungsgelände im Norden von Kiew ein und rücken nach beinahe einem Monat dauernden Kämpfen in die Hauptstadt der Ukraine ein.

Am Montag, dem 24. September 1941, während die Kesselschlacht bei Kiew zu Ende geht, findet in Smolensk im Gefechtsstand der Heeresgruppe Mitte eine Besprechung über die Operation gegen Moskau ab 2. Oktober 1941 statt.

Am Mittwoch, dem 26. September 1941, nähert sich die Schlacht östlich Kiew ihrem Ende. Der Erfolg dieser Umfassungsoperation bedeutet einen der größten Siege für die deutschen Truppen an der Ostfront und den Höhepunkt der Einkesselungstaktik der Panzerverbände. Dabei vernichten Teile der Heeresgruppe Süd und der Heeresgruppe Mitte, die 17. Armee (Gen. d. Inf. v. Stülpnagel), die 6. Armee und die 2. Armee das Gros der sowjetischen Südwestfront. Deren Oberbefehlshaber Marschall Budjonny und Politkommissar N. S. Chruschtschow werden auf Stalins Geheiß ausgeflogen. Budjonny – nach Sibirien abgeschoben – erhält nie wieder ein Frontkommando. Sein Nachfolger, Generaloberst Kirponos, versucht mit einer Gruppe seiner Offiziere und dem Stab, sich durch die deutschen Linien zu schlagen und fällt. Die sowjetische 5. Armee (GenMaj. Potapow), die 21. Armee (GenLt. Kusnetzow), die 26. Armee (GenLt. Kostenko), die 37. Armee (GenMaj. Wlassow) und Teile der 38. Armee (GenMaj. Zyganow) sind vernichtet. Nur einer Kavallerieeinheit mit 4000 Mann unter Generalmajor Borisow gelingt der Ausbruch aus dem Kessel. 665 000 Gefangene, 3718 Geschütze und 884 Panzer fallen in deutsche Hand. Und die verhängnisvollste Auswirkung dieser größten Kesselschlacht: Der Erfolg seiner Schlacht – wie Hitler zu sagen pflegt – stärkt noch sein Selbstvertrauen.
Doch die Schlacht von Kiew und andere Kesseloperationen sind ein Paradebeispiel dafür, wie eine Reihe taktischer Erfolge durch den Zeitverlust und die enorm starke Beanspruchung der Panzerverbände einen strategischen Erfolg unmöglich machen kann. Und es stellt sich sehr schnell heraus, daß die Einmischung Hitlers und sein Befehl an das OKH zur Schlacht um Kiew einen entscheidenden Einfluß auf den Ostfeldzug haben wird.
Bis zum 26. September 1941 betragen die Verluste des Ostheeres 15 Prozent (534 086 Mann), besonders schwerwiegend ist der Ausfall von 17 884 Offizieren. »Es fehlen 200 000 Mann an der Ostfront, die nicht ersetzt werden können, außer durch wiedergenesene!«, notiert an diesem Tage Generaloberst Halder. Manche Infanteriedivision ist um ein Drittel in ihrer Kampfkraft gesunken, die Panzerdivisionen haben nur noch Bruchteile der Sollstärke, so zählt z. B. die 20. Panzerdivision lediglich 44 Panzer.

→ Die Erfolge des deutschen Vormarsches bis zum 30. September 1941

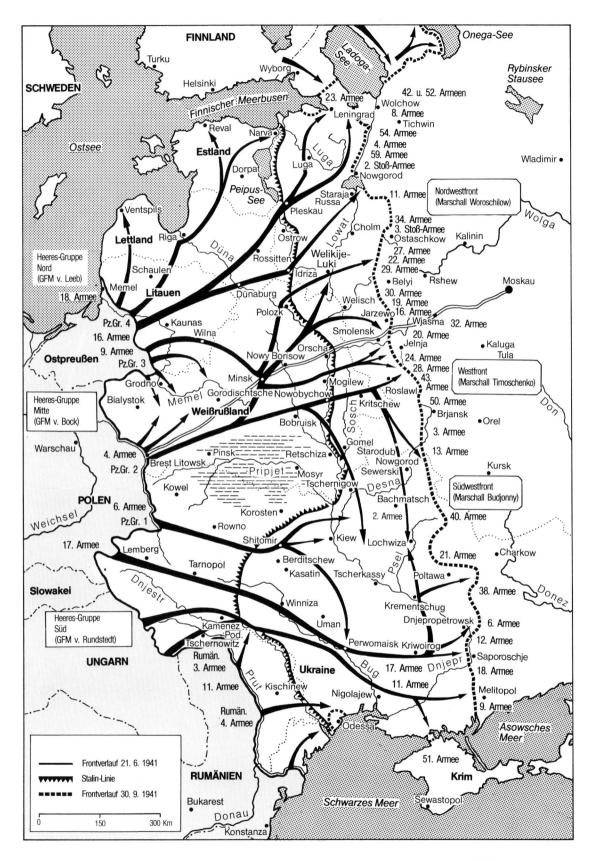

SCHWEDEN

FINNLAND

Turku

Helsinki

Wyborg

Ladoga-See

Onega-See

Rybinsker Stausee

Ostsee

Finnischer Meerbusen

Reval

Narva

23. Armee

Leningrad

Wolchow

42. u. 52. Armeen

8. Armee

Tichwin

Estland

Dorpat

Peipus-See

Luga

Luga

54. Armee

4. Armee

59. Armee

2. Stoß-Armee

Nowgorod

Wladimir

Staraja Russa

11. Armee

Nordwestfront (Marschall Woroschilow)

Wolga

Ventspils

Pleskau

Cholm

34. Armee

3. Stoß-Armee

Lettland

Riga

Schaulen

Ostrow

Rossitten

Welikije-Luki

Ostaschkow

27. Armee

Kalinin

Heeres-Gruppe Nord (GFM v. Leeb)

Memel

Düna

Idriza

Welisch

22. Armee

29. Armee

Belyi

Rshew

Moskau

Litauen

Dünaburg

Polozk

Jarzewo

30. Armee

19. Armee

16. Armee

Wjasma 32. Armee

18. Armee

Pz.Gr. 4

16. Armee

9. Armee

Pz.Gr. 3

Kaunas

Wilna

Smolensk

20. Armee

Jelnja

Kaluga

Tula

Ostpreußen

Nowy Borisow

Orscha

24. Armee

28. Armee

Westfront (Marschall Timoschenko)

Grodno

Minsk

Mogilew

43. Armee

Roslawl

Don

Heeres-Gruppe Mitte (GFM v. Bock)

Bialystok

Memel

Gorodischtsche Nowobychow

Weißrußland

Bobruisk

Kritschew

50. Armee

Brjansk

Orel

Warschau

Pinsk

Retschiza

Gomel

Starodub

3. Armee

4. Armee

Pz.Gr. 2

Brest Litowsk

Pripjet

Mosyr

Tschernigow

Nowgorod Sewerski

13. Armee

Kursk

Kowel

Desna

Südwestfront (Marschall Budjonny)

POLEN

6. Armee

Pz.Gr. 1

Korosten

Rowno

Shitomir

Kiew

2. Armee

Bachmatsch

Lochwiza

40. Armee

Weichsel

17. Armee

Lemberg

Berditschew

Kasatin

Tscherkassy

Psel

21. Armee

Charkow

Tarnopol

Poltawa

Donez

Slowakei

Dnjestr

Winniza

Krementschug

38. Armee

Heeres-Gruppe Süd (GFM v. Rundstedt)

Kamenez Pod.

Tschernowitz

Uman

Dnjepropetrowsk

6. Armee

12. Armee

UNGARN

Rumän. 3. Armee

Perwomaisk Kriwoirog

Saporoschje

11. Armee

Bug

17. Armee

Dnjepr

18. Armee

Prut

Kischinew

Ukraine

11. Armee

Melitopol

Rumän. 4. Armee

Nigolajew

9. Armee

Odessa

Asowsches Meer

51. Armee

Krim

RUMÄNIEN

Frontverlauf 21. 6. 1941

Stalin-Linie

Frontverlauf 30. 9. 1941

Bukarest

Schwarzes Meer

Sewastopol

Donau

Konstanza

0   150   300 Km

103

Ebenfalls am Mittwoch, dem 26. September 1941, erreicht die Heeresgruppe Mitte der Befehl zur Einleitung des Angriffs auf die sowjetische Hauptstadt. Der Deckname »Taifun«, den Hitler der Operation gibt, zeigt, welche Hoffnungen er auf diese Schlacht setzt. Die nahende Schlechtwetterperiode und der weiterhin ungebrochene Widerstand der sowjetischen Truppen machen jedoch den geplanten Schlag auf Moskau zu einem großen Wagnis. Hitler bleibt aber überzeugt, für die Zerschlagung der Sowjetunion im Jahre 1941 keine andere Wahl zu haben.

Die im Raum ostwärts Smolensk stehenden starken sowjetischen Kräfte sollen von beiden Seiten umfaßt werden. Nachdem die an den Flanken vorstoßenden Schnellen Truppen im Rücken von Wjasma die Zange geschlossen haben und der eingekesselte Feind vernichtet ist, wird der Angriff auf Moskau erfolgen.

Angesichts der von Überläufern und der Luftaufklärung bestätigten intensiven Vorbereitungen der Roten Armee zur Verteidigung Moskaus, soll die Heeresgruppe Mitte verstärkt werden. Weil die strategischen Reserven fehlen, kann man dies nur durch Schwächung der benachbarten Heeresgruppen Nord und Süd erreichen. Zusätzlich stellt das OKH schwere Artillerie und Sturmgeschütze bereit.

Schon beim Anmarsch der von den Heeresgruppen Nord und Süd herangeholten Kräfte ergeben sich Schwierigkeiten: Die Panzergruppe 2 die nach der Schlacht von Kiew jetzt nach Norden umkehrt, muß sich ihren Aufmarschraum erst erkämpfen. Bei der 2. Armee (GenOberst Frhr. v. Weichs) bleiben einige Divisionen noch weit zurück, und die von der Heeresgruppe Nord abgestellte Panzergruppe 4 (GenOberst Hoepner) kommt nur recht langsam voran, da ihre Marschstraße die Verbindungswege der 9. Armee (GenOberst Strauß) und der 4. Armee (GFM v. Kluge) kreuzt.

Insgesamt zählt jetzt die Heeresgruppe Mitte (GFM v. Bock) mehr Verbände denn je: die Panzergruppe 2, 2. Armee, Panzergruppe 4, 4. Armee, 9. Armee und die Panzergruppe 3 (GenOberst Hoth), alles in allem über 70 Divisionen (46 Infanterie-, 14 Panzer-, 8 mot. Divisionen und 2 Selbständige mot. Brigaden) mit über einer Million Mann, 1700 Panzern und Sturmgeschützen, sowie 19 000 Geschützen und Granatwerfern. Als Unterstützung steht die durchaus starke Luftflotte 2 (GFM Kesselring) zur Verfügung, verstärkt durch das Flakkorps der Luftflotte 4 (GenOberst Löhr). Der Zustand der Verbände ist aber recht unterschiedlich, und auch die Luftwaffe leidet unter dem Mangel an Flugbenzin, Austauschmotoren und Ersatzteilen. Beängstigend schwach sind die Reserven der Heeresgruppe Mitte: eine Panzerdivision, ein Infanterieregiment (mot.) und eine mot. Infanteriebrigade.

Am nächsten von Moskau entfernt (320 km) liegen die beiderseits Smolensk aufmarschierenden Panzergruppen 3 und 4. Die der 4. Armee (GFM v. Kluge) unterstellte Panzergruppe 4 befindet sich an deren Südflügel. Um möglichst starke sowjetische Kräfte einzukesseln, soll die Panzergruppe 4 die Feindstellungen schnell durchstoßen, die Linie Kirow–Spass–Djemjenskoje erreichen und dann frontal gegen Moskau vorgehen.

Die Panzergruppe 4 verfügt über: das XXXX. Panzerkorps (Gen. d. Pz. Tr. Stumme) mit der 2. Panzerdivision (GenLt. Veiel) und der 10. Panzerdivision (GenMaj. Fischer), das XXXXVI. Panzerkorps (Gen. d. Pz. Tr. v. Vietinghoff) mit der 5. Panzerdivision (GenLt. Fehn) und 11. Panzerdivision (GenMaj. Crüwell), das LVII. Panzerkorps (Gen. d. Pz. Tr. Kuntzen) mit der 19. Panzerdivision (GenLt. v. Knobelsdorff) und der 20. Panzerdivision (GenLt. Stumpff), der 3. Mot. Infanteriedivision (GenLt. Jahn) und der SS-

Division »Das Reich« (SS-Gruppenf. Hausser), die etwa einer mot. Infanterie-division gleicht, dazu das XII. Armeekorps (Gen. d. Inf. Schroth) mit der 34. Infanteriedivision (GenLt. Behlendorff) und der 52. Infanteriedivision (GenMaj. Rendulic), sowie die zur Zeit an der Desna kämpfende 252. Infanteriedivision (GenLt. v. Boehm-Bezing) und 258. Infanteriedivision (GenMaj. Heinrici).

Für die etwa 250 Kilometer weiter südlich stehende 2. Armee und die Panzer-gruppe 2 ergeben sich durch ihren Einsatz in der Schlacht von Kiew Schwierig-keiten für die Bereitstellung. Weil ihre Heranführung nicht nur einen enormen Kräfteverbrauch, sondern auch Zeitverlust bedeutet, beschließt das OKH, einen weiteren Schwerpunkt im Süden, nämlich im Raum Gluchow, zu bilden, dessen Kern die mit dem XXXIV. Armeekorps (Gen. d. Inf. Metz) und dem XXXV. Armeekorps (GenLt. Kempf) verstärkte Panzergruppe 2 wird. Sie braucht jedoch einen zeitlichen Vorsprung, um rechtzeitig an die Hauptan-griffsfront heranzukommen und soll daher zwei Tage früher als die gesamte Heeresgruppe Mitte zum Angriff antreten. Weiter im Süden soll ein Flanken-schutz der 2. Armee durch den Vorstoß des Nordflügels der Heeresgruppe Süd über Obojan erreicht werden.

Da die gefürchtete Schlammperiode bevorsteht, entschließt sich die Heeres-gruppe Mitte trotz der noch nicht abgeschlossenen Bereitstellung zum Angriffs-beginn am 2. Oktober 1941; die Panzergruppe 2 soll schon am 30. September antreten. Allen Strapazen zum Trotz fühlen sich die deutsche Soldaten – durch geschickte Propaganda gestärkt – dem Gegner hoch überlegen und erwarten im Glauben an Hitlers Zusicherungen von der bevorstehenden Operation den verheißenen Endsieg.

↙ September 1941, Raum Kiew: Die während der Kessel-schlacht in Gefan-genschaft geratenen Angehörigen eines Frauenbataillons erwartet ein unge-wisses Schicksal

↓ Russische Hiwis (Hilfswillige) tragen den Nachschub für die deutschen Sol-daten nach vorn

105

Am Sonntag, dem 30. September 1941, schlägt die erst zur Hälfte versammelte Panzergruppe 2 für die Brjansker Front (GenOberst Jeremenko), die in diesem Raum nicht über ausreichende Abwehrkräfte verfügt, völlig überraschend zu und durchbricht die 13. Armee (GenMaj. Gorodnjanski). Die dabei innerhalb von vier Tagen vollbrachte Leistung beim Schwenken um 90 Grad von der Ausgangsstellung zu einem neuen direkten Angriff in Richtung Orel ist fast ohne Parallele.

Guderian will nun vor Einsetzen der Schlammperiode möglichst viel Raum gewinnen. So muß der neue Einsatz gegen die sowjetische Hauptstadt um etwa 250 Kilometer weiter südlich erfolgen, als es operativ zweckmäßig wäre: Das Operationsziel, die Abriegelung Moskaus von Süden, Südosten und Osten ist beinahe doppelt so weit gesteckt wie das der Panzergruppe 3 mit ihren nördlichen Umfassungskräften.

Die Verluste der deutschen Wehrmacht vom 22. Juni bis 30. September 1941 werden bei einer effektiven Stärke von 3,4 Millionen Mann auf 551 039 (16,2 Prozent) beziffert: 116 908 Tote, 419 647 Verwundete und 24 484 Vermißte, darunter insgesamt 18 235 Offiziere.

Die Zeit um Ende September 1941 wird für die Sowjetbürger eine der schwersten des Krieges. In Moskau hat sich die Einwohnerzahl merklich verringert. Die Männer sind bei der Armee oder Volkswehr, die Frauen und Kinder

→ September 1941, Kradmelder einer deutschen Panzerdivision; rechts ein von der Wehrmacht gefahrener tschechischer Panzer Typ 38 (t), links ein Panzerkampfwagen II, Ausführung A

evakuiert oder haben die Plätze der Männer an den Werkbänken eingenommen. Rund 300 000 Freiwillige, Frauen, ältere Menschen und Jugendliche arbeiten an den Befestigungsbauten in der Umgebung von Moskau. Auch in der Innenstadt entstehen Panzersperren und Barrikaden. Dank Hitlers Befehl, den Vormarsch der Heeresgruppe Mitte anzuhalten, kann die Sowjetführung zwei Monate Zeit gewinnen, um eine tiefgestaffelte Abwehrfront um Moskau zu bilden und strategische Reserven heranzuholen. Ihr Schwerpunkt liegt beiderseits der Rollbahn Smolensk–Moskau. In der dritten Verteidigungslinie, unmittelbar vor Moskau, befinden sich zur Zeit: 98 Kilometer Panzergräben, 132 Kilometer Steilhänge, 72 Kilometer Baumsperren und 284 Kilometer Drahthindernisse, dazu 8063 Kilometer Schützengräben sowie 11 520 Panzerriegel.

Vor der Front der Heeresgruppe Mitte stehen im Norden und Süden der Rollbahn Smolensk-Moskau unter dem Oberbefehl von Marschall Timoschenko mit Hauptquartier in Wjasma insgesamt 8 Armeen der Westfront (Gen-Oberst Konjew) und Brjansker Front.

In der Nacht vom 1./2. Oktober 1941, erläßt Hitler eine längere Proklamation an die »Soldaten der Ostfront«, in der er prophezeit, daß die Wehrmacht endlich die Voraussetzungen geschaffen hätte »für den letzten gewaltigen Hieb«, der noch »vor Einbruch des Winters diesen Gegner zerschmettern und auch England vernichtend treffen werde«.

2.10. - 19.10.1941

Erste

Unternehmen »Taifun« erster Teil

Phase

Doppelschlacht bei Wjasma und Brjansk

Tagesbefehl an die Soldaten der Ostfront
Donnerstag, 2. Oktober 1941:

Soldaten!

. . .

. . .

Heute ist nun der Beginn der letzten großen Entscheidungsschlacht dieses Jahres.

Sie wird diesen Feind und damit auch den Anstifter des ganzen Krieges, England selbst, vernichtend treffen. Denn indem wir diesen Gegner zerschlagen, beseitigen wir auch den letzten Bundesgenossen Englands auf dem Kontinent. Vom Deutschen Reich aber und von ganz Europa nehmen wir damit eine Gefahr hinweg, wie sie seit den Zeiten der Hunnen und später der Mongolenstürme entsetzlicher nicht mehr über dem Kontinent schwebte. Das deutsche Volk wird deshalb in den kommenden wenigen Wochen noch mehr bei euch sein als bisher.

Was ihr und die mit uns verbündeten Soldaten geleistet habt, verpflichtet schon jetzt alle zu tiefster Dankbarkeit. Mit angehaltenem Atem und Segenswünschen aber begleitet euch in den nächsten schweren Tagen die ganze deutsche Heimat. Denn ihr schenkt ihr mit Gottes Hilfe nicht nur den Sieg, sondern damit auch die wichtigste Voraussetzung für den Frieden!
Führerhauptquartier, 2. Oktober 1941
Adolf Hitler

Aus dem Kriegstagebuch des OKH
2. Oktober 1941:

Die Heeresgruppe (H.Gr.) Mitte ist im Morgengrauen mit allen Armeen bei schönem Herbstwetter zur Offensive angetreten. Der Angriff traf den Gegner auf ganzer Front überraschend. Der anfangs geringe Feindwiderstand versteifte sich im Laufe des Tages. / Nach Durchstoßen des Feindes vor XXIV. und XXXXVII. Ak. geht Masse der geschlagenen russ. 13. Armee nach Nordosten zurück. Einzelne Kampfgruppen versuchen, durch örtlich hartnäckigen Widerstand, Vorgehen der Pz.Gr. zu hemmen. / 2. Armee durchbrach die vom Gegner zäh verteidigte Südost-Desna-Stellung an mehreren Stellen. / Trotz stellenweise hartnäckiger Verteidigung einzelner Kampfgruppen ist eine einheitliche Abwehr nicht mehr zu erkennen. / 4. Armee: Bei auffallend geringer artilleristischer Gegenwehr, besonders vor der Mitte der Armee, und schwa-

→ Mittlerer Frontabschnitt, 2. Oktober 1941: Bei schönem Herbstwetter treten deutsche Truppen zur »letzten großen Entscheidungsschlacht dieses Jahres« an. Eine 8,8 cm Flak in offener Stellung bei der Bekämpfung sowjetischer Panzer im Augenblick der Feuereröffnung. Die Bedienung bleibt hinter dem Schutzschild

chem feindlichen Widerstand vor rechtem Flügel gelang es, in scharfem Nach-
drängen an mehreren Stellen Brückenköpfe über den Snopot zu bilden. Gegner
weicht hartnäckig kämpfend nach Nordosten aus. / Auf rechtem Flügel 9. Armee konnten gegen örtlichen zähen Feindwiderstand an mehreren Stellen
Brückenköpfe über den Wop gebildet werden. // Wetter: Klarer, sonniger
Herbsttag. Straßenzustand im Feindgebiet sehr schlecht, das trockene Wetter
erlaubt jedoch vielfach Marschbewegungen abseits der Straße.

Hitlers Hauptziel die Besetzung Moskaus
2. Oktober 1941, Moskau. Das Sowinformbüro teilt mit:

Alle Anzeichen deuten auf die Vorbereitung einer großangelegten, unmittelbar
bevorstehenden Offensive deutsch-faschistischer Truppen gegen Moskau. Ge-
naue Beobachtungen bestätigen, daß Hitlers Hauptziel ist, Moskau noch vor
Beginn des Winters zu besetzen. Marschall Semjon K. Timoschenko hat jedoch
weiterhin die Initiative in der Hand: Mit Hilfe von Fallschirmjägerverbänden ist
die Straße von Smolensk nach Witebsk und nach Minsk durchschnitten worden.
32 schwere Kampfwagen wurden zerstört. Hitlers Panzerverbänden, gefolgt
von Infanterie, gelang es, sich Charkow zu nähern, obgleich Marschall Semjon
N. Budjonny östlich von Poltawa den Eindringlingen schwere Verluste zugefügt
hat. Nordöstlich dieses Gebietes befindet sich die Armee des Feldmarschalls v.
Rundstedt in einer neuen starken Offensivbewegung und wird höchstwahr-
scheinlich auch von hier aus einen Vorstoß gegen Moskau entwickeln.

Erste Schneefälle
2. Oktober 1941, Moskau. Die Agentur TASS meldet:

Gestern haben stärkere Schneefälle bei Leningrad und in der Ostukraine
eingesetzt. Seit dem Mittag haben die deutschen Angriffe auf Leningrad an
Heftigkeit bedeutend nachgelassen.

Sender Beromünster (Schweiz)
Freitag, 3. Oktober 1941:

. . . Die Lage in diesem Herbst ist dadurch gekennzeichnet, daß auch nach den
gewaltigen Erfolgen der deutschen Wehrmacht in Rußland eine den Feldzug
abschließende oder zu einem Waffenstillstand führende Entscheidung nicht
gefallen ist. Der Winterfeldzug steht im Osten vor der Tür, und beide kriegfüh-
renden Parteien bereiten sich darauf vor, den Härten der kommenden Jahreszeit zu widerstehen, ihre Mannschaftsbestände aufzufüllen, ihr Material zu
ersetzen und sich auf die Ereignisse des kommenden Frühjahrs vorzubereiten.
Nach deutscher Auffassung haben sowohl der russische Winter als auch die
Größe des russischen Raumes ihre einstigen Schrecken verloren. Auf russischer
Seite stellt das Nahen des Winters ebenfalls für die Heeresleitung neue und
schwierige Probleme.

Die Schlacht um Moskau angekündigt
Sonnabend, 4. Oktober 1941. Das Oberkommando der Wehrmacht gibt bekannt:

An der Ostfront sind Kampfhandlungen von großer Tragweite im Gang.

→ Anfang Oktober 1941, am mittleren Frontabschnitt: Zwischenfall während des Vormarsches: ein Panzer ist unter Beschuß geraten, aufgesessene Infanterie springt vom vorausfahrenden Panzer ab und bereitet sich auf die Abwehr des Gegners vor

Die Offensive entwickelt sich planmäßig

Montag, 6. Oktober 1941, Berlin. Das Oberkommando der Wehrmacht gibt bekannt:

Die Angriffsoperationen im Osten brachten gestern weitere Erfolge.

Geheimer Bericht des Sicherheitsdienstes der SS zur innenpolitischen Lage Nr. 226 (Auszug)
6. Oktober 1941:

I. Allgemeines: Den stärksten Eindruck hinterließ die Ankündigung, daß seit 48 Stunden erneut Operationen großen Stils im Gange seien, in Verbindung mit dem Satz: »Dieser Gegner ist bereits gebrochen und wird sich nie mehr erheben.« Diese neuen Operationen wurden in engsten Zusammenhang gebracht mit der Bemerkung des Führers über Molotow: »Wenn Herr Molotow morgen oder übermorgen nicht mehr in Moskau sein wird« und – wie gleichlautende Meldungen aus allen Teilen des Reichs besagen – dahin aufgefaßt, daß die neuen Aktionen unmittelbar auf die Einkreisung Moskaus abzielen. Diese Auslegung fand um so mehr Glauben, als die mehrfach berichteten Gerüchte über eine neue Kesselschlacht um Moskau an sich schon so weit verbreitet waren, daß die Bevölkerung zum Teil Moskaus Fall als bevorstehend ansah . . .

Der Kessel von Wjasma bahnt sich an

Mittwoch, 8. Oktober 1941. Das Oberkommando der Wehrmacht gibt bekannt:

Während in der Ukraine die Angriffs- und Verfolgungsoperationen in vollem Fluß sind, hat der am 2. Oktober eingeleitete Durchbruch in der Mitte der Ostfront zu einer neuen Folge gewaltiger Vernichtungsschlachten geführt. Im Raum von Wjasma sind mehrere russische Armeen eingeschlossen.

Erbitterte Kämpfe bei Wjasma und Brjansk

8. Oktober 1941. Das Oberkommando der Roten Armee gibt bekannt:

In der vergangenen Nacht setzten unsere Truppen die Kämpfe auf der ganzen Front fort. Vor allem fanden in Richtung Wjasma und Brjansk erbitterte Kämpfe statt.

Die letzten kampffähigen Armeen

Donnerstag, 9. Oktober 1941. Das Oberkommando der Wehrmacht gibt bekannt:

In der Mitte der Ostfront haben, wie ebenfalls durch Sondermeldung bekanntgegeben, die tiefen Durchbruchsoperationen zu einer weiteren großen Umfassungsschlacht geführt. Von starken Panzerkräften im Rücken angegriffen, haben nunmehr auch im Raum um Brjansk drei feindliche Armeen ihre Vernichtung zu erwarten. Zusammen mit dem bei Wjasma eingeschlossenen Verband hat hier Marschall Timoschenko die letzten voll kampffähigen Armeen der sowjetrussischen Gesamtfront geopfert. Das Trugbild fortgesetzter Angriffserfolge, die von der lügenhaften Propaganda des Gegners gerade dieser Armee des Gegners seit Wochen zugeschrieben wurden, ist damit endgültig zerrissen.

→ Raum Wjasma, Anfang Oktober 1941: Ein sowjetischer Verband, der gerade den Fluß Ugra überquert hatte, wurde von Stukas überrascht

». . . herrliches Offensiv-Wetter«
Kriegsberichter Dr. Fritz Meske schreibt:

Die gewaltige Herbstschlacht, die am 2. Oktober einsetzte, und deren entscheidende Bedeutung der Führer selbst bei der Eröffnung des Winterhilfswerks dem ganzen deutschen Volke verdeutlichte, vollzieht sich bei einem so herrlichen Offensiv-Wetter, wie es sich der Soldat nicht schöner wünschen konnte . . . Die Wetterlage ist für die Kriegführung motorisierter Heere im Osten von erheblichem Einfluß. Jedoch sind weder unsere Panzerdivisionen und Nachschubkolonnen und am allerwenigsten unsere Infanterie-Regimenter so zart gebaut, daß sie bei Regen ihren Vormarsch einstellen müßten. Wir haben auch schon trotz anhaltender Regengüsse und völlig aufgeweichter Wege riesige Kesselschlachten gewonnen, denn das Wetter ist für Freund und Feind stets das gleiche und ändert an sich nichts an dem moralischen Kräfteverhältnis, das die Schlachten in jedem Falle entscheidet.
Deutsche Allgemeine Zeitung, 9. 10. 1941

Kämpfe an der ganzen Front
Freitag, 10. Oktober 1941. Das Oberkommando der Roten Armee gibt bekannt:

In der vergangenen Nacht setzten unsere Truppen den Kampf an der ganzen Front fort, besonders erbittert in Brjansk und in Wjasma.

»Die Stimmung ist ruhig . . .«
10. Oktober 1941, Moskau. Die Agentur TASS meldet:

Die männliche Bevölkerung ist aufgefordert worden, sich zur Verteidigung der Hauptstadt bereitzuhalten. In den Fabriken wird fast ununterbrochen an der Herstellung von Kriegsmaterial gearbeitet, und alle einsatzfähigen Zivilisten – Männer und Frauen – helfen beim Transport, bei der Versorgung der Frontverbände und sonstigen kriegswirtschaftlichen Aufgaben. Die Stimmung ist ruhig und nirgends sind Zeichen einer Panik zu bemerken.

Annahme einer Kapitulation verboten
12. Oktober 1941:

Geheime Kommandosache
Chef-Sache!
Nur durch Offizier!
An
H. Gr. Mitte
Fernschreiben

OKW hat befohlen:
»Der Führer hat erneut entschieden, daß eine Kapitulation von Moskau nicht anzunehmen ist, auch wenn sie von der Gegenseite angeboten würde.
Die moralische Berechtigung zu dieser Maßnahme liegt vor aller Welt klar. Ebenso wie in Kiew durch Sprengung mit Zeitzündern die schwersten Gefahren für die Truppen entstanden sind, muß damit in Moskau und Leningrad in noch stärkerem Maße gerechnet werden. Daß Leningrad unterminiert sei und bis

Norddeutsche Ausgabe
283. Ausg. / 54. Jahrg. / Einzelpreis 20 Pf.

„Freiheit und Brot"

Norddeutsche Ausgabe
Berlin, Freitag, 10. Oktober 1941

VÖLKISCHER BEOBACHTER

Kampfblatt der nationalsozialistischen Bewegung
Großdeutschlands

Die große Stunde hat geschlagen:

Der Feldzug im Osten entschieden!

Heeresgruppen Timoschenko und Woroschilow eingeschlossen — Heeresgruppe Budjenny in Auflösung

Neuer Kessel bei Brjansk

Die letzten voll kampfkräftigen Divisionen der Sowjets geopfert

Aus dem Führerhauptquartier, 9. Oktober.

Das Oberkommando der Wehrmacht gibt bekannt:

Wie gestern durch Sondermeldung bekanntgegeben, ist eine durch italienische, ungarische und slowakische Truppen verstärkte deutsche Panzerarmee aus dem Raume ostwärts Dnjepropetrowsk zum Asowschen Meer vorgestoßen und hat der bei Melitopol geschlagenen 9. sowjetischen Armee den Rückzug verlegt. Gleichzeitig haben deutsche und rumänische

Das militärische Ende des Bolschewismus

V. B. Berlin, 9. Oktober

Heute vor einer Woche, in der Nacht vom 1. zum 2. Oktober, hat der Führer in einem Aufruf, dessen Wortlaut wir auf Seite 3 wiedergeben, die deutschen Soldaten der Ostfront aufgefordert „zu dem letzten gewaltigen Hieb, der noch vor dem Einbruch des Winters diesen Gegner zerschmettern soll" — aufgerufen zur „letzten großen Entscheidungsschlacht dieses Jahres". Das war ein Befehl von einer Größe und Kühnheit wie kaum ein anderes Dokument der Kriegsgeschichte: nur eine wenige Wochen später meldet der Führer und Volk, daß die Befehl im wesentlichen vollzogen, daß die Entscheidung im Sinne dieses Befehles strategisch gefallen ist. Wenn jemals der Begriff des Blitzkrieges verwirklicht werden konnte — hier ist er verwirklicht worden! Sieben kurze Herbsttage haben genügt, um der ungeheuerlichsten Kriegsmaschine aller Zeiten den tödlichen Stoß zu versetzen, von dem sie sich niemals wieder erholen kann.

---

zum letzten Mann verteidigt würde, hat der sowjetrussische Rundfunk selbst bekanntgegeben. Schwere Seuchengefahren sind zu erwarten.

Kein deutscher Soldat hat daher diese Städte zu betreten. Wer die Stadt gegen unsere Linien verlassen will, ist durch Feuer zurückzuweisen. Kleinere, nicht gesperrte Lücken, die ein Herausströmen der Bevölkerung nach Innerrußland ermöglichen, sind daher nur zu begrüßen. Auch für alle übrigen Städte gilt, daß sie vor der Einnahme durch Artilleriefeuer und Luftangriffe zu zermürben sind und ihre Bevölkerung zur Flucht zu veranlassen ist.

Das Leben deutscher Soldaten für die Errettung russischer Städte vor einer Feuersgefahr einzusetzen oder deren Bevölkerung auf Kosten der deutschen Heimat zu ernähren, ist nicht zu verantworten. Das Chaos in Rußland wird um so größer, unsere Verwaltung und Ausnützung der besetzten Ostgebiete um so leichter werden, je mehr die Bevölkerung der sowjetrussischen Städte nach dem Innern Rußlands flüchtet.

Dieser Wille des Führers muß sämtlichen Kommandeuren zur Kenntnis gebracht werden.«

Zusatz OKH:
Die beschleunigte Abschließung der Stadt von ihren Verbindungen nach außen muß baldmöglichst angestrebt werden. Etwa notwendige weitere Zusätze folgen.
OKH
GenStdH OpAbt (IM)
Nr. 1571/41 g.Kdos. Chefs.
12. Oktober 1941.

↑ Am 10. Oktober 1941 meldet die NS-Presse die Entscheidung des Krieges gegen die Sowjetunion

115

Norddeutsche Ausgabe

286. Ausg. / 54. Jahrg. / Einzelpreis 20 Pf. Ausland mit ermäß. Porte 18 Pf. Übriges Ausland 30 Pf.

„Freiheit und Brot"

Norddeutsche Ausgabe

Berlin, Montag, 13. Oktober 1941

VÖLKISCHER BEOBACHTER

Zentralverlag der NSDAP., Frz. Eher Nachf. GmbH., Zweigniederlassung Berlin SW 68, Zimmerstraße 88 (Ruf 11 00 22). Drahtanschrift Eberverlag Berlin. Litzmannstadt in Bromberg, Adolf Hitler-Straße 17 (Ruf 33 33). Kattowitz, Poststraße 1 (Ruf 33 33). Litzmannstadt, Adolf Hitler-Straße 62 (Ruf 14 446). Posen, Berliner Str. 12 (Ruf 16 33). Schriftleitung: Berlin SW 68 Zimmerstraße 88 (Ruf 11 00 22). Sprechstunde 11—13 Uhr. Drahtanschrift Beobachter Berlin. Münchener Schriftleitung: München 13, Schellingstr. 39 (Ruf 2 98 01). Sprechstunde 11—13 Uhr. Wiener Schriftleitung: Wien VII., Seidengasse 3—11 (Ruf B 29—3—45).

Kampfblatt der nationalsozialistischen Bewegung
Großdeutschlands

Der „Völkische Beobachter" erscheint täglich. Bezugspreis: Norddeutsche Ausgabe RM. 2.50 zuzüglich 42 Pf. Bestellgeld, bei Zustellung durch unsere Zweigstellen monatlich RM. 2.50. Anzeigenpreis: 12 Uhr am Vortage des Erscheinens. Bezugsgebühren: Postscheckkonto: Berlin 4454. Frz. 79082, Warschau 1000L. Deutsche Bank, Stadtzentrale A., Berlin, Berliner Stadtbank, Girokasse 8, Konto-Nr. 80. Berlin. Gewöhnliche einzelne Nummern unter Streifband werden auf gegen vorherige Einsendung von 30 Pfennig zugestellt.

Auf 1200 Kilometer Breite vorwärts!

Die Kessel von Brjansk und Wjasma bereits weit hinter der Front

Walther Funk:
Deutsche Ostraumwirtschaft

Über 200000 Gefangene aus den Kesseln gemeldet

Aus dem Führerhauptquartier, 12. Oktober.

Das Oberkommando der Wehrmacht gibt bekannt:

Wie die gestrige Sondermeldung bekanntgab, ist die S c h l a c h t nördlich des A s o w s c h e n M e e r e s abgeschlossen. Im Zusammenwirken mit der Luftflotte des Generaloberst L ö h r hat die Armee des General der Infanterie von M a n s t e i n, die rumänische Armee des Korpsgeneral D u m i t r e s c u und die Panzerarmee des Generaloberst von K l e i s t die Masse der 9. und 18. sowjetischen Armee geschlagen und vernichtet. Bei schwersten blutigen Verlusten hat de, Gegner

64 325 Gefangene,
126 Panzerkampfwagen und
519 Geschütze

verloren.

Fast die ganze Front rollt nach Osten

VB. Berlin, 12. Oktober.

Der Ostfeldzug ist in einen neuen, höchst bedeutsamen Abschnitt eingetreten: Die Einkesselung der Hauptkräfte Timoschenkos und Budjennys hat die ganze bolschewistische Verteidigungsfront zwischen den Waldaihöhen und dem Asowschen Meere zum Einsturz gebracht, und auf der riesigen Front-seite von 1200 Kilometern rollen und marschieren nun die deutschen Angriffsarmeen gegen Osten. Es gibt kein bereiteres militärisches Anzeichen für das Ausmaß der sowjetischen Niederlage!

Nun vermag sich auch das militärisch ungeschulte Auge wieder ein Bild von den Vorgängen an der Ostfront zu machen, die bisher für den Laien nur schwer zu durchschauen waren. Denn die komplizierten Zangenbewegungen der deutschen Führung, die die großen Einkreisungsschlach-

Königsberg, 12. Oktober.

Reichswirtschaftsminister und Reichsbankpräsident Walther Funk nahm die Eröffnungsfeier der Deutschen Ostmesse zum Anlaß, um die neuen Aufgaben zu entwickeln, die der deutschen Ostraumwirtschaft durch die im Zuge befindliche Vernichtung des bisherigen Staats- und Wirtschaftssystems in der Sowjetunion gestellt worden sind.

Mit dem beispiellosen Siegeslauf der deutschen Wehrmacht und ihrer Verbündeten, so führte Reichsminister Funk aus, ist der Weg für eine politische und wirtschaftliche Neugestaltung des osteuropäischen Raumes freigemacht. Eine Aufgabe tritt damit an uns heran, wie sie in dieser Größe nur von einem Volk vollbracht werden kann, das so wie das deutsche kraft seiner Weltanschauung mit Aufbauenergien geladen ist und die Pionierarbeit im europäischen Osten seit jeher als seine geschichtliche Sendung betrachtet. Der Reichsminister wies damit auf den seit Jahrhunderten großen Anteil

↑ Drei Tage später, am 13. Oktober folgt eine neue Siegesmeldung, während man sich im Leitartikel schon Gedanken über die »wirtschaftliche Neugestaltung des osteuropäischen Raumes« macht

Planmäßiger Operationsverlauf
Montag, 13. Oktober 1941. Das Oberkommando der Wehrmacht gibt bekannt:

Die Operationen an der Ostfront nehmen ihren planmäßigen Verlauf. Die Vernichtung der bei Wjasma eingeschlossenen Kräfte steht vor dem Abschluß.

Kämpfe an der ganzen Front
13. Oktober 1941. Das Oberkommando der Roten Armee gibt bekannt:

In der vergangenen Nacht waren unsere Truppen an der ganzen Front im Einsatz. Besonders erbitterte Kämpfe fanden in Richtung Wjasma statt.

». . . militärische Entscheidung ist gefallen«
13. Oktober 1941. Tagesparole des Reichspressechefs:

Die militärische Entscheidung dieses Krieges ist gefallen. Was nun noch zu tun bleibt, trägt vorwiegend politischen Charakter nach innen und außen.
. . .

*Geheimer Bericht des Sicherheitsdienstes der SS
zur innenpolitischen Lage Nr. 228 (Auszug)*
13. Oktober 1941:

. . .

II. Kulturelle Gebiete: Aus allen Teilen des Reiches wird übereinstimmend berichtet, daß die auf dem Tagesbefehl des Führers und auf den Ausführungen des Reichspressechefs aufbauende Berichterstattung und Gestaltung der Presse größte Überraschung hervorgerufen und ein befreiendes Aufatmen bewirkt habe. Die Schlagzeilen wie »Ostfeldzug entschieden – Der Bolschewismus militärisch erledigt« hätten mehr ausgesagt, als die Bevölkerung je zu hoffen gewagt habe. Es sei für die Volksgenossen einfach unfaßlich, daß der Krieg gegen den Bolschewismus schon endgültig entschieden sein solle . . .

Doppelschlacht von Brjansk und Wjasma
Dienstag, 14. Oktober 1941. Das Oberkommando der Wehrmacht gibt bekannt:

Im Osten nehmen die Operationen ihren vorgesehenen Verlauf. Die im Raum von Brjansk eingeschlossenen Kräfte des Gegners sind in mehrere Gruppen zerschlagen. Ihre Vernichtung in dem schwierigen Waldgelände schreitet stetig fort. Bereits gestern war die Zahl der in der Doppelschlacht von Brjansk und Wjasma bisher eingebrachten Gefangenen auf mehr als 350 000 gestiegen. Sie ist noch ständig im Wachsen.

». . . Wjasma geräumt«
14. Oktober 1941. Das Oberkommando der Roten Armee gibt bekannt:

Gestern fanden an der ganzen Front Kämpfe statt, die besonders in Richtung Wjasma und Brjansk erbittert geführt wurden. Nach mehrtägigem Kampf, in dem der Gegner riesige Verluste an Menschen und Material zu verzeichnen hatte, haben unsere Truppen Wjasma geräumt.

Panzergruppe 4 in der Schlacht um Moskau
Oberleutnant G. Heysing notiert:

Am 14. Oktober stehen die Spitzen der Panzergruppe 4, die SS-Div. »Reich«, vor der Moskauer Schutzstellung, die sich in einer Länge von annähernd 300 km von Kalinin bis Kaluga erstreckt.
Es ist ein Abwehrsystem, das mit allen Mitteln neuzeitlicher Verteidigungskunst in monatelanger Mühe von Hunderttausenden von Arbeitern ausgebaut worden ist.
Ihr Kernstück liegt beiderseits der großen Autostraße Smolensk–Moskau im Raum von Jelnja und Borodino westlich Moshaisk. Wieder versucht hier der Feind auf historischem Kampfgelände – wie schon einmal im August 1812 – um das Schicksal seiner Hauptstadt zu kämpfen und den bedrohlichen Vormarsch auf Moskau 100 km vor der Stadt anzuhalten.
Aus der Bewegung heraus greifen die Regimenter »Deutschland« und »Der Führer« der SS-Div. »Reich« die starke Schutzstellung mit unerhörtem Schneid an. Es gelingt ihnen zusammen mit der zu ihrer Unterstützung nachgeführten 10. Pz.Div. die Moskauer Schutzstellung in ihrem Kern zu durchstoßen.
Sie überwinden die eingebauten Reihen von Flammenwerfern mit elektrischer Zündung, die Panzerhindernisse aller Art, versumpfte Bäche, Minenfelder, Drahtverhaue, Bunkersysteme, Steilhänge und unübersichtlichen Waldstellungen trotz des vor und in den Einbruchstellen zusammengefaßten starken feindlichen Abwehrfeuers von Artillerie, Flak, Pak, Granat- und Raketenwerfern und Maschinengewehren.

MONDAY, The Daily Mail, OCTOBER 13, 1941.

—by Illingworth.

↑ So sieht der Karikaturist in London Hitlers Kletterpartie zur Eroberung Moskaus. Nach Überwindung der im Juli gezeichneten Vorgipfel, türmen sich nun auf seinem Weg der Ural, Großbritannien und die USA

117

Über 500000 Gefangene

Mittwoch, 15. Oktober 1941. Das Oberkommando der Wehrmacht gibt bekannt:

Wie durch Sondermeldung bekanntgegeben wurde, sind die im Raum von Wjasma eingeschlossenen Kräfte des Gegners nunmehr endgültig vernichtet. Auch in dem Kessel um Brjansk schreitet die Auflösung des Feindes unaufhaltsam fort. Die Gefangenenzahl aus dieser gewaltigen Doppelschlacht ist auf über 500000 angewachsen und ist noch ständig im Steigen. Die Gesamtzahl der seit Beginn des Ostfeldzuges eingebrachten sowjetrussischen Gefangenen hat schon jetzt die Höhe von drei Millionen weit überschritten.

». . . Mariupol geräumt«

15. Oktober 1941. Das Oberkommando der Roten Armee gibt bekannt:

Gestern standen unsere Truppen an der ganzen Front im Kampf gegen den Feind. Heftige Kämpfe spielten sich im Raum Wjasma, Brjansk und Kalinin ab. Nach erbittertem Widerstand haben unsere Truppen Mariupol geräumt.

Luftangriff auf Moskau

15. Oktober 1941, Moskau. Die Agentur TASS meldet:

Gestern abend wurde Moskau von einer größeren Zahl faschistischer Flugzeuge angeflogen. Der größte Teil der angreifenden Bomber konnte durch die Abwehr vertrieben werden und nur wenige gelangten über die Stadt. Es wurden

↓ Raum Wjasma, Mitte Oktober 1941: Immer wieder versucht die Rote Armee, den deutschen Vormarsch zu stoppen. Ein dicht gestaffelter Schützenverband geht im Schutz der neuen Panzer des Typs T-34 zum Angriff vor

Brand- und Sprengbomben abgeworfen, die geringen Schaden anrichteten. Acht deutsche Flugzeuge wurden von unseren Jägern abgeschossen.

Unser Ziel – Moskau
Der Oberbefehlshaber   A. H. Qu., den **15. 10. 1941**
der 4. Armee
Soldaten der 4. Armee!
Die Umfassungsschlacht von Wjasma ist geschlagen.
Die Armeen Timoschenkos sind vernichtet. Unsere Divisionen befinden sich in ungebrochener Kraft auf ganzer Front im Angriff gegen unser Ziel – Moskau.
     gez. v. Kluge.

». . . die Lage verschlechtert«
Donnerstag, 16. Oktober 1941. Das Oberkommando der Roten Armee gibt bekannt:

An der westlichen Front hat sich die Lage verschlechtert. Die Faschisten haben Kampfwagen in großer Zahl eingesetzt, und in einem Abschnitt hat feindliche motorisierte Infanterie unsere Verteidigung durchbrochen. Ungeachtet tapfersten Widerstandes unserer Truppen, die dem Gegner schwere Verluste zufügten, sahen sich die sowjetischen Streitkräfte in diesem Abschnitt zum Rückzug gezwungen.

Aufforderung zur Abreise
16. Oktober 1941, Tokio. Die Agentur Domei meldet:

Das japanische Außenministerium erhielt heute von der japanischen Botschaft in Moskau ein Telegramm, in dem diesem mitgeteilt wird, daß die japanische Botschaft vom sowjetrussischen Außenkommissariat telefonisch aufgefordert worden sei, ihre Abreise von Moskau für Mittwochabend vorzubereiten. Ein Reiseziel sei nicht bekanntgegeben worden.

Tagesparole des Reichspressechefs
16. Oktober 1941:

Die aus sowjetischer Quelle endlich vorliegenden Eingeständnisse über die siegreichen deutschen Operationen vor Moskau können gut hervorgehoben werden, doch ist in Aufmachung und Kommentar der Eindruck zu vermeiden, als ob Moskau das Hauptziel der Operationen sei und diese Stadt etwa demnächst fallen würde.

Sender Beromünster (Schweiz)
Freitag, 17. Oktober 1941:

Das Ziel der deutschen Operationen seit dem 2. Oktober ist nebst der Zerschlagung der russischen Armee und ihrer Aufsplitterung in zahlreiche kleinere Verbände, die dann einzeln aufgerieben und umfaßt werden können, die Hauptstadt Moskau. In einem doppelten Umfassungsmanöver nähert sich die Heeresgruppe von Bock dieser Stadt, die von der russischen Zentralarmee Timoschenkos verteidigt wird. Der Frontalangriff erfolgt auf der klassischen Napoleonstraße, die von Smolensk über Wjasma, Moshaisk und Borodino nach

EMBASSIES LEAVE MOSCOW

Women and Children Crowd Stations

NEW CAPITAL READY ON THE VOLGA

From RALPH HEWINS — STOCKHOLM, Thursday.

CRISIS BREAKS IN JAPAN

Roosevelt Calls his War Cabinet

↑ »Botschaften verlassen Moskau . . . Eine neue Hauptstadt steht an der Wolga bereit« – meldet die englische Presse am 17. Oktober 1941

Moskau führt. Seit 48 Stunden wütet eine Schlacht auf dem historischen Boden von Borodino, wo am 7. September 1812 die Große Armee Napoleons der russischen Armee unter dem Befehl Kutosows eine Entscheidungsschlacht lieferte . . .

Trotz der Verschiedenheit der Zeiten und der Lage stellt sich möglicherweise auch heute wieder für die russische Führung das Problem, das sich schon nach der Schlacht von Borodino des Jahres 1812 gestellt hat: nämlich ob die Feldarmee zur Verteidigung der Hauptstadt verwendet werden oder zurückgezogen werden soll. Kutosow entschied sich bekanntlich damals für den Rückzug. Ferner kann über den weiteren Verlauf des Krieges im Osten auch deshalb nicht viel Nützliches gesagt werden, weil niemand genau weiß, was noch an wirtschaftlichen, industriellen und militärischen Reserven hinter Moskau steht.

Der russische Herbstregen

18. Oktober 1941. Oberleutnant G. Heysing (Pz.Gr. 4) notiert:

Am 18. Oktober wird die Stadt Moshaisk von den Schnellen Truppen des XXXX. Korps genommen – da stellt sich beim Gegner ein Bundesgenosse ein, dem das gelingt, was der Feind trotz aller Machtentfaltung, trotz des Opfers von Millionen Menschen und trotz aller Schutzstellungen nicht erreicht hat: Nun setzt der russische Herbstregen ein und bringt den deutschen Soldaten um die Auswirkung seines schon errungenen Sieges. Tag und Nacht strömt es vom Himmel. Es regnet und schneit in ununterbrochener Folge. Der Boden saugt die Feuchtigkeit auf wie ein Schwamm, und im knietiefen Schlamm bleibt der deutsche Angriff stecken.

120

← Mittlerer Front-abschnitt, Oktober 1941: Nach dem russischen Herbst-regen versucht ein Landser, seine durchnäßte Uniform an Astgabeln zu trocknen

↓ Im Südabschnitt der mittleren Front, Oktober 1941: Dort, wo die Herbstregenperiode noch nicht be-gonnen hat, quälen sich die deutschen motorisierten Ver-bände bei ihrem Vormarsch über die sandigen Dorf-straßen. Bald wer-den auch hier nur noch riesige Morast-felder sein

»... *es geht beim besten Willen nicht mehr weiter*«
Oberleutnant G. Heysing (Pz. Gr. 4) notiert:

↓ Raum Brjansk,
Oktober 1941:
Die allgegenwärti-
gen Partisanen
verlegen schwere
Minen, die beson-
ders gefährlich sind,
da man die Holzkä-
sten mit den Minen-
suchgeräten nicht
aufspüren kann

Die 10. Pz.Div., die am Straßenkreuz von Schelkowka von den Divisionen des
A. K. VII abgelöst wurde, ist nach Norden über die Moskwa und das Städtchen
Rusa in Richtung Nowo Petrowskoje vorgegangen, um Moskau von Nordwesten zu bedrohen. Der Stoß der 10. Pz.Div. zielt dabei zunächst auf die Straße
Wolokolamsk–Istra–Moskau. Es wird auch so lange vorgedrungen, bis der
letzte Tropfen Brennstoff verbraucht, der letzte Kanten Brot verzehrt und die
letzte Granate verschossen ist. Man hat den Gesetzen des Krieges gemäß den
geschlagenen Feind »bis zum letzten Hauch von Mann und Roß« verfolgt. Doch
nun geht es beim besten Willen nicht mehr weiter. Die Division steht weit

→ Raum Moskau,
Oktober 1941:
Feldflugplatz einer
Jägereinheit der
Roten Luftflotte;
die Bordmechaniker
überholen die
Waffen einer Jagd-
maschine

122

auseinandergezogen zwischen Wald und Sumpf. Der Dreck reicht den Fahrzeugen teilweise bis an die Ladefläche und Nachschub kommt nicht heran.

Und so war es:

In der Morgendämmerung des 2. Oktober 1941 wird Hitlers Tagesbefehl den Soldaten vorgelesen: ». . . In diesen dreieinhalb Monaten, meine Soldaten, ist nun aber endlich die Voraussetzung geschaffen worden zu dem letzten gewaltigen Hieb, der noch vor Einbruch des Winters diesen Gegner zerschmettern soll . . . Heute ist nun der Beginn der letzten großen Entscheidungsschlacht dieses Jahres . . .«

Um 5.30 Uhr treten die 2. Armee (GenOberst v. Weichs), die 4. Armee (GFM

↓ Mittlerer Frontabschnitt, an einem sonnigen Tag Anfang Oktober 1941: ein deutsches Infanterieregiment auf dem Vormarsch; hinter dem Beutelastwagen eine berittene Artillerieeinheit

← Anfang Oktober 1941, am mittleren Frontabschnitt: Noch sind es Staub und Hitze, die diesem Obergefreiten den Vormarsch in Richtung Moskau erschweren, doch bald werden es Regen und Morast, dann Schnee und eisige Kälte sein

123

v. Kluge) und die 9. Armee (GenOberst Strauß) der Heeresgruppe Mitte (GFM v. Bock) zum Angriff an. Es herrscht schönes, klares, sonniges Herbstwetter. Bereits um 7.30 Uhr meldet die Panzergruppe 4 (GenOberst E. Hoepner) den Übergang über die Desna. Am gleichen Nachmittag ist die 10. Panzerdivision des XXXX. Korps 20 km über den Snopot nach Nordosten vorgestoßen, die 2. Panzerdivision fast 5 km. Der Angriff, durch das schöne Herbstwetter begünstigt, verläuft planmäßig. Die Sowjets werden nicht nur taktisch, sondern auch operativ überrascht. Im OKW rechnet man mit dem Fall von Moskau Ende Oktober. Bis dahin sind noch etwa 300 km zu überwinden. Auf die unmittelbare Gefährdung der Stadt durch die Deutschen wird die Bevölkerung auch in den täglichen Frontberichten nicht aufmerksam gemacht, da die sowjetischen Nachrichten von Presse und Rundfunk den Einwohnern der Hauptstadt die wahre Lage an den Fronten verschweigen. So ahnen sie nicht die ihnen bevorstehende Gefahr.

Am Freitag, dem 3. Oktober 1941, gelingt es der Panzergruppe 2 (GenOberst H. Guderian), den feindlichen Südflügel zu durchbrechen und Orel zu nehmen. Guderian: »Die Eroberung der Stadt vollzog sich so überraschend für den Gegner, daß die elektrischen Bahnen noch fuhren, als unsere Panzer eindrangen. Die von den Russen offenbar sorgsam vorbereitete industrielle Räumung konnte nicht durchgeführt werden.« Die Panzergruppe 2 hat ihr erstes Ziel, eine feste Straße in Richtung Moskau, erreicht. Am gleichen Tag schwenkt das XXXXVII. Panzerkorps aus dem Verband der Panzergruppe 2 aus und dreht nach Norden auf Brjansk zu. So schneidet Guderian den sowjetischen Truppen im Südost-Desnabogen ihren Rückzug nach Osten ab. Die anderen Armeen durchbrechen in überraschendem Vorstoß beiderseits der Rollbahn Smolensk–Moskau die sowjetische Front an mehreren Stellen.
In Berlin hält Hitler im Sportpalast eine Rede an das deutsche Volk und sagt über die Offensive: ». . . Seit 48 Stunden ist sie in gigantischem Ausmaße im Gange. Sie wird mithelfen, den Gegner im Osten zu zerschmettern . . . Ich spreche das erst heute aus, weil ich es erst heute aussprechend darf, daß dieser Gegner bereits gebrochen ist und sich nie mehr erheben wird!«
Der sowjetische Widerstand ist zu der Zeit nicht übermäßig stark. So beträgt z. B. die Dichte der Panzerabwehrgeschütze im Bereich der Westfront lediglich drei Pak auf zwei Kilometer Verteidigungsfront. Auch die operative Dichte ist gering: eine Division auf 12 bis 15 Kilometern, sechs bis acht Geschütze und Granatwerfer sowie nicht mehr als drei Panzer auf einer Frontbreite von zwei Kilometern. Die Schützenarmeen, die durchschnittlich aus vier bis sechs Schützendivisionen und zwei bis drei Panzerbrigaden bestehen, sichern eine operative Richtung, wobei zwei sowjetische Divisionen etwa die Stärke einer deutschen haben. Die Verteidigungstiefe der Front beträgt in den Schwerpunktrichtungen höchstens 30 bis 35 Kilometer, was ohne Zweifel viel zu dünn ist.

Am Sonnabend, dem 4. Oktober 1941, geht es weiter zügig vorwärts. Um 16.30 Uhr meldet die 10. Panzerdivision die Besetzung von Moshaisk. Die 2. Panzerdivision hat die Bahnlinie Kirow–Wjasma überschritten und steht nun 10 Kilometer ostwärts der Rollbahn nach Juchnow. Die 11. Panzerdivision nimmt um 17.40 Uhr Spass Djemjenskojo und stößt in der Dämmerung noch weitere 15 Kilometer vor. Für die Führung in Moskau steht nun fest, daß sich die deutsche Offensive gegen die Hauptstadt richtet.
In Moskau selbst läuft alles noch seinen gewohnten Gang, herrscht der übliche

Kriegsalltag. Aus den Kaminen der NKWD-Zentrale in der Lubljanka, aus den Parteigebäuden und vielen staatlichen Institutionen steigen Tag und Nacht schwarze Rauchwolken von verbrannten Akten auf. Die Kunstwerke des Kreml und der Museen werden verpackt und ostwärts transportiert.

Am Sonntag, dem 5. Oktober 1941, nimmt die 10. Panzerdivision vormittags Juchnow ein. An diesem Tag erreicht eine von zwei Spitzen der Panzergruppe 2 in Richtung Tula über Orel hinaus den Ort Moin, die zweite rollt von Osten her weiterhin auf Brjansk zu. Die 2. Armee stößt von Westen auf Brjansk vor.

Am Montag, dem 6. Oktober 1941, wird Brjansk erobert; es regnet an der gesamten Front in Strömen. Im Laufe des Tages bemerken die Verbände erstaunt, daß sich der bisher nur schwache Feindwiderstand geändert hat. Waren es bisher als Nachhuten überwiegend Troßteile, die sich zur Wehr setzten, so treten jetzt überraschend Kampftruppen auf, die jetzt harten Widerstand leisten.
An diesem Tage, an dem die Panzergruppe 2 (GenOberst H. Guderian) die Bezeichnung 2. Panzerarmee erhält, stößt die angriffsführende 4. Panzerdivision (GenMaj. Frhr. v. Langermann) bei Mzensk auf die sowjetische 1. Panzerbrigade mit ihren fabrikneuen Panzern KW 1 und T-34. Bei diesem ersten Masseneinsatz des vorzüglichen T-34 erleidet die frisch umbenannte 2. Panzerarmee erhebliche Verluste an Kampfwagen.
In Moskau beordert zur Stunde Stalin NKWD-Einheiten an zahlreiche Stellen westlich von Moskau, um Sperriegel errichten zu lassen. Damit sollen Deserteure und Marodeure abgefangen werden. Man will auch des unkontrollierten

↓ Raum Brjansk, Anfang Oktober 1941: In Schlauchbooten setzt eine Infanteriekompanie mit ihrer leichten Pak über die Desna

↑ Mittlerer Front-
abschnitt, Anfang
Oktober 1941:
Zwischen den Fahr-
streifen der Roll-
bahn liegt kaum
beachtet ein gefalle-
ner deutscher Soldat
im Staub. Ob die
Angehörigen in der
Heimat wohl jemals
sein Schicksal er-
fahren werden?

Aufenthalts von Fronttruppen in der Hauptstadt Herr werden. Auch in Richtung Osten darf man nur mit einem besonderen Passierschein die Sperrlinie
überschreiten. Armeegeneral Schukow: ». . . Am Abend des 6. Oktober rief
mich der Oberbefehlshaber J. W. Stalin an und erkundigte sich nach der
Situation bei Leningrad. Ich meldete ihm, der Gegner habe seine Angriffe
eingestellt. Stalin hörte es sich an, schwieg eine Weile und sagte mir dann, in
Richtung Moskau, besonders an der Westfront, sei eine Verschlechterung der
Lage eingetreten. ›Beauftragen Sie Stabschef M. S. Chosin mit ihrer Vertretung
als Befehlshaber der Truppen der Leningrader Front und kommen Sie selbst mit
dem Flugzeug nach Moskau‹ befahl er mir.«

In der Nacht vom 6./7. Oktober 1941 fällt im Bereich der Heeresgruppe Mitte
der erste nasse Schnee; er bleibt zwar noch nicht liegen, aber die gefürchtete
Schlammperiode beginnt.

Am Dienstag, dem 7. Oktober 1941, gelingt es der 10. Panzerdivision (GenMaj.
Fischer), Spitze der Panzergruppe 4, nach einer Sturmfahrt von fast 250 Kilometern mitten durch den Feind sich mit den Verbänden der Panzergruppe 3
(GenOberst H. Hoth) an festgelegter Stelle zu vereinigen und die Zange der
beiden Panzerkeile um Wjasma, wo starke Teile von drei sowjetischen Armeen
liegen, zu schließen. Um 7.30 Uhr erreicht die 10. Panzerdivision den Südost-
rand von Wjasma und besetzt bereits um 10.30 Uhr die nur schwach verteidigte
Stadt. Kurz darauf wird mit der 7. Panzerdivision der Panzergruppe 3 nördlich
an der Rollbahn Verbindung aufgenommen und der Kessel zwischen Jarzewo
und Wjasma wie geplant geschlossen. Im Süden, am rechten Flügel der Heeres-

gruppe Mitte, schließt zu gleicher Zeit die 2. Panzerarmee den anderen Kessel bei Brjansk. Damit ist der erste Teil des Unternehmens »Taifun« schon nach einer Woche erfolgreich beendet: In beiden Kesseln befinden sich etwa 500 000 Soldaten der Roten Armee. Es ist übrigens die letzte große Einkesselung während des »Barbarossa«-Feldzuges. Der Tag, an dem die Panzerverbände die Kessel schlossen, wird auch zu einem entscheidenden Tag für die Führung der Heeresgruppe Mitte.

Ebenfalls am 7. Oktober 1941 stattet der Oberbefehlshaber des Heeres, Generalfeldmarschall v. Brauchitsch, der Heeresgruppe Mitte einen Besuch ab. Er will die weiteren Absichten besprechen. Danach ergeht noch am gleichen Tag der Befehl des OKH für Fortsetzung der Operationen in Richtung Moskau: Die 2. Panzerarmee soll Tula einnehmen, die 4. Armee mit zwei neuunterstellten Armeekorps, dem XII. (Gen.d.Inf. Schroth) und dem XIII. (Gen. d. Inf. Felber) auf Kaluga vorstoßen und mit der Panzergruppe 4 die sowjetischen Befestigungen bei Moshaisk besetzen. Außerdem ist der Kessel von Brjansk durch die 2. Armee und der Kessel von Wjasma durch Teile der 4. Armee auszuräumen. Die 9. Armee soll mit Kräften der Panzergruppe 3 zur Abschirmung nach Nordosten auf Sytschewka vorgehen und dann mit allen freiwerdenden Verbänden in Richtung Kalinin oder Rshew bereitstehen. So wiegt sich das OKH in der trügerischen Hoffnung, daß die Heeresgruppe Mitte stark genug sei, beide Kessel auszuräumen und gleichzeitig den Stoß auf Moskau fortzusetzen. Diese Fehleinschätzung wird nun, wie kaum eine andere, das Schicksal des ganzen Feldzuges entscheiden.

An diesem Tag faßt das Komitee der Staatsverteidigung den Beschluß, eine Moskauer Verteidigung zu bauen, die aus einem Tarnstreifen und zwei Vertei-

Oktober 1941: Plötzliche Schüsse zwingen die Infanteristen, im Straßengraben Deckung zu nehmen, während zwei Kameraden den Standort des Schützen ausfindig zu machen suchen

127

digungszonen bestehen soll. Die Hauptverteidigungszone wird in Form eines Halbkreises etwa 15–20 Kilometer von Moskau entfernt erbaut. Das ganze Verteidigungssystem an den Zufahrtsstraßen wird die Moskauer Verteidigungszone genannt und von der Volkswehr und den taktischen Verbänden der STAWKA-Reserven besetzt.

Ab 7. Oktober 1941 müssen Teile der Panzergruppe 4 den Kessel von Wjasma sperren. Man weiß selbst noch nicht, was er umschließt, starke gegnerische Kräfte sind bereits ausgemacht, und in der Umschließungsfront klafft eine breite Lücke. Nur eine der Divisionen der Panzergruppe 4, die SS-Division »Das Reich«, ist im Vorgehen über Gschatsk. Inzwischen nimmt der Widerstand südlich von Wjasma erheblich zu. Die 4. Panzerdivision der 2. Panzerarmee wird noch vor dem Susha-Übergang durch zahlreiche T-34 der 4. Panzerbrigade (Oberst Katukow) angegriffen und erleidet in zweitägigem Gefecht schwere Verluste. Zum erstenmal zeigt sich die Überlegenheit der sowjetischen Panzer in so krasser Form. Die deutschen Panzer werden zurückgeschlagen, der Vormarsch stockt.

Am gleichen Tag erreicht den OB der Heeresgruppe Mitte ein neuer Befehl Hitlers: Er verbietet jegliche Annahme einer Kapitulation der Hauptstadt, egal ob sie von seiten des Militärs oder von der Bevölkerung angeboten wird, und macht den Truppenführern zur Pflicht, die Parlamentäre aus der belagerten Stadt, wenn nötig sogar mit Waffengewalt, vor den Kampflinien abzuweisen. Moskau soll mit seiner ganzen dort verbleibenden Bevölkerung untergehen. Im sowjetischen Hauptquartier werden an diesem Tag auch einige schwerwiegende Entscheidungen gefällt. Armeegeneral Schukow: ». . . Am 7. Oktober, es dämmerte bereits, landete unsere Maschine auf dem Zentralflugplatz Moskaus und ich begab mich in den Kreml. Stalin hielt sich in seiner Wohnung auf, er war an Grippe erkrankt. Nachdem er mich mit einem Kopfnicken begrüßt hatte, wies er auf die Karte und sagte: ›Da, sehen Sie. Wir sind in eine sehr schwierige Lage gekommen und ich kann keinen ausführlichen Bericht über die wahre Situation an der Westfront erhalten.‹ Er beauftragte mich, unverzüglich den Stab dieser Front und Truppen aufzusuchen und die ganze Lage eingehend zu studieren . . .«

Am Mittwoch, dem 8. Oktober 1941, beginnen in Moskau bereits die Beratungen über eine beschleunigte Evakuierung der Stadt. Den ausländischen Botschaften wird offiziell mitgeteilt, daß sie die Stadt in den nächsten Tagen verlassen müssen. Im OKH stellt Generaloberst Halder fest, daß die Gesamtverluste des deutschen Ostheeres seit dem 22. 6. 1941 564 727 Mann betragen, das sind 16,61% von 3,4 Millionen eingesetzten Soldaten.

An diesem Tag erklärt der Chef des Wehrmachtführungsstabes, Generaloberst Jodl, auf einer Lagebesprechung im Führerhauptquartier; »Mit der gelungenen Bildung der drei Kessel nördlich Melitopol, östlich Brjansk und westlich Wjasma hätten wir endgültig und ohne Übertreibung diesen Krieg gewonnen.« Daraufhin gab einen Tag später der Reichspressechef Dr. Dietrich der in- und ausländischen Presse bekannt, daß der Rußlandkrieg entschieden und die UdSSR geschlagen sei.

Unterdessen beginnen auch die Truppen der Roten Armee mit den Vorbereitungen zur Verteidigung der sowjetischen Hauptstadt. Dicht hinter der Abwehrlinie von Wjasma und Moshaisk entsteht ein dritter Verteidigungsring. Er soll einen Hauptverteidigungsabschnitt etwa 20 Kilometer vor der Stadt sowie einen Stadtverteidigungsabschnitt bilden. Ein Sicherungsstreifen wird entlang des rückwärtigen Streifens der Moshaisker Verteidigungslinie angelegt. Den Moskauer Stadtverteidigungs-Abschnitt bilden drei Streifen: der erste entlang des Eisenbahnringes, der zweite entlang des grünen Ringes und der dritte direkt im Stadtzentrum entlang des Boulevard-Ringes.

Am Donnerstag, dem 9. Oktober 1941, erobert die an der Rollbahn angreifende SS-Division »Das Reich« (SS-Gruppenführer Hausser) in hartem Kampf Gschatsk. Nach Einnahme dieser Stadt schwenken die Spitzen der Panzergruppe 3 gegen die obere Wolga ab, um Moskau von Norden her zu umfassen. Am gleichen Tag läßt Hitler erklären, daß der »Feldzug im Osten mit der Zertrümmerung der Heeresgruppe Timoschenko entschieden« sei.

In Moskau eröffnet die Führung langsam den Bewohnern den Ernst der Lage. Das Zentralorgan der Partei, die »Prawda«, veröffentlicht einen Leitartikel unter dem Titel »Den Geist der Sorglosigkeit überwinden« und berichtet von der »faschistischen Offensive in Richtung Wjasma und Brjansk«. Die Militärbehörde und der Stadtsowjet mobilisieren auf Anordnung von Stalin sämtliche noch freien LKW. Die Lastwagen laden Männer und Frauen aus den Häusern und von den Straßen Moskaus auf, wie sie gerade gehen und stehen. Die Hausausschüsse der Partei sorgen für die Durchführung der Aktion. Tausende von Moskauern – noch in Straßenkleidung – werden westlich der Hauptstadt wieder ausgeladen, um dort in Kälte und Schlamm Schützengräben und Panzerhindernisse auszuheben. Die drohende Gefahr bewegt Stalin zu einem bedeutsamen Schritt. Armeegeneral Schukow: »Am 9. Oktober übergab mir der Kommandant des Stabes der Reservefront einen Fernspruch von Generalstabschef Schaposchnikow. Darin hieß es: ›Stalin befiehlt Ihnen, sich im Stab

↙ ». . . jedes Haus zu einer Feuerstellung . . .« Die erste Seite eines sowjetischen Flugblattes.

↓ Die Einwohner Moskaus arbeiten an den Verteidigungsringen um die Hauptstadt

NDE WEG VON MOSKAU!

Deutsche Soldaten!

ure Armeeführung jagt Euch, ohne Euer Leben honen, gegen Moskau. Das ist das schlimmste Hitlerschen Abenteuer:

ER SCHICKT EUCH IN DEN SICHEREN TOD.

oskau ist die Sowjethauptstadt, die Hauptstadt ozialistischen Staates der Arbeiter und Bauern.

Moskau wird niemals und von niemand eingenommen werden!

oskau hat unerschöpfliche Kräfte, um sich zu digen. Die 4¹/₂ Millionen Einwohner Moskaus ihre Stadt in eine uneinnehmbare Festung ndelt. Jede Moskauer Straße ist zu einer befestigten ze, jedes Haus zu einer Feuerstellung, jeder Ber zu einem Kämpfer geworden, der bereit ist, Stadt bis zum letzten Blutstropfen zu verteidigen. bt keine Tanks und keine Geschütze, die die und den Willen des Sowjetvolkes brechen en, das sich zum Schutz seines geliebten us erhoben hat.

Erfahrung der heroischen Verteidigung Leninzeigt, daß hunderttausende deutsche Soldaten ben gelassen haben, aber die Stadt haben sie zu sehen bekommen. Das gleiche Schicksal harrt vor Moskau. Schon jetzt ist das Vorgelände Moskau IT BERGEN VON LEICHEN DEUTSCHER SOLDATEN,

der Westfront zu melden. Sie werden zum Befehlshaber der Westfront ernannt‹.«

Am Freitag, dem 10. 10. 1941, stehen Teile der Panzergruppe 4 im Kampf um Mzensk. Das Wetter wird schlechter, es ist kalt und regnerisch.

Aus dem OKH kommt ein Befehl über die Aufteilung der deutschen Truppen auf das Stadtgebiet von Moskau.

Und in der sowjetischen Hauptstadt fordert am gleichen Tage die »Prawda« von der Bevölkerung allergrößte Wachsamkeit angesichts der Tatsache, »daß der Feind mit Hilfe seiner Fünften Kolonne versucht, das Hinterland zu desorganisieren und in Panik zu versetzen«. Der Rohbau des Sowjetpalais, das eines der höchsten Gebäude der Welt werden sollte, wird abgetragen, seine Stahlträger dienen nun als Panzerhindernisse. An den Befestigungen, die bis ins Zentrum von Moskau gehen, wird ununterbrochen gearbeitet. Mit Sandsäcken, Stahl und aufgeschütteter Erde werden unzählige Barrikaden errichtet. An der Moshaisk-Linie, einer 220 Kilometer langen Verteidigungsanlage, werden die zurückweichenden Verbände der Westfront und der Reservefront zusammengezogen, dazu die Einheiten und Verbände vom rechten Flügel der Westfront, von der Nordwestfront und Truppen der südwestlichen Richtung sowie Reserven aus dem Hinterland konzentriert.

Am Sonnabend, dem 11. Oktober 1941, erobert das auf Moskau vorgehende LVII. Panzerkorps (Gen. Kuntzen) den Ort Medyn. Unterdessen übernimmt die 9. Armee (GenOberst Strauß) Richtung Rshew die Deckung der Heeresgruppe nach Nordosten. Die Panzergruppe 3 erreicht an diesem Tag die Wolga bei Subzow und geht, durch heftiges Schneetreiben verlangsamt, über Stariza gegen Kalinin vor. Um den Kessel von Wjasma tobt der Kampf weiter. In den dichten Wäldern müssen sogar mehrere Gruppen der 197. Infanteriedivision von der herbeieilenden 5. Panzerdivision freigekämpft werden. Die sowjetischen Einheiten ziehen sich in die Wälder zurück und führen Feuerüberfälle durch. Die 252. Infanteriedivision muß zusammen mit der 5. Panzerdivision den Kessel von Süden nach Norden mühsam durchkämmen. Die vorgesehene Herauslösung von Panzerkräften aus der Abschließungsfront zur Verstärkung des Vormarsches auf Moskau läßt sich nicht verwirklichen.

Am Sonntag, dem 12. Oktober 1941, erobert die deutsche 4. Armee Kaluga. Hitler hofft bereits an diesem Tag auf eine handstreichartige Inbesitznahme von Moskau. Daher müssen alle deutschen Zeitungen einen Platz für die »Sonder-

→ Noch nicht als Memento gedacht: deutscher Wachtposten an der Beresina-Brücke. Hier an dieser Stelle entschied sich am 27.–29. November 1812 endgültig das Schicksal der Grande Armée Napoleons auf ihrem Rückzug aus Moskau

130

meldung« über die Einnahme der sowjetischen Hauptstadt reservieren. Gegen Mittag übernimmt das Generalkommando XXXXVI die Führung über die Abschließungsfront von Wjasma. Erst am Abend klingen die heftigen Ausbruchsversuche allmählich ab. Unterdessen kommen die Verbände der Panzergruppe 4, die jetzt zur Einschließung Moskaus nach Norden marschieren, durch schlechtes Wetter auf der Straße nach Wolokolamsk zum Stehen. Bereits am 11. Oktober bekommt Generalleutnant Rokossowski den Befehl, sich sofort in den Raum Wolokolamsk in Marsch zu setzen. »Wir sollten uns allen Truppen, die wir hier vorfinden würden, unterstellen und die Verteidigung vom Moskauer See im Norden bis Rusa im Süden organisieren.« Eilig werden Auffangstellen für die aus dem Kessel ausgebrochenen Truppenteile und versprengten Soldaten eingerichtet. In Moskau mahnt die »Prawda« mit Aufrufen an die Soldaten der Roten Armee, zur Verteidigung des Heimatbodens »bis zum letzten Blutstropfen«zu kämpfen.

Am Montag, dem 13. Oktober 1941, dringt die Panzergruppe 3 (Gen. d. Pz.Tr. Reinhardt) unter schweren Kämpfen in Kalinin ein. An diesem Tag wird nun die Panzergruppe 4 wieder aktiv in die Angriffsoperationen auf Moskau eingeschaltet. Im Laufe des 13. Oktober 1941 kommen sich die Kesselfronten bei Wjasma einander so nahe, daß man die Kämpfe als abgeschlossen betrachtet. Und nach Abwehr von zwei massiven Ausbruchsversuchen nordwestlich von Wjasma trifft die 6. Panzerdivision Vorbereitungen in Richtung Moskau.
Auf der großen Rollbahn nähert sich die Panzergruppe 4 nun Moshaisk. Die SS-Infanteriedivision »Das Reich« des XXXX. Panzerkorps steht beiderseits Jelnja, an der Rollbahn 15 km südwestlich Moshaisk, im Kampf um die äußere

↓ An der Straße von Brjansk nach Cementnyj, Mitte Oktober 1941: ein zerschossener sowjetischer mechanisierter Verband, der aus dem Kessel auszubrechen versuchte; vorn ein Bistrochodny-Tank BT-7, von den Rotarmisten auch »Betka« (Käfer) genannt

Moskauer Verteidigungsstellung. Die SS-Division wird durch Teile der 10. Panzerdivision verstärkt, die bereits starke, aus Moskau herbeigeholte Schützentruppen zurückgeschlagen und 54 Panzer vernichtet hat. Man merkt, daß der Gegner mit allen Mitteln versucht, die Deutschen hier aufzuhalten.

Am Nachmittag ändert sich das schöne herbstliche Wetter. Es setzt leichter Regen ein. Die Kraftwagen geraten auf der Rollbahn ins Rutschen. Die so erfolgreich angelaufenen Truppenbewegungen stocken. Weiter südlich erobert die 2. Panzerarmee von Osten her das Stadtgebiet von Brjansk. Drei russische Armeen sind hier in zwei Einzelkesseln zusammengedrängt, aber um den Ring nördlich von Brjansk abzudichten, hat Guderian keine Kräfte mehr. So gelingt erheblichen Truppenteilen der Ausbruch. Die Kämpfe bei Brjansk und die fürchterlichen Wegverhältnisse gestatten es der 2. Panzerarmee noch nicht,

→ Im Süden des mittleren Frontabschnittes stoßen in Eilmärschen Mitte Oktober noch in Staub und Hitze die Verbände der Panzergruppe 2 (GenOberst Guderian) nach Nordosten vor

nach Nordosten weitervorzustoßen. An diesem Tag notiert der Oberbefehlshaber der Heeresgruppe Mitte, Generalfeldmarschall v. Bock, in seinem Tagebuch: »Morgens spreche ich mit Heusinger vom Oberkommando des Heeres – Halder ist krank – und erfahre, daß der Führer die Abschließung von Moskau etwa im Zuge der Ringbahn befohlen hat.«

Vor Moskau wird ständig an einer durchgehenden Verteidigungslinie um die Hauptstadt gearbeitet sowie die Bereitstellung neuer Reserven zur Abwehr des weiteren deutschen Vormarsches durchgeführt. Die neue Westfront unter Armeegeneral Schukow verfügt nun über mehrere Gruppierungen in den befestigten Abschnitten: Wolokolamsk die 16. Armee (GenLt. K. K. Rokossowski); Moshaisk die 5. Armee (GenMaj. D. D. Leljuschenko); Malo-Jaroslawez die 43. Armee (GenMaj. K. D. Golubjew) und Kaluga die 49. Armee

(GenLt. I. G. Sacharkin). Als erstes erreicht das 3. Kavalleriekorps unter General Dowator den Raum nördlich Wolokolamsk. Sie durchbrechen die deutsche Umklammerung und melden sich am 13. Oktober 1941 bei General Rokossowski. Obwohl stark gelichtet, hat das 3. Kavalleriekorps immer noch eine beachtliche Kampfkraft. Dowators Reiter werden der sowjetischen 16. Armee operativ unterstellt. Sie besteht aus der 50. Kavalleriedivision (GenOberst I. A. Plijew) und der 52. Kavalleriedivision (BrigKdr Melnik).

Ebenfalls am 13. Oktober 1941 beschließt das Moskauer Parteikomitee, in jedem Stadtbezirk Arbeiterbataillone zu formieren. Der Sekretär des Zentralkomitees und Chef der Moskauer Parteiorganisation, A. S. Schtscherbakow, erklärt: »Wir wollen die Augen nicht verschließen, Genossen: Moskau ist in Gefahr!« Auch die sowjetischen Luftstreitkräfte greifen jetzt immer häufiger in den Kampf ein.

An diesem Tag kommt es an der Rollbahn westlich Moshaisk zur ersten Gefechtsberührung zwischen den Truppen der sowjetischen Fernostarmee und Teilen der SS-Infanteriedivision »Das Reich«. Das Auftreten dieser Truppen und die ebenfalls am 13. Oktober 1941 einsetzende Schlammperiode signalisieren die Wende.

Am Dienstag, dem 14. Oktober 1941, erreicht die Spitze der 6. Panzerdivision (GenMaj. Landgraf) kurz vor dem Morgengrauen noch mit größter Kraftanstrengung das 80 Kilometer entfernte Marschziel. Die Straßen und Wege haben sich jetzt in Morast verwandelt. Für die letzten 10 Kilometer benötigt die Division allein 10 Stunden. Die Masse der Kolonne bleibt hoffnungslos festgefahren auf der Strecke liegen. Bei den Versuchen, den immer wieder befohle-

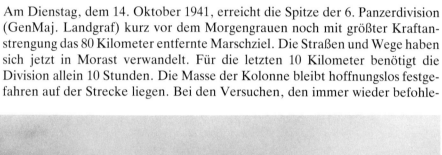

↓ Im Norden des mittleren Frontabschnittes rollt die Panzergruppe 3 (GenOberst Reinhardt) mit den bewährten tschechischen Panzern 38 (t) nach Süden in Richtung Wjasma, um den Kessel bei Wjasma endgültig abzuschließen

nen Vorstoß fortzusetzen, werden nur die grundlosen Wege bis zu einer Tiefe von einem Meter aufgewühlt, zahlreiche Kraftwagen beschädigt und der letzte Betriebsstoff verbraucht.

Am gleichen Tag schließt sich die auf breiter Front im Zentrum der Heeresgruppe angesetzte 4. Armee (GFM v. Kluge) mit dem rasch vorangekommenen Nordflügel zusammen. Ihre rückwärtigen Teile haben den Kessel Wjasma endlich ausgeräumt und befinden sich nun im Vorgehen nach Osten. Die aus dem Einschließungsring bei Wjasma abgelösten Teile der Panzergruppe 3 unter dem Befehl des LVI. Panzerkorps werden ohne ernste Kämpfe in den Raum beiderseits Lataschino verlegt. Sie füllen hier nur notdürftig die Lücke zu der rechts benachbarten Panzergruppe 4 im Raum Wolokolamsk. Die Panzergruppe 3 nimmt zusammen mit der 1. Panzerdivision – nach rund 320 Kilometern fast ungehinderten Vormarsches bis tief in den Rücken des Feindes – Kalinin an der Wolga ein und erobert hier die unversehrte Wolga-Brücke. Es ist der letzte große Erfolg der Panzergruppe 3.

In Berlin wird an diesem Tag bei der Luftwaffe bereits das »Luftgaukommando Moskau« auf dem Papier entworfen. In Parteikreisen diskutiert man über die Besetzung der zukünftigen Gauleiterstelle in Moskau. Goebbels bemerkt in seiner Rede vor der Berliner SA-Führerschaft, daß die Sowjetunion heute praktisch über keine militärisch in Betracht kommenden Stoßarmeen mehr verfüge. Es sei möglich, daß die restlichen Divisionen noch eine gewisse Zeit hindurch dem siegreichen deutschen Ansturm einen völlig nutzlosen und verzweifelten Widerstand leisten würden. So sei der Krieg gegen die Sowjetunion zwar entschieden, aber eben noch nicht beendet. Das OKH erläßt eine neue Weisung und befiehlt, Moskau eng zu umschließen. Hitler verbietet weiterhin die Annahme einer Kapitulation der sowjetischen Hauptstadt. Die 9. Armee (GenOberst Strauß) hat den Befehl, über Rshew auf Kalinin vorzustoßen, um den inneren Flügel der Heeresgruppen Mitte und Nord vorzuholen. Zur gleichen Zeit soll sie die Nordflanke für den Stoß auf Moskau entlasten und die wichtige Bahnlinie Moskau–Leningrad unterbrechen. Die Panzergruppe 3 kämpft weiterhin gegen starke sowjetische Truppen um Kalinin, obwohl es besser wäre, so schnell wie möglich an den Nordrand von Moskau vorzustoßen. Die 4. Armee mit der Panzergruppe 4 soll in einer weitausholenden Bewegung Moskau vom Westen, Nordwesten und Norden her abriegeln und sich auf den späteren Vorstoß schneller Truppen nördlich an Moskau vorbei einstellen. Die 2. Panzerarmee wird in einer ähnlichen Vorstoßbewegung Moskau von Süden, Südosten und Osten her abriegeln.

So haben das OKH und das Oberkommando der Heeresgruppe Mitte ihre

↓ Raum Moshaisk, Mitte Oktober 1941: deutsche Infanteristen beobachten den Artilleriebeschuß sowjetischer Bunker in der ersten Verteidigungslinie um Moskau

Verfolgungskräfte erheblich zersplittert, indem sie diese unbegreiflich exzentrischen Flankenoperationen nach Norden auf Torschok (9. Armee und Pz.Gr. 3) und nach Südosten auf Woronesch (2. Armee) einleiteten. Dazu muß die Heeresgruppe zu diesem kritischen Zeitpunkt vier vollwertige Divisionen (5., 8., 28. InfDiv., 1. KavDiv) auf Anordnung des OKH für andere Verwendungszwecke aus der Front zurücknehmen. Während das OKH seine Weisung für die Einschließung Moskaus erteilt, hofft man noch auf Wetterbesserung.

Am Mittwoch, dem 15. Oktober 1941, erreichen in recht zügigem Vormarsch die Panzergruppe 3 den Ort Klin und die Panzergruppe 4 Wolokolamsk. Damit sind sie auf genau 100 km Luftlinie an das Stadtzentrum von Moskau herangekommen. Es gelingt der Panzergruppe 4 nach einem nördlich Borodino umfassenden Angriff der Durchbruch in die Moskauer Schutzstellung, doch die 10. Panzerdivision, die sofort weiter auf Moshaisk vorstößt, wird vier Kilometer westlich der Stadt durch eine neue feindliche Stellung aufgehalten.
Jetzt treten neue sowjetische Truppen vor der Front der 4. Armee auf. An einigen Stellen gehen sie sogar zum Angriff über. Als Moshaisk fällt, stattet Molotow um 12.45 Uhr mittags dem Botschafter Großbritanniens, Sir Stafford Cripps, einen Besuch ab und gibt ihm bekannt, daß alle Gesandtschaften, Konsulate und Ministerien sofort nach Kujbyschew, etwa 900 Kilometer südöstlich von Moskau, verlegt werden. Nun, Moshaisk ist für den Moskauer ein Begriff: Auf dem nahen Schlachtfeld von Borodino hat sich im September 1812 das Schicksal der Hauptstadt entschieden. Und es wird jedem bewußt, was nach dem Fall von Moshaisk jetzt Moskau bevorsteht. Um einen Durchbruch nach Moskau zu verhindern, wählt der Kriegsrat der Westfront als Hauptverteidigungsgebiet die Linie Nowo–Sawidowski–Klin–Istra–Schaworonko–Krasnaja–Pachra–Serpuchow–Aleksin. In seinem Aufruf an die Fronttruppen heißt es: »Genossen! In der drohenden Stunde der Gefahr für unseren Staat gehört das Leben eines jeden Soldaten dem Vaterland . . . Die Heimat ruft uns auf, als unüberwindliche Mauer den faschistischen Horden den Weg nach Moskau zu verlegen!« Armeegeneral Schukow: »Mitte Oktober war es besonders wichtig, Zeit für die Vorbereitung der Verteidigung zu gewinnen. Schätzt man in Anbetracht dessen die Aktionen der 16., 19., 20., 24. und 32. Armee und der westlich von Wjasma eingekreisten Gruppe Boldin ein, so ist ihr heldenhafter Kampf besonders zu würdigen. Dank der Standhaftigkeit unserer Truppen im Raum Wjasma wurden die Hauptkräfte des Gegners in den für uns kritischen Tagen aufgehalten. Wir hatten kostbare Zeit gewonnen, um die Verteidigung auf der Linie Moshaisk zu organisieren.« Unterdessen errichten über eine halbe Million Moskauer Werktätige, vorwiegend Frauen, Befestigungsanlagen an den Zufahrtswegen zur Hauptstadt.
Am gleichen Tag werden zwei Kompanien Bergbauspezialisten zu einer geheimen Mission nach Moskau beordert: Sie sollen, unterstützt durch NKWD-Einheiten, die Sprengung Moskaus vorbereiten. Die Sprengladungen werden im Kreml, in den E-Werken, den Wasserwerken, der Untergrundbahn, auf allen Bahnhöfen, in Museen, Theatern, den wichtigsten Regierungs- und Parteigebäuden sowie militärischen Anlagen montiert.
Gegen Mitte des Monats ist die Ausräumung des Kessels von Brjansk abgeschlossen. Die wichtige Nachschubstraße über Brjansk nach Orel bleibt jedoch zunächst unbrauchbar: Brücken- und Straßenzerstörungen – von den eingekesselten sowjetischen Truppen verursacht – machen die Rollbahn kaum passierbar.

Am Donnerstag, dem 16. Oktober 1941, befindet sich Moskau in völliger Auflösung und Panik. Läden und Warenhäuser werden von der Menge gestürmt. Ein Gerücht jagt das andere. Es wird gemunkelt, daß im Kreml ein Staatsstreich stattgefunden und Molotow Selbstmord begangen habe; Stalin sei verhaftet und der NKWD aufgelöst worden; die Deutschen stünden schon am Stadtrand. Manche schwören, sie hätten deutsche Fallschirmjäger über dem Roten Platz niedergehen gesehen. Ein anderes Gerücht besagt, die Deutschen hätten in Uniformen der Roten Armee Moskau bereits besetzt. Trotzdem hält die Regierung die Zügel fest in der Hand: Nachdem das Politbüro nahezu alle Behörden und fremden Diplomaten nach Kujbyschew evakuiert hat, greifen Sperrverbände durch. Meuterer werden erschossen, Deserteure gehenkt. Stalin, STAWKA und ein Teil des ZK der Kommunistischen Partei bleiben in der Hauptstadt.

Am Freitag, dem 17. Oktober 1941 erobert die Panzergruppe 4 das gesamte Stadtgebiet von Moshaisk. Das Ausräumen der Reste von 15 sowjetischen Verbänden im Raum Brjansk durch die 2. Panzerarmee ist beendet. Der Wehrmachtsbericht meldet, daß die Sowjets in den Kesseln insgesamt 80 Divisionen, 663 000 Gefangene, 1 242 Kampfwagen und 5 412 Geschütze verloren hätten. An diesem Tag setzt im ganzen Bereich der Heeresgruppe Mitte wieder starker Dauerregen ein. Wege und Straßen verwandeln sich in einen einzigen Morast. Schon am 17. Oktober 1941 wird das Korps Dowator nördlich von Wolokolamsk angegriffen, und die Aufklärung meldet, daß die Deutschen auch in Richtung Wolokolamsk und an den rechten Flügel der sowjetischen 16. Armee starke Kräfte heranziehen. In Moskau entschließt sich Stalin, den Generalstab in zwei Staffeln zu teilen, um in jeder Lage eine ununterbrochene Truppenführung zu sichern. Die erste soll in Moskau bleiben, die zweite wird außerhalb der Stadt in einem Panzerzug untergebracht. An der Spitze dieser Staffel steht Marschall Schaposchnikow, den General Schtemenko als Staffelleiter begleitet. General Schtemenko: »Am 17. Oktober morgens wurden die Panzerschränke in Waggons verladen. Die Abfahrt des Zuges war auf 19 Uhr festgesetzt. Einen Tag später sind wir an unserem Bestimmungsort.«

Am Sonnabend, dem 18. Oktober 1941, erreicht die Panik in Moskau ihren Höhepunkt. Alle Betriebe stehen still, nirgendwo wird gearbeitet. Es kursieren Gerüchte über die Flucht der Partei und Regierung, vom begonnenen Einmarsch deutscher Truppen in die Hauptstadt und von der Meuterei der Roten Armee. Der Mob stürmt sämtliche Bahnhöfe, andere verlassen zu Fuß Moskau in Richtung Osten. Warenhäuser und leerstehende Wohnungen werden geplündert. An diesem Tag wird in Tokio Dr. Richard Sorge in seiner Wohnung im Stadtviertel Azabua, Nagasakacho Nr. 30, von der japanischen Geheimpolizei Tekko verhaftet. Seit 1939 hat Dr. Sorge mit seinem Funker Max Klausen (Pseudonym: Fritz) 141 Berichte mit insgesamt 65 421 Wörtern an die Moskauer Zentrale gesendet, dazu mehrere Mikrofilme per Kurier geschickt. Der japanischen Funkabwehr war es bis dahin weder geglückt, den Standort des Senders auszumachen, noch auch nur einen einzigen Funkspruch zu entziffern.

Erst am Sonntag, dem 19. Oktober 1941, gelingt dem XXXX. Panzerkorps (Gen.d.Pz.Tr. Stumme) der Panzergruppe 4 endgültig die Einnahme von Moshaisk. Das Straßenkreuz südlich der Stadt ist in den Händen der 10. Panzerdivision und der SS-Division »Das Reich«. An diesem Tag meldet das Oberkommando der Heeresgruppe Mitte die Vernichtung von acht sowjetischen Armeen und die Gefangennahme von 673 098 Mann. In den Stäben herrscht Siegesstimmung.

Ebenfalls am 19. Oktober 1941 wird über Moskau und Umgebung der Ausnahmezustand verhängt. Die Aufrechterhaltung der Ordnung in der Hauptstadt überträgt man dem Moskauer Stadtkommandanten, Generalleutnant P. M. Artemjew, dem die NKWD-Truppen des Volkskommissariats des Inneren, die Miliz und die freiwilligen Arbeiterabteilungen unterstellt sind. Personen, die die öffentliche Ordnung verletzen, werden dem Militärtribunal zur Aburteilung übergeben und diejenigen, die zur Störung der Ordnung aufrufen, auf der Stelle erschossen. Moskau wird zur Frontstadt.

Inzwischen erweist sich der Schlamm als Stalins wirksamster Helfer: Ihn

→ Die erste Moskauer Schutzstellung bei Moshaisk: hier ein neuartiger ferngesteuerter Flammenwerfer. Diese Stahltöpfe mit einem leicht brennbaren Gemisch sind in den Boden eingegraben; nur die Düse ragt heraus. Sie werden über einen Draht aus einem nahegelegenen Bunker elektrisch gezündet

überwinden zu wollen ist ein hoffnungsloses Unterfangen, das zu unnützen Verlusten an Fahrzeugen und Gerät und damit zu einer schweren Einbuße an Schlagkraft führt. Die Truppe weiß, worum es geht, und quält sich durch den immer tiefer werdenden Schlamm vorwärts: Das Tempo verlangsamt sich zusehends. Auch die unfertigen Abschnitte der Rollbahn Smolensk-Moskau werden zu grundlosem Morast, in dem Kraftfahrzeuge und Geschütze bis über die Räder versinken. Der Nachschub für die Divisionen sinkt schlagartig von 900 Tonnen täglich auf 20 Tonnen. Der Schlamm macht nicht nur jegliche Operation unmöglich, er unterbricht auch die Verbindung zwischen den in einzelnen Dörfern untergebrachten Einheiten. Das Erlahmen des Angriffs-schwungs nutzen die sowjetischen Truppen zur Verstärkung ihrer Abwehrmaß-nahmen. Die gefürchtete Schlammperiode zieht endgültig einen Schlußstrich unter die Pläne der Heeresgruppe Mitte. Besonders verhängnisvoll wirkt sich das auf die 2. Panzerarmee am Südflügel aus, von der das OKH einen operativ aussichtsreichen Stoß und die baldige Abschnürung Moskaus von Süden her erwartet hat. Alle Bewegungen ersterben, und knapp 100 Kilometer vor Moskau scheint es kein Vorwärtskommen mehr zu geben.

Am 19. Oktober 1812 fing der Rückzug der Grande Armée aus Moskau an, das die Russen in Brand gesteckt hatten. Die Truppen Napoleons wurden in ihren sommerlichen Ausrüstungen von der Kälte überrascht; ähnlich ergeht es 129 Jahre später den deutschen Armeen.

Als Dr. Goebbels Generaloberst Jodl nochmals im Oktober 1941 wegen einer Sammelaktion für Winterbekleidung anspricht, erhält er die Antwort: »Im Winter? Da sitzen wir in warmen Quartieren von Leningrad und Moskau. Das lassen Sie nur unsere Sorge sein.«

↓ Raum Moshaisk, Mitte Oktober 1941: Generaloberst Hoepner, der Mann, der Moskau einnehmen soll, steigt in seinen Befehlspanzer

20.10. - 10.11.1941
Zweite
Belagerungszustand in Moskau

Phase

Die Schlammperiode dauert an

Erbitterte Kämpfe bei Moshaisk
Montag, 20. Oktober 1941. Das Oberkommando der Roten Armee gibt bekannt:

Unsere Truppen setzten in der vergangenen Nacht den Kampf gegen den Feind an der ganzen Front fort. Besonders erbittert waren die Kämpfe in der Richtung von Moshaisk und Malo-Jaroslawez.

Belagerungszustand in Moskau?
20. Oktober 1941. Die Agentur TASS berichtet:

Die Zugänge nach Moskau in einem Gebiet von 100 bis 120 Kilometern westlich der Stadt werden unter das Kommando von General Schukow, die Stadt selbst und die unmittelbaren Zugänge unter das Kommando von Generalleutnant Artemjew gestellt. Für die Aufrechterhaltung der Ordnung in der Stadt ist die Kommandantur Moskau verantwortlich, die gleichfalls das Kommando über die Verbände des Innenkommissariates (G. P. U.) und die Freiwilligenverbände übernimmt. Die Verhängung des Belagerungszustandes soll unseren Truppen an der Front die Verteidigung Moskaus erleichtern und größere Möglichkeiten zur Abwehr feindlicher Spione und Agenten schaffen. Der Verkehr auf den Straßen ist zwischen Mitternacht und fünf Uhr früh gesperrt. Alle Verstöße gegen diese Verordnung werden durch Militärgerichte abgeurteilt, und Spione, feindliche Agenten und Provokateure werden an Ort und Stelle erschossen. Das Verteidigungskomitee appelliert an die Einwohner Moskaus, alles Erdenkliche zu tun, um die Armee bei der Verteidigung zu unterstützen. Der Aufruf schließt mit den Worten: »Moskau wird bis zum Letzten verteidigt werden. Bürger, bewahrt Ruhe und zeigt euch der Soldaten und Verteidiger der Hauptstadt würdig.«

Diplomaten auf dem Weg nach Kujbyschew
20. Oktober 1941, Tokio. Die Agentur Domei meldet:

Eine beim Auswärtigen Amt in Tokio eingetroffene Nachricht des japanischen Botschafters in Moskau, Tatekawa, besagt, daß er sich mit seiner Begleitung, ebenso wie das gesamte diplomatische Korps, auf dem Weg nach Kujbyschew, südlich von Kasan, befinde. Das Telegramm wurde im Zuge zwischen Moskau und Kujbyschew aufgegeben.

»Brot rar wie Gold . . .«
Oberleutnant G. Heysing (Pz.Gr. 4) notiert:

Auf der 70 km langen Zwischenstrecke von Gschatsk nach Moshaisk ist die Hauptstraße grundlos geworden. Sie gleicht einem langgezogenen schlammigen Trichterfeld mit Löchern von Meter-Tiefe. Auf ihr warten Tausende von LKW auf einsetzenden Frost, um überhaupt wieder weiterzukommen. Dann ist das Straßenkreuz bei Schelkowka tagelang gesperrt. Obwohl die Versorgungs- und Bautruppen jede helle Minute der kurzen Tage benutzen, um die Straße zu verbessern, wühlen die vollbeladenen Nachschubkolonnen dennoch hoffnungslos im Dreck herum und kommen kaum meterweise vorwärts. Die Artillerie hängt die Geschütze von den Zugmaschinen, Pioniere, Flak und Panzerregimenter schicken ihre schweren Kettenfahrzeuge nach hinten, um sie vor die

142

Nachschubwagen zu spannen und sie so vorzuschleifen. Aber es ist doch alles ein vergebliches Bemühen. Der auf diese Weise mühsam vorgebrachte Brennstoff reicht gerade aus, um die Schleppkommandos zu versorgen, dann ist wieder alles verbraucht und im Grunde trotz aller Mühe kaum etwas gebessert. Die Truppe vorn muß sich einförmig und unzureichend von dem nähren, was das Land bietet. Morgens, mittags, abends gibt es Kartoffeln. Brot wird rar wie Gold, und mancher Kommandeur und General löffelt Tag für Tag Hirsebrei, während die vollen Nachschubkolonnen im Schlamm stehen und nicht vor noch zurück können. Auch durch die Luft ist mit Flugzeugen kein Nachschub möglich, denn auf den Plätzen sieht es nicht anders aus als auf den Straßen. Die Maschinen kommen nicht aus dem klebenden Lehm der Flugplätze frei.

». . . bis 16000 Panzerwagen eingesetzt«

Donnerstag, 21. Oktober 1941. Das Oberkommando der Roten Armee gibt bekannt:

Eingehende Erkundungen über Truppenkonzentrationen des Gegners an den Fronten um Moskau lassen erkennen, daß die faschistische Heeresleitung für die Schlacht um Moskau etwa 14000 bis 16000 Panzerwagen eingesetzt hat.

In Moskau Panikstimmung

21. Oktober 1941. Fernschreiben der deutschen Botschaft in Tokio an das OKW, Abt. Ausland:

1. In Moskau einsetzte Panikstimmung, nachdem Bevölkerung Ernst der Lage

↓ Vor Malojaroslawez, 20. Oktober 1941: Sowjetische Artillerie nimmt deutsche motorisierte Verbände unter Feuer

erst spät und unvermittelt erfuhr. Seit 17. Oktober muß Ordnung in Moskau durch Truppen aufrechterhalten werden. Bevölkerung gegen Regierung stark erbittert infolge Lebensmittelnot. Einstellung Verwaltungstätigkeit, Aufhörung Zahlungsverkehrs und Einstellung Gehaltszahlungen. Bevölkerung kann Moskau nicht verlassen, da Eisenbahn keine Fahrkarten abgebe. Japanische Botschaft hält spontanen Ausbruch unorganisierter Revolte für möglich. Japanischer Botschafter mit 26 japanischen Beamten, Offizieren und Journalisten 15. Oktober nach Kujbyschew (Samara) abgereist. Zwei japanische Botschaftsbeamte und drei Offiziere in Moskau verblieben. Mehrzahl Diplomatischen Korps ebenfalls in Kujbyschew eingetroffen, in Moskau verblieben fünf Amerikaner, drei Schweden, zwei Bulgaren, zwei Türken, ein Afghane. Vom Außenkommissariat sind einige Beamte des Protokolls in der Hauptstadt geblieben.

→ Die letzten sonnigen Tage ausnutzend, greifen immer wieder deutsche Panzerverbände den Gegner an, der hart und verbissen die Straßen nach Moskau verteidigt

Fabriken haben seit 15. Oktober Arbeit eingestellt. Evakuierung Arbeiter im Gange. Seit 16. Oktober fallen deutsche Granaten in die Stadt.

. . .

    Im Auftrag gez. Schliep.

    Stalin an der Front
21. Oktober 1941. Die Agentur TASS meldet:

Die Mitglieder des Verteidigungskomitees befinden sich in Moskau. Wie verlautet, bereiste Genosse Stalin in Begleitung hoher Offiziere in einem Panzerzug die Front westlich von Moskau, um sich selbst vom Stand der Operationen zu unterrichten. Er führte Besprechungen mit dem neuen Kom-

mandeur des äußeren Verteidigungsrings, General Schukow. Schukow gilt als Experte für Befestigungsbauten, der auch die Verteidigungsanlagen von Kiew geplant hat.

Auf Anordnung des Genossen Stalin beginnen am Sonnabend wie üblich die Musikfestspiele der Wintersaison. In einer Botschaft an das sowjetische Volk erklärte der Parteisekretär für die Moskauer Region, daß die sowjetische Hauptstadt »bis zum Untergang Widerstand leisten« werde.

Stalin übernimmt das Kommando
Mittwoch, 22. Oktober 1941. United Press berichtet:

Während ein Teil der sowjetischen Regierung jetzt nach Kujbyschew übergesiedelt ist, hat Stalin persönlich das Oberkommando über die Moskauer Verteidigungstruppen übernommen. Sein Hauptquartier befindet sich z. Zt. in einem Panzerzug.

Die äußere Verteidigungsstellung von Moskau durchbrochen
Donnerstag, 23. Oktober 1941. Das Oberkommando der Wehrmacht gibt bekannt:

Trotz schwieriger Witterungsverhältnisse wurde die äußere Verteidigungsstellung der sowjetrussischen Hauptstadt in der letzten Nacht von Südwesten und Westen her in breiter Front durchbrochen. Unsere Angriffsspitzen haben sich stellenweise bis auf 60 Kilometer an Moskau herangekämpft. Moskau wurde auch in der vergangenen Nacht mit Spreng- und Brandbomben belegt.

Neuer sowjetischer Kommandant im Westabschnitt
23. Oktober 1941, Moskau. Die Agentur TASS meldet:

Zum Kommandanten des westlichen Abschnittes, Moskau inbegriffen, wurde Armeegeneral G. K. Schukow ernannt, während Marschall S. K. Timoschenko einen anderen Posten erhält.

»Schritt für Schritt nach Osten«
Oberleutnant G. Heysing (Pz.Gr. 4) notiert:

Ist auch der Soldat der Panzer-Divisionen gegen den Schlamm ziemlich machtlos, so findet dennoch auch diese Sintflut ihren Bezwinger. Die Soldaten der

→ Ende Oktober 1941: eine Straßenkontrolle der sowjetischen Sicherheitspolizei. Deserteure und Marodeure werden auf der Stelle erschossen

146

↑ Gefallene so-
wjetische Soldaten
als Behelfsstege bei
den Kämpfen in mo-
rastigem Gelände

← Kurze Feuer-
pause während der
Kämpfe um Tula:
Ein deutscher
Kanonier nutzt die
Gelegenheit, um
den Brief aus der
fernen Heimat zu
lesen

Daily Mail

NO. 14,195   ONE PENNY   FOR KING AND EMPIRE   FRIDAY, OCTOBER 24, 1941

LATE WAR NEWS SPECIAL

A little goes a long way

HP sauce

Gordon's *Stands Supreme*

GUNS 35 MILES FROM MOSCOW

Timoshenko to Build Up Volga Defences

From RALPH HEWINS   STOCKHOLM, Thursday.

GERMAN official spokesmen claimed to-night that German guns are now mounted against Moscow at several points about 35 miles from the city. They admitted bitter fighting for every inch of ground covered in the advance.

"Our guns have been pushed towards the Soviet capital yard by yard during the past few days," they said.

The spokesman's claims indicate that the Nazi offensive against Moscow has been resumed. The main new thrust is believed to be from the Vereia area, some 20 miles south-east of Mojaisk.

It may be an attempt to bypass Mojaisk, where Von Bock's great frontal drive on Moscow is checked, or an effort to straighten the German line between Mojaisk and Malo Jaroslavitz.

The late night Soviet communiqué told of fierce German attacks throughout to-day in the Mojaisk and Malo Jaroslavitz sectors, all of which were beaten back with heavy losses to the enemy

We Kept Pledges to Stalin

Beaverbrook Calls Workers to Arms

By PERCY CATER, Daily Mail Parliamentary Correspondent

THE SOLDIER OF TO-DAY

HE wears a padded cap with a wings badge and carries his Bren gun nonchalantly by the barrel. He is a British parachute soldier. This Daily Mail picture was taken at a training command where paratroop instructors are being turned out in numbers. Other pictures, and Noel Monks's

Save that Paper

Every Sheet Helps to Free a Ship

Aid Russia Now

THAT 100,000 tons of waste paper, cardboard, cartons, etc., which Lord Beaverbrook wants immediately for the manufacture of shells and cartridge cases is beginning to pour in — but more and more is wanted.

In the borough of Ipswich, which started a salvage drive on Saturday, the effect of the Minister of Supply's appeal has already been felt

"Things were pretty quiet at the beginning of the week," said a corporation official; "but since then they have brightened up. There has been a marked increase in the amount of paper turned out."

Salvage drives are in operation in all parts of the county of Suf-

100-for-1 Murder Reprisals

French City Mourn 50 'Living Dead'

From HAROLD CARDOZO   MADRID, Thursday.

NANTES to-day became a city of mourning, sorrowing for 50 men who as I write, are not yet dead. Under the watch of German soldie the 50 men, French "hostages" seized after the assassination of Lt.-Co Holtz, are in prison, timing the passing hours to midnight.

For if by then the two men who shot Col. Holtz have not been arrested, the 50 will die. Already 50 men have been shot in reprisal for the death of this German officer; the new shooting will mean 100 lives for one.

Bordeaux, where a German major was shot on Tuesday, lies under the same threat; to-night the Germans ordered the death of 50 hostages, with 50 more executions to follow on Sunday if by then the assailants have not been arrested.

To-night fully armed German soldiers have established an unbroken cordon for 20 miles around Nantes and its suburbs.

For this supreme act of German

Berlin Say 'No Break

BERLIN, Thursday.—The O German News Agency issued following this afternoon: "Pol circles here indignantly deny announcement from the Lo short wave station that Franco man relations had come to a te end after the German occu measures, following the short the two German officers in Fr

"Competent German c speak of the accomplices crime as 'intellectual instigat who have a great deal on their science, and who are in contact circles doing political busine disturbing Franco-German rela and European collaboratio Reuter and B.U.P.

DE GAULLE TO FRANCE

'WAIT FOR

↓ Hitler, wie ihn am 24. Oktober 1941 der britische Karikaturist sieht: Nachdem er durch das Scherenfernrohr die Silhouette von Moskau erblickt hat: »Wunderschön! Ich kann schon den Brand riechen!«

deutschen Infanteriedivisionen erscheinen auf dem Plane. Auf allem, was nur irgend als Weg bezeichnet werden kann, ziehen sie heran. In unendlichen Kolonnen marschieren sie von früh bis spät jede Minute der wenigen tageshellen Stunden des Spätherbstes ausnutzend von Westen heran. Zehntausende, Hunderttausende, unendlich, unabsehbar, mit Waffen und Munition behängt, so wie sie aus der Schlacht von Wjasma gerade frei geworden sind. Es sind die Infanteriedivisionen des Generalfeldmarschalls von Kluge, Söhne aller deutschen Stämme. Von ihnen werden das V., VII. und IX. Korps der Panzergruppe 4 unterstellt. Die Infanteristen, alle mit dem gleichen Gesichtsausdruck unter den verblichenen Feldmützen, stapfen wortlos durch den Schlamm, Schritt für Schritt nach Osten. Die Lehmbrühe läuft ihnen von oben in die Stiefel. Was tut das schon! Die Füße sind ja ohnehin seit Tagen klitschnaß. Naß

FRIDAY, The Daily Mail, OCTOBER 24, 1941.

Wunderschön! I can smell the burning!

—by Illingworth.

sind auch die Hosen, die wie kalte Umschläge jede Nacht um die Knie liegen. Naß sind der lehmbeschmierte Mantel und die Zeltbahn, die man darüber trägt. Trocken und warm sind eigentlich nur der glimmende Knösel im Mundwinkel und das klopfende Herz im Leibe. Reicht der Weg nicht aus, um eine Marschkolonne zu bilden, so wird in langen Reihen marschiert. Das Essen löffelt man im Straßengraben bei einer Viertelstunde Rast, die kurze Nachtruhe verbringt man irgendwo Mann an Mann liegend, um so wenigstens etwas Wärme zu haben oder – wieder einmal auf Wache.

W. Churchill an den Chef des Geheimdienstes der Armee (DMI), Major General F. H. N. Davidson
Freitag, 24. Oktober 1941:

Ich habe den Eindruck gewonnen, daß der Kampfeinsatz in Rußland auf beiden Seiten nachgelassen hat und jetzt weit weniger Divisionen im Kampf stehen als vor einem Monat. Was sagen Sie dazu? Wann rechnet man in der Moskauer Gegend mit dem endgültigen Wintereinbruch?
Bestehen Anzeichen, daß man sich irgendwo an der Front eingräbt? Wie stehen Ihrer Meinung nach die Chancen, daß Moskau noch vor dem Winter fällt? Ich selbst tippe auf 1:1.

Abwarten
Oberleutnant G. Heysing (Pz.Gr. 4) notiert:

Die Soldaten der 10. Pz.Div. bauen sich Unterstände in die Erde, in die sie nun – und mit ihnen die Nässe – hineinziehen. Im übrigen bleibt der Tageslauf weiterhin Bauen, Kämpfen, Wachen, Abwarten. Mit Geduld und unerschütterlichem Vertrauen – Abwarten. In den sternklaren Nächten hören die Posten über sich die deutschen Bomber nach Moskau ziehen, und über dem Himmel im Osten geistern die langen schmalen Strahlen der Scheinwerfer über der bolschewistischen Hauptstadt. Wie rote Sterne zerspringen fern über den schwarzen Waldrändern die Flakgranaten und wölben sich wie Perlenschnüre die Leuchtspurgeschosse über Moskau.

Anhaltende Kämpfe
Sonnabend, 25. Oktober 1941. Das Oberkommando der Roten Armee gibt bekannt:

Im mittleren Abschnitt spielen sich erbitterte Kämpfe ab. Jeder Zoll Boden wird energisch verteidigt.

»Einmal muß ja der Frost kommen . . .«
Oberleutnant G. Heysing (Pz.Gr. 4) notiert:

Die Panzer haben keinen Brennstoff mehr, die Geschütze kaum noch Granaten, und man hat immer wieder von vielen lieben Kameraden für ewig Abschied nehmen müssen. Die Stiefel sind kaum noch trocken zu bekommen, und die Uniformen werden vergilbt und fadenscheinig. Aber der gute Mut verläßt doch keinen von denen, die hier vom Schlamm festgehalten mitten im Feind liegen. Einmal muß ja der Frost kommen, dann wird das Gelände nach allen Richtungen wieder gang- und fahrbar werden, und dann kann auch wieder angegriffen

←← ». . . deutsche Geschütze 60 Kilometer vor Moskau« – meldet die britische Presse am 24. 10. 1941. Der Leitartikel ist überschrieben: »Helft Rußland jetzt«

← Ein sowjetisches Plakat ruft die Bevölkerung Moskaus auf, Hitler das gleiche Schicksal wie Napoleon 1812 zu bereiten

149

werden. Dann geht es endlich wieder vorwärts. So hoffen alle. Inzwischen wächst der Bohlenteppich von Dorf zu Dorf weiter, oder vielmehr von einer Stelle zur anderen, wo vor Tagen noch Dörfer gestanden haben.

Geheimer Bericht des Sicherheitsdienstes der SS
zur innenpolitischen Lage Nr. 232 (Auszug)
Montag, 27. Oktober 1941:

I. Allgemeines: Die Meldungen von den ersten Schneefällen im Osten haben ebenfalls dazu beigetragen, der bisher sehr optimistischen Stimmung der Bevölkerung einen Dämpfer aufzusetzen. Mit Besorgnis wird besonders der im nördlichen Frontabschnitt kämpfenden Soldaten gedacht, die in den von den

↓ Raum Wolokolamsk, Ende Oktober 1941: deutsche Panzerspitze im Kampf gegen sowjetische Panzer . . .

Sowjets zerstörten Städten und Dörfern nun schutzlos dem Winter ausgesetzt seien.

Starke Beachtung fand jedoch die Meldung, daß deutsche Truppen den Verteidigungsgürtel von Moskau durchbrochen haben und bis auf 60 km zur russischen Hauptstadt vorgestoßen sind. Aus den letzten Wehrmachtsberichten, die keine näheren Anhaltspunkte über den Stand der Kampfhandlungen um Moskau enthielten, wurde vielfach der Schluß gezogen, daß die russische Hauptstadt vorläufig lediglich eingekreist und von jeder Zufuhr abgeschnitten werde.

Besondere Freude und Genugtuung löste die Zulassung von Feldpostpäckchen bis zu 1 000 Gramm aus. Vor allem von den Angehörigen der an der Ostfront kämpfenden Soldaten, denen jetzt warme Wollsachen für die kommende kalte

↓ . . . Menschen und Panzer werden zugleich vernichtet: Ein junger sowjetischer Panzermann verbrannte zusammen mit seinem T-34

Jahreszeit geschickt werden können, wurde diese Maßnahme dankbar aufgenommen . . .

». . . beim trüben Schein der Lampe«
Oberleutnant G. Heysing (Pz.Gr. 4) notiert:

Von Tag zu Tag verstärkt sich der Druck des Gegners. Mit Artillerie, Granat- und Raketenwerfern schießt er ganz systematisch die gedrängt vollen Quartierdörfer in Brand. Die bäuerliche Bevölkerung flüchtet zum Feind hinüber. Immer enger wird die Belagerung der wenigen noch verbliebenen Häuser. In ihnen sitzen abends die müde gearbeiteten Panzersoldaten beim trüben Schein einer Lampe, die wegen Mangels an Petroleum mit Öl aus den Diesel-Lastwa-

151

↑ »Wir verteidigen Moskau« – dieses Plakat hing Ende Oktober 1941 fast an jedem Haus der sowjetischen Hauptstadt

gen oder mit einem Gemisch von Benzin und Salz gespeist wird. Sie schreiben an ihre fernen Lieben, sie brutzeln sich auf den Ziegelöfen den ewigen Kartoffelpamps, sie spielen mit speckigen Wachtstubenkarten ihren Dauerskat oder – knacken die Läuse, die in den Nähten ihrer Hemden nisten.

W. Churchill an Sir St. Cripps in Kujbyschew
Dienstag, 28. Oktober 1941:

1. Für Ihre schwierige Lage wie auch für Rußland in seiner Not hege ich das tiefste Mitgefühl. Aber die Russen haben kein Recht, uns Vorwürfe zu machen. Sie haben ihr Schicksal selbst heraufbeschworen, als sie durch ihren Pakt mit Ribbentrop Hitler gegen Polen losließen und damit diesem Krieg zum Ausbruch verhalfen. Sie haben sich selbst einer als Gegengewicht dienenden zweiten Front beraubt, als sie der Vernichtung des französischen Heeres zusahen. Wenn sie sich vor dem 22. Juni vorsorglich mit uns in Verbindung gesetzt hätten, wären viele Maßnahmen möglich geworden, um ihnen schon früher die große Hilfe an Material zuzuführen, die wir ihnen jetzt zukommen lassen. Doch ehe Hitler sie angriff, wußten wir nicht einmal, ob sie sich wehren oder auf welcher Seite sie mittun würden. Ein ganzes Jahr wurden wir allein gelassen, und jedweder Kommunist in England hat auf Order aus Moskau versucht, unsere Kriegsanstrengungen auf jede Weise zu behindern . . . Hätten sie sich gerührt, als die Balkanländer angegriffen wurden, hätte man viel erreichen können; aber sie überließen es Hitler, sich seinen Zeitpunkt und seine Feinde zu wählen. Daß eine Regierung mit dieser Vergangenheit die Anschuldigung wagt, wir seien auf Eroberungen in Afrika aus oder suchten auf ihre Kosten Vorteile in Persien zu erlangen, beziehungsweise seien willens, »bis zum letzten russischen Soldaten zu kämpfen«, läßt mich absolut kalt.

Rollende Luftangriffe auf Moskau
Mittwoch, 29. Oktober 1941. Das Oberkommando der Wehrmacht gibt bekannt:

Starke Fliegerverbände belegten bei Tag und bei Nacht Moskau mit Spreng- und Brandbomben. Größere Brände und Explosionen wurden beobachtet.

Generalstab getroffen
General U. T. Schtemenko (STAWKA) notiert:

In der Nacht zum 29. Oktober detonierte eine Sprengbombe auf dem Hof unseres Gebäudes und zerstörte mehrere Kraftfahrzeuge. Dabei kamen drei Fahrer ums Leben, fünfzehn Offiziere wurden verwundet, einige davon schwer. Der Diensthabende des Generalstabes, Oberstleutnant Iltschenko, wurde durch den Luftdruck auf den Hof geschleudert und dabei im Gesicht verletzt. Die übrigen erlitten hauptsächlich Verletzungen durch Glassplitter oder herausgedrückte Fensterrahmen. Wassilewski, der ebenfalls verletzt wurde, ließ sich dadurch in der Arbeit nicht stören . . . Nach diesem Vorfall verlegten wir unseren Sitz ganz und gar in die Untergrundbahn. Fünf Tage lang gab es kein warmes Essen: Küche und Speiseraum hatten durch die Detonation schwer gelitten. So mußten wir uns zeitweilig mit belegten Broten behelfen, die wir auf persönliche Anweisung des Obersten Befehlshabers dreimal täglich in Körben geliefert bekamen. Jeder erhielt drei Stück.

152

Alle Angriffe abgewiesen

Freitag, 31. Oktober 1941, Moskau. Das Oberkommando der Roten Armee gibt bekannt:

Unsere Truppen kämpften weiterhin hartnäckig gegen den Feind in den Richtungen Wolokolamsk, Moshaisk, Malo-Jaroslawez und Tula. Alle faschistischen Angriffe wurden mit schweren Verlusten für den Feind abgewiesen. Unsere Aufklärer meldeten, daß hinter dem Frontabschnitt Kursk-Orel-Tula erhebliche faschistische Reserven sich auf dem Weg zu den Kampflinien befinden, und es scheint, daß Kampfhandlungen in großem Ausmaß geplant sind.

Erklärung Stalins

31. Oktober 1941, New York. Die Agentur Reuter meldet:

Präsident Roosevelts Sonderbeauftragter Harry Hopkins berichtete in einer amerikanischen Zeitschrift über seine Begegnung mit Stalin. Dieser habe erklärt: »Die Front wird westlich von Moskau bleiben. Wir Russen werden den Krieg gewinnen und den entscheidenden Schlag zu führen wissen . . .«

». . . nicht einen Schritt rückwärts«

Sonntag, 2. November 1941. Radio Moskau berichtet:

Genosse Stalin hat den Truppen der Roten Armee, die in Richtung Moshaisk, Malo-Jaroslawez und Tula kämpfen, den Befehl erteilt, »nicht einen Schritt rückwärts« zu tun.

↓ Immer wieder entbrannten im Raum Tula schwere Kämpfe um die Stadt, die den Weg nach Moskau abriegelt. Ein deutsches mittleres Feldgeschütz in Feuerstellung

»Hin und wieder wankt die Erde . . .«
Oberleutnant G. Heysing (Pz.Gr. 4) notiert:

In der Mitte des Schlauches in Prokowskoje, wo die Division sitzt, zerschlägt die feindliche Artillerie eine der kümmerlichen Quartierhütten nach der anderen. Überall im Dorf, auf den Höhen und in den Mulden der Ackerflur ist der weiße Schnee mit zahlreichen Einschlaglöchern schwarz getupft. Der Stab selbst schmilzt wie die Kompanien der Division durch zahlreiche Ausfälle an Toten und Verwundeten zusammen. Dennoch zweifelt man auch hier, wo man die Schwierigkeiten der eigenen Lage mit Hilfe der Karten und stündlich eingehenden Meldungen in ihrer ganzen Gefährlichkeit sieht, keine Minute daran, daß man durchhalten wird. Der General, das Ritterkreuz auf dem Pullover, ist allen ein Beispiel an Ruhe und Zuversicht. Als der Granatregen schließlich allzu unerträglich wird, zieht man in ein Nachbardorf um. Für den Feind ist es ein leichtes, sich infolge der langen Dauer des Kampfes ein genaues Bild von der Aufstellung und Verteilung der deutschen Kräfte zu machen. Er hat sicher in Prokowskoje den deutschen Divisionsstab entdeckt. Hin und wieder gelingt es den Wachen, einen der bolschewistischen Spione, meist sind es die Bewohner der Dörfer selbst, oft sogar Frauen und Mädchen, zu schnappen.
Der Rest der Besatzung des Dorfes, der verbleiben muß, zieht in das einzige feste Haus, die große weiße steinerne Kirche. Hier liegen die deutschen Soldaten auf spärlichen Heulagern unten im Halbdunkel der Grabgewölbe. Jeder Mann hat an seinem Kopfende eine weiße Marmortafel mit vergoldeten russischen Buchstaben. Totenmale irgendwelcher längst vergessener Gutsbesitzer. Ein großer Kanonenofen füllt den Raum mit Hitze und beißendem Qualm. Die einzigen beiden Möbelstücke, ein wackliger Tisch und ein Stuhl, gehören dem Kompanieführer. Hin und wieder wankt die Erde unter dem Einschlag der Granaten, die um die Kirche oder oben an ihren Mauern, in ihrem Dach und Turm krepieren.

Wie eine riesenhafte Theaterkulisse
Montag, 3. November 1941, Stockholm. Nya Dalight Allehanda meldet:

Der Rote Platz, auf dem früher die großen Truppenparaden stattfanden, hat das Aussehen einer riesenhaften Theaterkulisse erhalten, die auf dem Boden ausgebreitet ist. Der Steinboden des Platzes wurde nämlich mit Dächern, Schornsteinen, Hausfassaden mit Fenstern usw. bemalt. Das ist eine der Camouflagemaßnahmen gegen Fliegerangriffe. Die meisten Fenster an den

→ Psychologische Kampfführung am Rande der großen Schlacht: eines der eindrucksvollsten sowjetischen Flugblätter aus den ersten Novembertagen 1941

154

Gebäuden in der Stadt sind verklebt oder einfach mit blauer Farbe übermalt. Überall in Moskau sind ständig Übungen der »Heimwehr« zu beobachten, bei denen Straßenkampf geübt wird. Die Bevölkerung erhält Anweisungen im Bau von Barrikaden; an Straßenecken und auf Hausdächern werden Maschinengewehre aufgestellt. Erst jetzt ist der breiten Masse bekanntgeworden, daß sich in zahlreichen Häusern an wichtigen Straßenkreuzungen versteckte wohlausgerüstete MG-Nester befinden, die bereits beim Bau der Häuser angelegt wurden.

↑ Ein Panzergefecht um Mitternacht: Die Kampfwagen der Panzergruppe 3 bahnen sich einen Weg in Richtung Autobahn Smolensk–Moskau

Noch keine Lösung des Judenproblems

Der Chef der Sicherheitspolizei und des SD

Berlin, den **3. November 1941**

Ereignismeldung UdSSR Nr. 128
I.

. . .

B. Vollzugstätigkeit

Was die eigentliche Exekutive anbelangt, so sind von den Kommandos der Einsatzgruppe bisher etwa 80 000 Personen liquidiert worden.

Darunter befinden sich etwa 8 000 Personen, denen aufgrund von Ermittlungen eine deutschfeindliche oder bolschewistische Tätigkeit nachgewiesen werden konnte.

Der verbleibende Rest ist aufgrund von Vergeltungsmaßnahmen erledigt worden.

Mehrere Vergeltungsmaßnahmen wurden im Rahmen von Großaktionen durchgeführt. Die größte dieser Aktionen fand unmittelbar nach der Einnahme

Kiews statt; es wurden hierzu ausschließlich Juden mit ihrer gesamten Familie verwandt.

Die sich bei der Durchführung einer solchen Großaktion ergebenden Schwierigkeiten – vor allem hinsichtlich der Erfassung – wurden in Kiew dadurch überwunden, daß durch Maueranschlag die jüdische Bevölkerung zur Umsiedlung aufgefordert worden war. Obwohl man zunächst nur mit einer Beteiligung von etwa 5000 bis 6000 Juden gerechnet hatte, fanden sich über 30000 Juden ein, die infolge einer überaus geschickten Organisation bis unmittelbar vor der Exekution noch an ihre Umsiedlung glaubten.

Wenn auch auf diese Weise insgesamt etwa 75000 Juden liquidiert worden sind, so besteht doch schon heute Klarheit darüber, daß damit eine Lösung des Judenproblems nicht möglich sein wird. . . .

Sibirier greifen an
Oberleutnant G. Heysing (Pz.Gr. 4) notiert:

Es sind ausgesuchte Garde-Panzerbrigaden, mit deren Unterstützung die Sibirier angreifen. Die schweren Kampfwagen sind weiß gekalkt, und kaum in der nebligen Unendlichkeit zu erkennen. Erst wenn sie schießen, zeigen sie ihre Umrisse deutlicher. Jedes Mal wenn sie auftauchen gibt es einen Kampf »bis aufs Messer«. – Die deutschen Soldaten müssen manchem lieben Kameraden seine letzte kleine Wohnung mit blaugefrorenen klammen Händen in den steinharten Boden in stundenlanger mühevoller Arbeit hacken. Manchem ihrer Kommandeure und Offiziere türmen sie abschiednehmend die hartgefrorenen Lehmbrocken auf die Zeltbahn. Aber sie geben den Kampf nicht verloren, die Hoffnung auf eine baldige Wendung ihres Schicksals nicht auf. Der Rundfunk, die einzige Verbindung mit der fernen Heimat, bringt die Kunde von neuen großen deutschen Erfolgen im Norden und Süden der Ostfront.

Kampf an allen Fronten
4. November 1941. Das Oberkommando der Roten Armee gibt bekannt:

Am Montag kämpften unsere Truppen an allen Fronten gegen den Feind.

». . . zum neuen Offensivstoß auf Moskau«
Oberleutnant G. Heysing (Pz.Gr. 4) notiert:

Während die deutschen Kampftruppen die Zeit des einsetzenden Frostes

→ Zu Tausenden und Abertausenden ziehen nach den Schlachten bei Moshaisk und Malo-Jaroslawez sowjetische Soldaten in Gefangenschaft

156

benutzen, um ihre Nachschubkolonnen heranzuziehen und sich neu zu versorgen, während alle noch irgend verfügbaren Divisionen in die Frontlinie vorrükken, wird bei den Stäben an den Vorbereitungen und Befehlen zum neuen Angriff auf Moskau gearbeitet.

In oft gleich primitiven Unterkünften, wie die fechtende Truppe sie bewohnt, sitzen die Generäle und ihre Stabsoffiziere mit den Adjutanten, Ordonnanz-Offizieren, Schreibern und Zeichnern, Funkstellen, Fernsprechvermittlungen und Kartenstellen, mit den Verbindungsoffizieren und Kradmeldern auf engstem Raum in kleinen stinkenden Panjebuden. Sie gönnen sich kaum wenige Viertelstunden zum Essen und sparen sich nur kurze Ruhestunden gegen Morgen ab, die sie auf dem Fußboden liegend in einer Stubenecke verbringen. Sie arbeiten bis in die tiefen Nächte hinein beim trüben Licht von Petroleumlampen oder Kerzen. Oft können sie wegen der Kälte in den Häusern nicht einmal die dicken Übermäntel ablegen.

Nur den Korpsstäben und dem Gruppenstab gelingt es, in Schulgebäuden oder in den zu Kinderheimen umgestalteten alten Gutshäusern einmal weiträumigere Quartiere zu beziehen. Diese sind dann meist verwahrlost und müssen erst vom Unrat gereinigt werden. In den Fenstern fehlen die Scheiben. Öfen sind neu zu setzen. Und die Spuren des Kampfes in diesen wenigen Steinhäusern inmitten der sonst üblichen Blockhütten sind schwer und nur unter großen Schwierigkeiten zu beseitigen. Holz – in Rußland Gott sei Dank genügend vorhanden – ist der Werkstoff, aus dem alles Fehlende geschaffen werden muß. In dieser primitiven Umgebung der Feldquartiere entstehen an wackligen Tischen die Angriffs- und Versorgungsbefehle zum neuen Offensivstoß auf Moskau.

↑ Die Panzerspitzen der deutschen 11. Panzerdivision (GenMaj. Crüwell) nach einem Duell mit sowjetischen Panzern; im Hintergrund ein brennender T-34

Die berüchtigte »Kapustiza«, das russische Herbstregenwetter und die Schlamm-periode haben begonnen: Ein Panzer (PzKfw III, Ausf. F) der Vorausabteilung der Panzergruppe 4 ist im Morast stecken-geblieben; ein zweiter Panzer III versucht ihn freizuschleppen

Ob ein PKW des Divisionsstabs, ob die Pferdegespanne einer Nachschubeinheit – für jedes Fahrzeug ist der Schlamm ein kaum überwindbares Hindernis. Am schlimmsten betroffen ist jedoch die Artillerie mit ihrem schweren Gerät

Truppenparade in Moskau
Freitag, 7. November 1941, Moskau. Die Agentur TASS meldet:

Heute fand, ungeachtet der vor den Toren unserer Hauptstadt tobenden Schlacht, auf dem Roten Platz die traditionelle Truppenparade zur Feier der Oktoberrevolution statt. Voraus kamen die Schützenverbände, gefolgt von Arbeiterbataillonen, Kavallerie und motorisierter Artillerie. Eine halbe Stunde lang zogen Panzerwagen aller Art vorüber . . .

»Die Sowjets kämpfen um Zeitgewinn«
Oberleutnant G. Heysing (Pz.Gr. 4) notiert:

Bald wird es auch vor Moskau wieder weitergehen. Allmählich sickert auch ein Nachschublastwagen nach dem anderen selbst bis zur vorderen Panzerspitze durch. Sie haben sich hinten aus dem inzwischen gefrorenen Schlamm, der sie so fest umklammert hielt, herausgehackt und kommen nun mühsam herangeschaukelt. Sie bringen die Kunde mit, daß durch Rusa nun auch die Nachbardivision, die SS, vorzieht, und daß auch Infanteriedivisionen, die auf ihren Fahrzeugen das grüne Herz Thüringens, das Ulmer Münster und zwei Eichenblätter als taktische Zeichen führen, in Richtung auf Swenigorod vorgehen. Es sind die Divisionen des IX. A.K. unter Führung des Generals der Infanterie Geyer. Sie bringen wenigstens etwas Entlastung. Aber die LKW müssen die weite Reise nach hinten noch oftmals antreten, bis die Truppe vorne wieder so aufgefüllt hat und so viele Verbrauchssätze an Munition, Brennstoff und Verpflegung herangebracht worden sind, daß ein neuer großangelegter weiterer Vorstoß auf Moskau wiederaufgenommen werden kann. Ähnlich wie bei der vorgeschobenen 10. Panzer-Division ist die Lage bei all den an der Moskauer Front eingesetzten Verbänden der Panzergruppe 4.
Dem Feind kann diese Entwicklung vor seiner Front nicht unbekannt bleiben. Er weiß ja, daß die Deutschen eines Tages wieder zu einem ihrer Offensivstöße antreten werden, und er versucht diesen Tag durch dauernde Belästigungen der deutschen Front so weit wie möglich hinauszuzögern. So drückt er nicht allein vor der Panzergruppe 4, sondern auch beim linken Nachbarn der Panzergruppe 3, die sich im Raum um Kalinin zum neuen Angriff versammelt, und bei den Korps der 4. Armee, die als rechte Nachbarn südlich der Autostraße an die Panzergruppe Hoepner anschließen. Die Sowjets kämpfen wieder einmal um Zeitgewinn. Sie wollen sich in die Zeit des hohen Schnees und der großen Kälte hineinretten, ehe das Ungewitter wieder über sie hereinbricht.

Wetter bestimmt Situation an den Fronten
10. November 1941, Moskau. Das Sowinformbüro teilt mit:

Die Situation an den Fronten wird immer mehr durch das Wetter bestimmt. Improvisierte deutsche Feldstellungen in den Abschnitten Kalinin, Wolokolamsk und Tula, die unsere Truppen kürzlich erobert haben, waren voller Schneewasser und Schlamm fast bis Kniehöhe.

»Frost – Von allen sehnlichst erwartet . . .«
Oberleutnant G. Heysing (Pz.Gr. 4) notiert:

Und dann plötzlich eines Nachts kommt vom frierenden Posten gemeldet der

Frost. Von allen sehnlichst erwartet, ist er nun plötzlich da mit eisigem Wind, Schnee und hohen Kältegraden. Die letzten Reserve-Liter Benzin müssen verbraucht werden, um die Motore der Panzer und Kraftwagen stündlich warmlaufen zu lassen.

Auch die Panzerfahrer wohnen in einer Kuhle, die sie sich unter ihrem Kampfwagen gegraben haben, in der Erde. Hier sind sie zwar gegen die dauernden Überfälle der feindlichen Artillerie verhältnismäßig sicher, aber von den Ölwannen der Panzer, die die Stubendecken bilden, hängen die Eiszapfen ins »Zimmer« und zwischen den Gleisketten pfeift trotz Stroh und Holzverkleidung der eisige Wind. Sind die Füße erst nicht trocken geworden, so werden sie jetzt überhaupt nicht mehr warm. Wie zwei Eisklötze hängen sie am Leibe. Auch die Schützen haben sich wie Füchse unterirdische Höhlen in den Waldrändern gegraben, wie Maulwurfshaufen sind sie kaum im Unterholz zu erkennen, nur eine kleine blaue Rauchfahne, die plötzlich aus der Erde zwischen den Kiefer-kusseln weht, verrät das Nest, in dem 12 bis 15 Mann eng aneinandergedrückt mit vor Qualm tränenden Augen im Halbdunkel frierend um einen selbstgebauten kleinen Blechofen hocken. Immer noch wartet man auf den Nachschub an Munition, Brennstoff, Verpflegung und Winterbekleidung und näht sich inzwischen ziemlich kümmerlich Ohrenschützer und Fausthandschuhe aus alten Pelzmänteln und Lappen selber zusammen.

Der Knüppeldamm, die Verbindung nach hinten ist zwar fertig, 45 000 Stämme hat man aneinandergelegt, aber der Frost hat auch dem Gegner seine Beweglichkeit wiedergegeben und irgendwo greift er jetzt jeden Tag mit Artillerie- und Panzerunterstützung an, um den Schlauch abzuschneiden und die deutsche Panzerdivision, die wie ein Dorn nach Osten herausragt, zu schwächen und zu belästigen. Einmal setzt er sich mit seinen Panzern zwischen zwei Dörfern auf den neuen Knüppeldamm, zerschneidet die Fernsprechkabel und niemand kann mehr durch. Das ist besonders für die Verwundeten, zu denen in diesen Tagen auch zahlreiche Soldaten mit Erfrierungserscheinungen zweiten und dritten Grades kommen, schlecht. Man hat sie bisher immer noch, wenn auch unter großen Schwierigkeiten, von vorn zurückgebracht. Unter erheblichen Anstrengungen wird der Damm wieder frei gefegt und Sicherungen auf den ganzen langen Weg nach hinten aufgestellt.

Und so war es:

Am Montag, dem 20. Oktober 1941, wird zwar die Bereinigung der Kessel von Wjasma und Brjansk beendet, doch gelingt es zersplitterten Einheiten, in den

↓ So einfach scheint der Weg nach Moskau zu sein: Man braucht nur die Verkehrshinweise zu beachten

riesigen Wäldern unterzutauchen und später gefährliche Partisanenherde im Rücken der Front zu bilden. Südlich der Straße Juchnow–Moskau nehmen im Handstreich Teile der 98. Infanteriedivision die Nara-Brücke bei Tarutino: »Nach Moskau 69 km« weisen die Straßenschilder aus. Auf einem kleinen Hügel nahe Tarutino entdecken Landser eine Siegessäule mit dem Zeichen der Zarenregimenter, die 1812 hier an der vereisten Nara den Rückzug der Grande Armée Napoleons in eine heillose Flucht umwandelten.

Am gleichen Tag notiert während der Frontfahrt Generalfeldmarschall v. Bock: ». . . Grauenvoll ist der Eindruck der Zehntausenden von russischen Kriegsgefangenen, die, kaum bewacht, im Marsch auf Smolensk sind. Todesmatt und halb verhungert wanken diese Unglücksmenschen dahin. Zahlreiche Tote und Erschöpfte sind am Wege zusammengebrochen. Ich spreche mit den Armeechefs darüber, aber zu helfen ist kaum . . .« Ungeachtet der bereits in Friedenszeiten dem OKW vorliegenden Beschreibung der Sowjetunion mit detaillierten Angaben über die alljährlich einsetzende Herbst-Schlammperiode zeigt sich die deutsche Führung überrascht.

Generalfeldmarschall v. Bock notiert in seinem Tagebuch: »21. Oktober. Der Russe hemmt uns weit weniger als die Nässe und der Dreck!« Jetzt zeigen sich immer öfter sowjetische Flieger, die sich mit besonderer Vorliebe auf die hilflos im Schlamm kriechenden Kraftfahrzeugkolonnen mit Bordwaffen und Bomben stürzen. Inzwischen rüsten sich die sowjetischen Truppen für die entscheidende Schlacht. Das Oberkommando konzentriert im Raum von Moskau starke strategische Reserven, die aus den Wolgagebieten, aus Sibirien und Mittelasien herangezogen werden.

Am Mittwoch, dem 22. Oktober 1941, liegt die Panzergruppe 3 bei Kalinin im Schlamm fest und kann nur westlich von Ostaschkow eine lose Verbindung zur 16. Armee (GenOberst E. Busch) herstellen. Im Mittelabschnitt erreicht die Panzergruppe 4 eine Rollbahn im Abschnitt zwischen Moshaisk und Wolokolamsk. Die 4. Armee, die von Westen her Moskau einkreisen soll, wird von frischen sowjetischen Truppen angegriffen und kommt über die Oka bei Serpuchow-Nara nicht hinaus. Bis an die Nara stoßen auch die 15. und 98. Infanteriedivision vor. Sie versuchen vergeblich, von hier nach Nordosten anzugreifen, um der benachbarten 19. Panzerdivision den weiteren Vormarsch an der Hauptstraße nach Moskau zu ermöglichen. Sie bleiben jedoch an der Nara liegen und können nur mit Mühe die einsetzenden Gegenangriffe der Sowjets abwehren. Am rechten Flügel der 2. Panzerarmee schieben sich mühsam eine gepanzerte Kampfgruppe und das Regiment »Großdeutschland« in Richtung Tula vor. Der Vormarsch geht kaum weiter, und nach jedem Neuschnee zwingt das danach einsetzende Tauwetter wieder zum Stillstand. Die Gefechte spielen sich jetzt im Zuge der Vormarschstraße auf engem Raum ab. Die Artillerie kann nur dicht neben der Straße mühsam in Stellung gebracht werden, da sich die Erde am Spaten festballt. Stellungen im Sinne einer Feldstellung mit Schützengräben und Unterständen gibt es nicht. Die meisten Soldaten sind in Panjehütten untergebracht, die die vorderste Kampflinie bilden. Die Fortsetzung der Angriffe ist erst dann möglich, wenn die Wege wieder abgetrocknet sind und eine Bewegung der motorisierten Verbände abseits der Straßen zulassen. Auf sowjetischer Seite erfolgt die Truppenverschiebung überwiegend mit der Bahn. Die verschlammten Feldflugplätze, die durch diesiges Wetter erschwerte Fernaufklärung und Materialausfälle der Luftflotte 2 (GFM Kessel-

→ Der Vorstoß auf Moskau – das Unternehmen »Taifun« – beginnt mit dem Durchbruch durch die erste sowjetische Verteidigungslinie

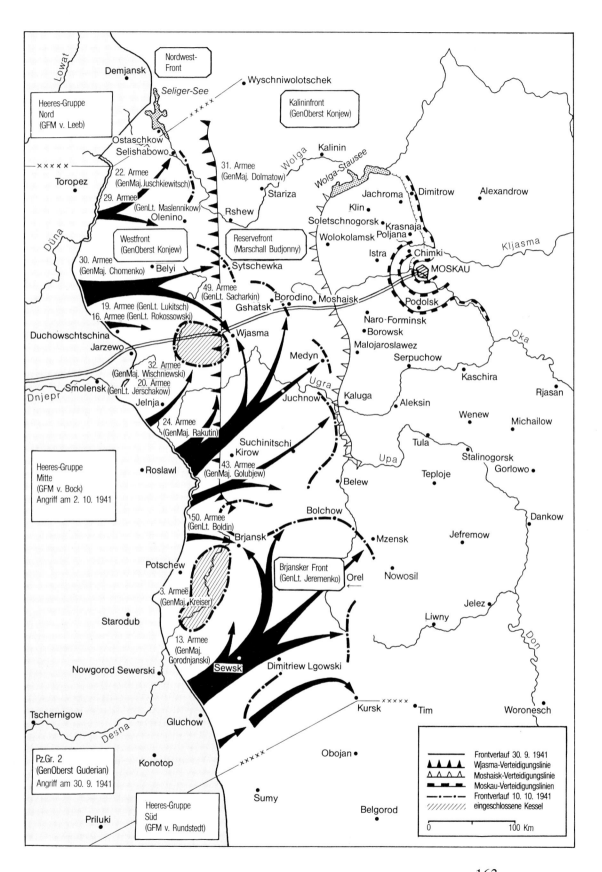

Nordwest-Front

Demjansk

Wyschniwolotschek

Seliger-See

Kalininfront
(GenOberst Konjew)

Heeres-Gruppe
Nord
(GFM v. Leeb)

Ostaschkow
Selishabowo

Kalinin

Wolga

Wolga-Stausee

Jachroma • Dimitrow • Alexandrow

× × × × ×

Toropez

22. Armee
(GenMaj.Juschkiewitsch)

29. Armee
(GenLt. Maslennikow)
Olenino

31. Armee
(GenMaj. Dolmatow)

Stariza

Rshew

Klin

Soletschnogorsk

Wolokolamsk

Krasnaja
Poljana

Istra

Chimki

MOSKAU

Kljasma

Düna

Westfront
(GenOberst Konjew)

30. Armee
(GenMaj. Chomenko) • Belyi

Reservefront
(Marschall Budjonny)

Sytschewka

49. Armee
(GenLt. Sacharkin)

Gshatsk

Borodino Moshaisk

Podolsk

Naro-Forminsk
• Borowsk

Oka

Duchowschtschina

19. Armee (GenLt. Lukitsch)
16. Armee (GenLt. Rokossowski)

Jarzewo

Wjasma

Maloiaroslawez

Serpuchow

Kaschira

Rjasan

Medyn

Smolensk

32. Armee
(GenMaj. Wischniewski)

20. Armee (GenLt. Jerschakow)

Dnjepr

Jelnja

Ugra

Juchnow

Kaluga

Aleksin

Wenew

Michailow

24. Armee
(GenMaj. Rakutin)

Suchinitschi
Kirow

Tula

Stalinogorsk

Gorlowo

Heeres-Gruppe
Mitte
(GFM v. Bock)
Angriff am 2. 10. 1941

• Roslawl

43. Armee
(GenMaj. Golubjew)

Belew

Teploje

50. Armee
(GenLt. Boldin)

Bolchow

Dankow

Jefremow

Brjansk

Brjansker Front
(GenLt. Jeremenko)

Mzensk

Nowosil

Potschew

Orel

3. Armee
(GenMaj. Kreiser)

Jelez

Liwny

Starodub

13. Armee
(GenMaj.
Gorodnjanski)

Sewsk

Dimitriew Lgowski

Don

Nowgorod Sewerski

Gluchow

Kursk × × × × × Tim

Woronesch

Tschernigow

Desna

Pz.Gr. 2
(GenOberst Guderian)
Angriff am 30. 9. 1941

Konotop

× × × × ×

Obojan •

Heeres-Gruppe
Süd
(GFM v. Rundstedt)

Priluki

Sumy

Belgorod

	Frontverlauf 30. 9. 1941
▲▲▲▲	Wjasma-Verteidigungslinie
△△△△	Moshaisk-Verteidigungslinie
■■■■	Moskau-Verteidigungslinien
─·─·─	Frontverlauf 10. 10. 1941
/////	eingeschlossene Kessel

0   100 Km

163

ring) lassen kaum etwas dagegen unternehmen. Ab 22. Oktober 1941 flaut in Moskau die Panikstimmung allmählich ab, und die Arbeit in den Betrieben wird wiederaufgenommen, das Leben läuft seinen gewohnten Gang.

Am Freitag, dem 24. Oktober 1941, notiert Generalfeldmarschall v. Bock: »An der Heeresgruppenfront nur sehr geringe Fortschritte. Geschütze müssen zum Teil von 24 Pferden gezogen werden, da sie anders nicht zu bewegen sind . . .« Die 2. Panzerarmee hat an diesem Tage die verfügbaren Panzer des XXIV. Panzerkorps (Gen. d. Kav. Frhr. Geyr v. Schweppenburg) mit dem Infanterieregiment »Großdeutschland« zusammengefaßt. Alle anderen Teile der 2. Panzerarmee müssen dem Verband ihren Treibstoff überlassen. Vollaufgetankt stößt er nun von Mzensk auf Tula vor. Die Panzergruppe 4 meldet währenddessen: »Die Wege werden immer grundloser. Alles hofft auf Frost, damit die Operationen wieder vorwärts gehen.« Lediglich die 10. Panzerdivision schafft es, die Stadt Rusa, etwa 30 Kilometer nordöstlich von Moshaisk, einzunehmen. Die 2. Panzerdivision, die Wolokolamsk zurückerobern soll, bezeichnet dies nicht als Kampfproblem, sondern als eine Frage des Treibstoffs, besonders da der Schwerpunkt der Panzergruppe 4 nun auf den Moskau links umfassenden Nordflügel verlegt werden soll.

Generalfeldmarschall v. Bock notiert am 25. Oktober 1941: »Das Auseinanderreißen der Heeresgruppe in Verbindung mit dem fürchterlichen Wetter hat dahin geführt, daß wir festsitzen. Dadurch gewinnt der Russe Zeit, seine zerschlagenen Divisionen aufzufüllen und die Verteidigung zu stärken, zumal er über die Masse der Bahnen und Straßen um Moskau verfügt. Das ist sehr schlimm!« Und v. Bock übertreibt keineswegs, denn an diesem Tag fällt in Moskau die Entscheidung, neue operative Verbände aufzustellen: im Raum von Sagorsk die 1. Stoßarmee (GenOberst F. I. Kusnetzow), im Raum von Rjasan die 10. Armee (GenLt. F. J. Golikow), im Raum Chimki die 20. Armee (jetzt unter GenMaj. A. A. Wlassow). Auch der Bau des äußeren Verteidigungsringes innerhalb des Moskauer Verteidigungsbereiches ist am 25. Oktober 1941 beinahe abgeschlossen.

Am Montag, dem 27. Oktober 1941, fahren sich die Panzerspitzen des XXXX. Panzerkorps (Gen.d.Pz.Tr. Stumme) der Panzergruppe 4 zehn Kilometer südwestlich von Nowopetrowskoje, beiderseits der Straße von Rusa, fest und können weder vorwärts noch zurück. Eine Lücke von 30 Kilometern Niemandsland klafft nach Westen zum XXXXVI. Panzerkorps (Gen.d.Pz.Tr. v. Vietinghoff) und nach Nordwesten, in Richtung Wolokolamsk, zum V. Armeekorps (Gen. d. Inf. Ruoff). Am Nordflügel der 2. Panzerarmee schaffen es noch zwei Infanteriekorps, südlich Kaluga Brückenköpfe über die Oka zu bilden, und stellen so den Anschluß an die 4. Armee her. An diesem Tag hat die Spitze der auf Tula vorstoßenden Verbände der 2. Panzerarmee noch etwa 60 Kilometer bis zu dieser wichtigen Stadt vor sich.

Am Dienstag, dem 28. Oktober 1941, ist der Nachschubmangel so akut, daß die Panzergruppe 4, die auf Moskau vorstoßen soll, eine von der Heeresgruppe Mitte angebotene Verstärkung von zwei Infanteriedivisionen aus dem Bestand der 9. Armee (GenOberst Strauß) ablehnen muß, weil sie nicht imstande ist, deren Versorgung zu tragen. Die mit schweren Opfern freigekämpfte Rollbahn im Bereich der Panzergruppe 4 wird durch den Versorgungsverkehr so überla-

stet und zerfahren, daß sie zwischen Wjasma und Moshaisk unpassierbar ist. Allein zwischen Gschatsk und Moshaisk liegen jetzt fast 3000 Fahrzeuge im Schlamm fest.

Ende Oktober 1941 bahnt sich für Moskau aus Richtung Wolokolamsk eine gefährliche Situation an: Nach der Einnahme von Rusa versuchen deutsche Verbände, zum Istra-Staubecken durchzubrechen, um von dort direkt auf Moskau zu marschieren. Der sowjetischen 16. Armee (GenLt. K. K. Rokossowski) gelingt es, in hartnäckigen und langwierigen Kämpfen mit bemerkenswerter Standhaftigkeit die Angriffe abzuwehren. Die von Armeegeneral Schukow reorganisierte Westfront zählt inzwischen sechs Armeen mit Teilen von 70 Divisionen. Das Vorfeld Moskaus wird weiterhin in fieberhafter Eile befestigt. Gleichzeitig fängt man alle zurückgehenden Fronteinheiten auf und beordert sie ohne Rücksicht auf ihren Zustand in bunt zusammengewürfelten Verbänden, die nicht selten aus 40 und 50 verschiedenen Truppenteilen bestehen, wieder nach vorn.

Am Mittwoch, dem 29. Oktober 1941, wird der irrige Befehl des OKH vom 23. 10. 1941 endlich dank Generalfeldmarschall v. Bock zurückgenommen, der schärfstens dagegen protestiert hat, weil er befürchtete, sein südlicher Angriffsflügel bei der 2. Panzerarmee gehe ihm auseinander. Das OKH befiehlt nun statt dessen, den überraschenden Vorstoß auf Moskau so früh wie möglich wiederaufzunehmen und vor allem die von der Hauptstadt nach Süden führenden Bahnlinien durch die 2. Panzerarmee abzuschneiden. Die Vorhuten des XXIV. Panzerkorps (Oberst Eberbach) und das Infanterieregiment »Großdeutschland« (Oberst Hoernlein), die gegen Tula vorgehen, bleiben vier Kilometer vor der Stadt stecken. Der Versuch, Tula im Handstreich zu nehmen, ist durch den harten Widerstand der Roten Armee und eines Arbeiterregiments gescheitert.

Das Tempo des deutschen Vormarsches, überwiegend durch die Panzerverbände getragen, dauert bis 40 Kilometer vor Moskau (Fluglinie 850 km) 180 Tage, 7 Kilometer pro Tag. Die Grande Armée erreichte bereits nach 85 Tagen Moskau, war damit doppelt so schnell – etwa 11 Kilometer pro Tag – wie Hitlers Blitzkrieg.

Auch am Donnerstag, dem 30. Oktober 1941, kann das hartnäckig verteidigte Tula nicht genommen werden, weil das von Westen her angesetzte XXXXIII. Armeekorps (Gen. d. Inf. Heinrici) bei Alexin von den Sowjets aufgehalten wird. Die Panzergruppe 4 muß, obwohl sie für die Fortsetzung des Angriffs dringend Verstärkung braucht, auf die von der Heeresgruppe Mitte zur Verfügung gestellte 86. Infanteriedivision auf ihrem Nordflügel bei Wolokolamsk verzichten, da sie selbst für die eigenen Truppen kaum noch Versorgung hat, und das XXXXIII. Armeekorps meldet, es habe seit dem 20. Oktober kein Brot mehr erhalten.

Am gleichen Tag bekommt die Heeresgruppe Mitte überraschend eine Weisung vom OKH, die zwischen der Wolga und dem Ladoga-See befindlichen sowjetischen Kräfte auszuschalten. Die 3. Panzerarmee und die Panzergruppe 4 sollen mit möglichst starken Infanterieverbänden den Raum nördlich Moskaus gewinnen, um von dort aus auf Rybinsk und anschließend auf Wologda vorzustoßen. Das OKH beabsichtigt damit, die Verbindungslinien der nördlichen sowjetischen Truppen abzuschneiden. Die deutsche Offensive wird Ende Oktober 1941 an der Linie Turginowo–Wolokolamsk–Dorochowo–Naro–Forminsk, westlich von Serpuchow und bei Aleksin von den Sowjets zum Stehen gebracht.

Auch im Raum Kalinin hat sich die Lage stabilisiert. Der zähe Widerstand der Roten Armee wird zwar durch die Wetterverhältnisse begünstigt, doch erweist sich als schwerwiegend, daß bereits vor der Schlammperiode die Verluste der Wehrmacht an Menschen und Material zu einer wesentlichen Schwächung der deutschen Stoßkraft geführt haben, noch ehe der eigentliche Angriff auf Moskau stattfindet.

Am Sonnabend, dem 1. November 1941, ist die Lage an der Rollbahn im Bereich der Panzergruppe 4 verzweifelt: Seit einer Woche stehen die LKW-

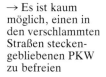
→ Es ist kaum möglich, einen in den verschlammten Straßen steckengebliebenen PKW zu befreien

Kolonnen festgefahren ohne Verpflegung, und es mehren sich Plünderungen von Nachschubfahrzeugen. Am Abend wird die Rollbahn für sämtlichen Verkehr gesperrt. Die Durchfahrt ist nur einer Sonderkolonne der Panzergruppe 4 und Fahrzeugen mit einer besonderen Genehmigung der Panzergruppe 4 erlaubt. In Moskau hat man ganz andere Sorgen. Armeegeneral Schukow: »Am 1. November bat man mich ins Hauptquartier. J. W. Stalin sagte: ›Außer einer Festveranstaltung anläßlich des Jahrestages der Oktoberrevolution wollen wir in Moskau auch eine Militärparade durchführen. Was meinen Sie, wird die Lage an der Front das erlauben?‹ Ich berichtete, der Gegner werde in den nächsten Tagen nicht imstande sein, eine Großoffensive zu beginnen, da er in den Kämpfen im Oktober hohe Verluste erlitten habe und jetzt seine Truppen auffüllen und umgruppieren müsse.«

Am Sonntag, dem 2. November 1941, stößt das zur 2. Panzerarmee gehörende LIII. Armeekorps (Gen. d. Inf. Weisenberger) im Raum Teploje überraschend mit starken sowjetischen Truppen zusammen. Es sind zwei Kavallerie- und fünf Schützendivisionen, verstärkt durch eine Panzerbrigade, die vermutlich von Jefremow aus in Flanke und Rücken des vor Tula kämpfenden XXIV. Panzerkorps einfallen wollten.

Am Montag, dem 3. November 1941, setzt plötzlich milder Frost ein, und für die Heeresgruppe Mitte gibt es keinen Zweifel: Die Offensive muß fortgesetzt werden. Die kurze Zeitspanne bis zum Einbruch des gefürchteten russischen Winters will man ausnutzen. An diesem Tag wehrt die 3. Panzerdivision (GenLt. Model) wiederholt sowjetische Angriffe aus Tula ab, vier ungepanzer-

↓ Schilderwald an einer Straßenkreuzung in Jarzewo, nahe der Autobahn Smolensk–Moskau

te Bataillone der 4. Panzerdivision (GenMaj. Frhr. v. Langermann) decken gegen Osten einen 35 km breiten Raum bis Teploje, wo das LIII. Armeekorps in hartem Kampf mit sowjetischen Verbänden steht. Das XXIV. Panzerkorps (Gen. d. Kav. Frhr. Geyr v. Schweppenburg) muß zur Abwehr übergehen und kann nur mit größter Mühe die Lage meistern. General G. K. Schukow erhält in diesen Tagen für die Westfront mehrere Verbände und Truppenteile mit rund 100 000 Mann, dazu etwa 300 Panzer und 2 000 Geschütze als Verstärkung. Die Luftstreitkräfte im Raum Moskau zählen bereits 1 400 Flugzeuge, die zur Unterstützung der Bodenkämpfe massiert eingesetzt werden. Nachdem in den ersten Novembertagen der Frost den Schlamm erhärtet, drängt die Heeresgruppe Mitte auf schnellen Antritt, bevor die große Kälte anbricht. Die Truppe braucht jedoch zumindest eine Woche zum Erstellen der Angriffsbereitschaft; auch das Beschaffen von Munition und Treibstoff erfordert seine Zeit. Der Roten Armee hat wiederum die Schlammperiode für die Verteidigungsvorbereitungen gedient, vor allem beim Anlegen von ausgedehnten Minensperren in dem für Panzerbewegungen geeigneten Gelände. Auch in diesen Tagen trifft noch keine Winterbekleidung aus Deutschland ein, außerdem fehlen Frostschutzmittel für die Fahrzeuge, vor allem Glysantin. Unterdessen kommen in Tula neue sowjetische Verstärkungen an, dazu Truppen von der Brjansker Front. Die Versuche der 2. Panzerarmee, Tula zu umgehen, scheitern, und General Guderian muß zur Verteidigung übergehen. So wird die 2. Panzerarmee, die den südlichen Stoß auf Moskau führen soll, im Raum Tula durch die Rote Armee zum Stehen gebracht.

Am Donnerstag, dem 6. November 1941, setzen bereits strenger Frost und eisiger Ostwind ein. Die deutschen Soldaten in ihren Sommeruniformen, ohne jegliche warme Bekleidung, frieren in den notdürftigen Unterkünften und Stellungen. Und die katastrophale Nachschublage zwingt die Heeresgruppe Mitte zur Verschiebung des Angriffs: Es wird für den Nordflügel und die Panzergruppe 4 der 15. November 1941, für die 2. Panzerarmee am Südflügel sogar der 17. November 1941 als Angriffsbeginn bestimmt. Für die arg bedrängte 4. Armee setzt man vorsichtshalber keinen Angriffstermin fest. Jedoch hofft v. Bock, daß General Schukow die Angriffe endlich einstellt, wenn er gezwungen sein wird, seine Flanken zu verstärken. Erst dann kann auch die 4. Armee in Richtung Moskau vorgehen.
An diesem 6. November 1941, dem Vorabend des 24. Jahrestages der Oktoberrevolution, findet in der sowjetischen Hauptstadt in der U-Bahn-Station Majakowski-Platz eine feierliche Sitzung des Moskauer Sowjet statt. Selbst der Vorsitzende des Staatlichen Verteidigungskomitees, J. W. Stalin, ist anwesend.

Im Morgengrauen des 7. November 1941 wird in Moskau wie in jedem Jahr die Truppenparade auf dem Roten Platz exerziert. Es herrscht eisige Kälte. Um 8 Uhr reitet Marschall Budjonny die Front der angetretenen Truppen ab. Die Parade macht einen etwas düsteren Eindruck, aber das gesamte Zeremoniell verläuft exakt. Ungewöhnlich ist die Rede Stalins, der in beschwörenden Worten die Soldaten zu noch größeren Opfern für das Vaterland anspornt. Die Parade schließt mit einem Vorbeimarsch der Truppen vor dem Leninmausoleum, zuerst die Infanterie, dann die Kavallerie, die Artillerie und die Arbeiter-Bataillone. Die Parade endet mit 200 Panzern, die STAWKA der Westfront zur Verfügung stellt. Vom Roten Platz aus ziehen die Soldaten direkt an die Front.

Am Montag, dem 10. November 1941, löst STAWKA die Brjansker Front (GenLt. Jefremow) auf und unterstellt diese Truppen der Westfront und Südwestfront.

Zu dieser Zeit werden im Hauptquartier der Heeresgruppe Mitte in Orscha letzte Vorbereitungen für die bevorstehende neue Phase der Schlacht um Moskau abgeschlossen. Selbst der mit starkem Frost und Schneetreiben etwa 4 Wochen früher als üblich einsetzende russische Winter kann Hitler nicht von dem scheinbar zum Greifen nahen Operationsziel abbringen. Er will nicht mehr auf das Wagnis verzichten, da man immer noch hofft, kaum nennenswerte Feindkräfte auf dem Weg nach Moskau anzutreffen. Andererseits ist jetzt die Front der Heeresgruppe Mitte fast tausend Kilometer breit. Die Fehlstellen der Infanteriedivisionen betragen im Schnitt etwa 2 500 Mann, und das bedeutet ein Absinken der Kampfkraft einer Division um rund ein Drittel. Bei den Panzer-verbänden, die den Weg bahnen sollen, sieht es noch schlimmer aus: Die infanteristische Kampfkraft beträgt etwa fünfzig Prozent, die Gefechtskraft der Panzerregimenter rund 25 Prozent. So sind also die Panzerdivisionen nur mit etwa 35 Prozent ihrer normalen Stärke zu bewerten. Die 2. Panzerarmee, die in den nächsten Tagen angreifen soll und vier Tagessätze Treibstoff angefordert hat, muß sich mit nur einem zufriedengeben. Der Angriffsplan – im fernen Führerhauptquartier am grünen Tisch entworfen – sieht wieder eine Schlacht mit beiderseitiger Umfassung vor: Generaloberst Guderian wird mit seiner 2. Panzerarmee nach Besetzung des Bahnknotenpunktes Tula direkt in Rich-tung Nordosten auf Kolomna vorgehen, – dabei hat man prompt übersehen, daß die 2. Panzerarmee zum Schutz ihrer immer länger werdenden Ostflanke erheblich mehr Kräfte einsetzen muß und sich dabei nicht auf die geschwächte, noch weit zurückliegende 2. Armee (GenOberst Frhr. v. Weichs) verlassen kann.

Für die 2. Armee ist andererseits ein Vorstoß auf Jelez-Jefremo geplant, um die Verbindung mit dem Nordflügel der Heeresgruppe Süd herzustellen und damit den Schutz der tiefen Flanke zu übernehmen. Im Nordabschnitt der Heeres-gruppe Mitte soll die 9. Armee (GenOberst Strauß) mit der 3. Panzerarmee (jetzt Gen.d.PzTr. Reinhardt) bis zum Wolga-Moskwa-Kanal nach Osten vordringen, um dann als linker Umfassungsarm auf die sowjetische Hauptstadt einzudrehen. Hier muß auch ein starker Flankenschutz gebildet werden. Im mittleren Frontabschnitt sollen die 4. Armee (GFM v. Kluge) und die Panzer-gruppe 4 (GenOberst Hoepner) Angriffe auf dem Nordflügel führen, wo lediglich die beiden einzigen Reserve-Divisionen der Heeresgruppe zur Verfü-gung stehen.

↓ Moskau, Roter Platz, 7. November 1941, die traditio-nelle Truppenpara-de zur Feier der Oktoberrevolution: Nach Stalins Rede geht es für alle Teil-nehmer des Auf-marsches direkt an die Front

11.11. - 4.12.1941

Dritte

Unternehmen »Taifun«
zweiter Teil

Phase

Der Kampf im Vorfeld von Moskau

Dienstag, 11. November 1941:

Bei 2. Armee verliefen Marschbewegungen der H.Kdo. XXXIV und XXXV planmäßig. Maloarchangelsk wurde ohne Kampf besetzt. / Bei 2. Pz.Armee erfolgten gegen LIII. AK. – insbesondere gegen den Südflügel – im Laufe des Vormittags mehrere fdl. Vorstöße, die sämtlich abgewiesen wurden. Das Korps setzte am Nachmittag den Angriff nach Süden und Südosten fort und erreichte mit unterstellten Pz.-Teilen der 17. und 18. Pz.Div. die Gegend 5 km südostw. Rajewo, um von dort nach Norden abdrehend in den Rücken des Feindes nachzustoßen. Linker Flügel des XXXXIII. AK. stieß gegen zähen Feindwiderstand bis in Gegend 7 km südl. Aleksin vor. / 4. Armee: Außer regerer Artl.- und Spähtrupptätigkeit vereinzelte fdl. Erkundungsvorstöße bei XII., VII. und V. AK. / 9. Armee: An den Fronten von Kalinin schwaches Artl.- und Granatwerfer-Störungsfeuer. Vor dem Nordabschnitt von Kalinin wurden Schanzarbeiten des Feindes beobachtet. Am linken Flügel der Armee konnte ein schwacher, von einzelnen Panzern unterstützter Feindangriff abgewiesen werden. // Wetter: Trübe, leichter Frost, bei 2. Armee und Pz.Gr. 4 Schneefall. / Straßenzustand: Infolge Frost geringfügig verbessert.

↓ Die in Kälte erstarrte Landschaft Zentral-Rußlands: Jetzt können die Nachschubkolonnen wieder rollen, bald aber werden meterhohe Schneewehen und Frost den Verkehr stoppen

Höchste Kraftentfaltung des Feindes vor Moskau
11. November 1941, Moskau. Das Sowinformbüro teilt mit:

Die Schlacht um Moskau ist in nahezu allen Abschnitten von der deutsch-

faschistischen Heeresgruppe v. Bock mit größter Stoßkraft wiederaufgenommen worden, nachdem offenbar in den letzten zehn Tagen bedeutende Reserven und Kriegsausrüstungen aller Art herangeschafft wurden. Welche außerordentliche Bedeutung die deutsche Heeresleitung der Einnahme von Moskau zumißt, geht auch aus der Tatsache hervor, daß trotz heftiger Schneestürme, die besonders westlich und nordwestlich der Hauptstadt herrschen, eine Angriffswelle nach der anderen eingesetzt wird.

Deutsche Kriegsgefangene in der UdSSR
Donnerstag, 13. November 1941, Berlin. Associated Press meldet:

In Berlin liegen auch heute, fast fünf Monate nach Beginn des Krieges gegen die Sowjetunion, noch keine amtlichen Nachrichten über das Schicksal der deutschen Kriegsgefangenen, die in die Hände der russischen Truppen gefallen sind, vor.

Geheimer Bericht des Sicherheitsdienstes der SS
zur innenpolitischen Lage Nr. 237 (Auszug)
13. November 1941:

I. Allgemeines:
In den Städten steht im Vordergrund des allgemeinen Interesses die Führerrede vom Vorabend des 9. November. Nach übereinstimmenden Meldungen aus allen Teilen des Reiches hat ihre Nichtübertragung im Rundfunk vielfach große Enttäuschung hervorgerufen, da viele Volksgenossen, nachdem sie sich in den

← Dies ist keine Zeichnung für ein Soldatengrab: In dieser »einfachen Erdhöhle« soll ein Landser – auf Empfehlung des OKH – seine Ruhe und Unterschlupf zwischen den Einsätzen finden. Nur an die fast 40° minus hat niemand gedacht

letzten Wochen in ihren Erwartungen hinsichtlich des weiteren Verlaufs des Ostfeldzuges enttäuscht sahen, geradezu das Bedürfnis empfunden hatten, wieder einmal die Stimme des Führers zu hören und aus seinen Worten neue Kraft zu schöpfen.
Durch die Versicherung im Zusammenhang mit der Einnahme Leningrads, daß kein deutscher Soldat unnötigerweise geopfert und in diesem Kriege auf Prestige-Erfolge verzichtet werde, hat der Führer der Bevölkerung und insbesondere den Angehörigen der im Osten eingesetzten Soldaten aus dem Herzen gesprochen.
Gleichzeitig haben diese Worte erreicht, schlagartig alle Erörterungen der letzten Tage über die immer noch nicht erfolgte Einnahme Leningrads oder Moskaus verstummen zu lassen . . .

». . . wilde Abwehrkämpfe«
Oberleutnant G. Heysing (Pz. Gr. 4) notiert:

Am tollsten aber geht es vorne bei der Panzerspitze zu. Hier greift der Feind immer wieder mit Panzerunterstützung und nach heftiger Artillerievorbereitung an. Es entspinnen sich wilde Abwehrkämpfe um die Dörfer Skirminowo und Marino. Die Bolschewiken bleiben meist in hellen Haufen oder zu wirren Knäueln geballt vor den deutschen Stellungen liegen. An ihren Verwundeten kann man die Härte der Soldaten der 78. sibirischen Schützendivision erkennen, die die Sowjets in 14 Tagen aus Chabarowsk bis vor Moskau quer durch Sibirien herangekarrt haben. Diese Burschen sind den Winterkrieg gewohnt. Wer sich von ihren Verwundeten noch bewegen kann, der kriecht durch den

→ Raum Wolokolamsk, Mitte November 1941: deutsche Panzer bei einem kurzen Halt in der schneebedeckten Ebene auf dem Weg zu den Bereitstellungen

Schnee auf dem Bauch an die glühenden Aschehaufen der verbrannten Häuser heran, um sich so gegen die Kälte zu schützen. Man findet Männer, die nächtelang schwer verwundet im Schnee oder auf dem blanken Eis der Sümpfe und Bäche gelegen haben und immer noch leben. – Ähnliches müssen auch die Soldaten der 10. Panzerdivision durchstehen. Bei dem starken Angriff des Gegners am 12. November wird das II. Btl. des Schützenregiments 86 fast aufgerieben. Die Panzer können keine Hilfe bringen, weil sie nicht genügend Brennstoff haben. Dennoch gelingt es, den übermächtigen Vorstoß der Sowjettruppen aufzufangen. Die umkämpften Ortschaften Skirminowo und Marino werden vorübergehend geräumt. Was in ihnen noch stehengeblieben ist, wird von der »Himmels-Artillerie«, den Sturzkampfbombern des VIII. Fliegerkorps, um und um gedreht.

↑ Raum Woronina, 17. November 1941: Deutsche Infanteristen marschieren im Schneesturm hinter einem Panzer her; ohne weiße Tarnkleidung sind sie im Schnee leicht auszumachen

→ Raum Swenigorod, Mitte November 1941: Selbst für Panzer, die ihren Weg von Ostpolen bis hier geschafft haben, sind die mannshohen Schneewehen ein nur schwer überwindliches Hindernis

176

In Russland decken gefallene Blätter gefallene Soldaten

In das Jahr des Endsieges 1941

Und Schnee deckt die Blätter, die gefallene Soldaten decken

← Eine der Zeit angemessene Variante: Sowjetische Flugblätter, die nach dem Schneefall abgeworfen wurden

Die ersten eineinhalb Wochen dieser kurzen Frühwinterperiode werden zunächst zum Nachführen der Versorgungs-Truppen und zur Bereitstellung benutzt. Zur Vorbereitung des späteren Angriffs werden schon jetzt örtliche kleinere Vorstöße unternommen, um Brückenköpfe zu schaffen, Frontbegradigungen durchzuführen und Gefangene einzubringen, durch deren Verhör man die Stärke und die Gliederung der Feindkräfte feststellen will. Wenn das Wetter es irgend erlaubt, sind die Heeresaufklärer unterwegs, um ihre Luftbilder zu fliegen. Die Generäle unternehmen Erkundungsfahrten bis zu den vordersten Sicherungen, um sich persönlich von dem Angriffsgelände ein Bild zu verschaffen.

Parole des Reichspressechefs
Dienstag, 18. November 1941:

Über die Versorgung der Truppen im Osten mit Winterausrüstung wird mitgeteilt: Die für die Truppe notwendige Winterbekleidung (Pelze, Fahrmäntel, warme Unterkleidung usw.) ist bereits im Laufe des Sommers vorsorglich beschafft worden. Sie liegt an den Endpunkten der Eisenbahn zur Ausgabe an die Truppe bereit. Zum Teil ist mit der Ausgabe auch bereits begonnen worden. Die Ausgabe wird erschwert durch die Transportlage, so daß eine gewisse Verzögerung unvermeidlich ist. Es ist daher unzweckmäßig, auf die Winterausrüstung der Truppe, wie es an sich zur Beruhigung der Bevölkerung erwünscht wäre, bereits jetzt zu sprechen zu kommen. Die Folge würde sein, daß aufgrund von Nachrichten in der Presse die Soldaten an ihre Angehörigen schreiben würden, daß sie die Winterbekleidung noch nicht erhalten haben. Damit würde

↓ Istra-Abschnitt, Mitte November 1941: Eine sowjetische Patrouille mit Wintertarnung erkundet in der Morgendämmerung deutsche Stellungen

das Vertrauen in die deutsche Nachrichtengebung in einem wichtigen Punkt erschüttert. Bei der Auswahl von PK-Bildern muß daher besonders darauf geachtet werden, daß nicht Bilder erscheinen, die den Schluß zulassen, daß die Truppe noch keine Winterkleidung erhalten hat. (Unerwünscht sind z. B. Bilder, die einen Zug Kriegsgefangener mit Mänteln zeigen, während die deutsche Begleitmannschaft ohne Mäntel marschiert.)

Rostow gefallen
Sonnabend, 22. November 1941. Das Oberkommando der Wehrmacht gibt bekannt:

Schnelle Truppen des Heeres und der Waffen-SS unter dem Oberbefehl des

Generalobersten v. Kleist haben nach heftigen Kämpfen die Stadt Rostow am Unterlauf des Don genommen.

Aus dem Tagebuch von Generaloberst Halder
22. 11. 1941. Der Chef des Generalstabs des Heeres:

(154. Tag des Ostfeldzuges)
. . .
Fm. v. Bock führt die Schlacht von Moskau selbst von einer vorgeschobenen Befehlsstelle. Seine unerhörte Energie treibt mit allen Mitteln vorwärts. Gleichwohl scheint aus dem Südflügel und der Mitte der 4. Armee nichts mehr für Angriff herauszuholen sein. Die Truppe ist hier am Ende. (Beispiel: bei

← Istra-Abschnitt, Mitte November 1941: Eine Kompanie marschiert in die Bereitstellungen. Sie soll bis zum Istra-Stausee vorstoßen

179

→ Noch am 30. November 1941 meldet die NS-Presse deutsche Erfolge in der Schlacht um Moskau

Fortschritte im Angriff auf Moskau

Stärkere Ausbruchsversuche aus Leningrad abgewiesen
Stadtgebiet von Rostow befehlsgemäß geräumt

Aus dem Führerhauptquartier, 29. November.

Das Oberkommando der Wehrmacht gibt bekannt:

Im Angriff auf M o s k a u wurden weitere Fortschritte erzielt. Bei R o s t o w und im D o n e z b o g e n erlitt der Feind bei erneuten, unter starker Zusammen-fassung und rücksichtslosem Einsatz seiner Kräfte geführten Angriffen schwere blutige Verluste. Die Besatzungstruppe von Rostow räumt befehlsgemäß das engere Stadtgebiet, um die erforderlichen Vergeltungsmaßnahmen gegen die Bevölkerung nunmehr rücksichtslos in die Wege zu leiten, die sich völker-rechtswidrig im Rücken der deutschen Truppen am Kampf beteiligt hat. Vor L e n i n g r a d wurden stärkere Ausbruchsversuche des Feindes abgewiesen.

meiner alten 7. Div. wird 1 Regiment von einem Oberleutnant geführt, die Batl. führen Leutn.). Aber am Nordflügel der 4. Armee und bei Pz.Gr. 3. ist die Möglichkeit des Erfolges noch gegeben und wird rücksichtslos ausgenützt. Von Bock vergleicht mit der Marneschlacht, wo das letzte Batl. das noch herange-worfen werden kann, entscheidet. Der Feind hat auch hier neue Kräfte heran-gebracht. Von Bock holt alles Erreichbare heran, auch 255. Div. aus rückwärti-gem Gebiet . . .

Erfolgreiche Angriffe
Mittwoch, 26. November 1941. Das Oberkommando der Wehrmacht gibt bekannt:

Im mittleren Abschnitt der Ostfront brachten unsere Angriffe vom Dienstag erhebliche Raumgewinne.

Abtransport der historischen Denkmäler
Freitag, 28. November 1941, Moskau. Die Agentur TASS meldet:

Die Arbeiterwehr hat mit der Wegschaffung des Bronzedenkmals Peters des

→ Ende November 1941, ein Ausflug in die Vergangenheit: GFM v. Kluge (zweiter v. rechts) auf dem Schlacht-feld von Borodino. Hier entschied sich am 26. August 1812 das Schicksal von Moskau. Das Denk-mal erinnert an das 37. Ekatiremburskie Infanterieregiment

180

Großen begonnen. Aus dem Hause Tolstois in Jasnaja Poljana hatte man schon vorher die gesamte Einrichtung in Sicherheit gebracht, und jetzt sind auch in Moskau besondere Anstrengungen eingeleitet worden, um die unersetzlichen Denkmäler und kulturellen Schätze der Sowjetunion nach Osten abzutransportieren. Aus dem Kreml sind bereits die wertvollsten Einrichtungen und Gegenstände von historischer Bedeutung evakuiert worden.

↑ Ende November 1941: Wie ein Wegweiser auf der Straße Wolokolamsk–Moskau ragt diese Dorfkirche aus der Landschaft

Sender Beromünster (Schweiz)
28. November 1941:

Am 19. November hat die »sechste Offensive« der Heeresgruppe von Bock gegen die russischen Stellungen vor Moskau begonnen. Alles deutet daraufhin,

181

daß dies die gewaltigste Kraftanstrengung ist, die von der deutschen Wehrmacht gemacht wird, seitdem sie am 2. Oktober zu ihrer als »letzter Entscheidungsschlacht dieses Jahres« angekündigten Großoffensive an der Ostfront angesetzt hat. Spitzenverbände scheinen bis auf 50 Kilometer an das Weichbild Moskaus vorgestoßen zu sein. Die überaus scharfe Kälte stellt zwar an die körperliche Widerstandskraft der kämpfenden Truppen ungewöhnlich hohe Anforderungen, aber andererseits dürfte der hartgefrorene Boden und die noch nicht hoch liegende Schneedecke die Herbeischaffung und Fortbewegung von Fahrzeugen eher erleichtern. Jedenfalls scheinen die gegenwärtigen Kampfhandlungen die seinerzeit von russischer Seite ausgesprochene Meinung zu bestätigen, daß der Winter nicht einen Abbruch der Operationen nach sich ziehen würde . . .

Im Vordringen gegen Moskau
Montag, 1. Dezember 1941. Das Oberkommando der Wehrmacht gibt bekannt:

Im Raum von Moskau sind angreifende Infanterie- und Panzerverbände in weiterem Vordringen gegen die sowjetrussische Hauptstadt.

». . . ein Traumbild«
Aufzeichnung des OB d. HGr. Mitte, Gen.Feldm. v. Bock, vom **1. 12. 1941:**

Da ich den Eindruck habe, daß mich Brauchitsch gestern nicht verstand und daß trotz allem immer noch eine Überschätzung meiner Kräfte bei den ober-

→ Ende November 1941 auf einer Zufahrtsstraße nach Moskau: Eine schwere sowjetische Haubitze soll hier den deutschen Vormarsch stoppen

sten Stellen herrscht, gebe ich nachfolgendes Fernschreiben an die Heeresleitung:

»Die unter Hinweis auf den bedrohlichen Kräftezustand wiederholt an das Oberkommando des Heeres gerichteten Anfragen und Meldungen der Heeresgruppe wurden dahin entschieden, daß der Angriff trotzdem fortzusetzen sei, auch auf die Gefahr hin, daß die Truppe völlig ausbrennt.

Der im Gang befindliche Angriff wird, unter Ausnutzung aller taktischen Möglichkeiten, im Großen aber doch frontal geführt. Für größere Umfassungsbewegungen fehlt, wie gemeldet, die Kraft und jetzt auch jede Möglichkeit, Truppen in großem Umfange zu verschieben. Der Angriff wird in weiterem blutigen Ringen begrenzten Geländegewinn bringen, auch Teile des Gegners zerschlagen, eine operative Auswirkung aber wird er schwerlich haben.

Der Gedanke, daß der Feind vor der Heeresgruppe ›zusammenbricht‹, war, wie die Kämpfe der letzten 14 Tage lehren, ein Traumbild. Stehenbleiben vor den Toren von Moskau, wo sich das Bahn- und Straßennetz fast ganz Ostrußlands vereinigt, ist gleichbedeutend mit schweren Abwehrkämpfen gegen einen zahlenmäßig weit überlegenen Feind. Dem sind die Kräfte der Heeresgruppe auch für begrenzte Zeit nicht mehr gewachsen . . .«

Deutsche Truppen vor Moskau

Dienstag, 2. Dezember 1941. Das Oberkommando der Wehrmacht gibt bekannt:

Im Kampfgebiet vor Moskau drangen die deutschen Truppen an weiteren Abschnitten tief in das feindliche Verteidigungssystem ein.

↓ Klin, Ende November 1941: Die Verbände der 3. Panzerarmee formieren sich zu einem neuen Vorstoß

Feindliche Angriffe zurückgeschlagen

2. Dezember 1941. Das Oberkommando der Roten Armee gibt bekannt:

Gestern kämpften unsere Truppen an allen Fronten gegen den Feind. An der Westfront wurden starke feindliche Angriffe unter schweren Verlusten für den Gegner abgeschlagen.

Im Abschnitt von Rostow wurde die Verfolgung der faschistischen Streitkräfte fortgesetzt, wobei Beute gemacht wurde.

Unsere Partisanenbrigaden fügen Hitlers Soldaten empfindliche Verluste zu und unterstützen heldenhaft den Kampf der Rotarmisten.

Weitere Fortschritte vor Moskau

Mittwoch, 3. Dezember 1941. Das Oberkommando der Wehrmacht gibt bekannt:

An der Front vor Moskau gewannen die von starken Kampf- und Sturzkampffliegerverbänden unterstützten Angriffe unserer Infanterie- und Panzerverbände trotz zähem Widerstand und örtlichen Gegenstößen des Feindes weiter an Boden.

Schwere Kämpfe

3. Dezember 1941. Das Oberkommando der Roten Armee gibt bekannt:

Während der Tagesstunden des 2. Dezembers standen unsere Truppen an der ganzen Front in schweren Kämpfen gegen den Feind.

→ In einem Dorf bei Schachowskaja, Ende November 1941: Deutsche Feldpolizei henkt einen gefangenen Partisanen

184

Aus dem Kriegstagebuch des OKH
Donnerstag, 4. Dezember 1941:

2. Armee: Bei XXXXVIII. AK. hat 16. I.D. (mot.) die vordersten Teile in eine Stellung 10 km ostw. Tim zurückgenommen. Das Vorgehen der anderen Div. planmäßig. / H. Kdo. XXXIV nahm mit 134. I.D. gegen hartnäckigen Feindwiderstand den Nord- und Westteil Jelez. / H. Kdo. XXXV hat die Bereitstellung für den Angriff am 5. 12. 20 km südostw. Jefremov eingenommen. / 2. Pz.Armee schloß mit den Verbänden des LIII. AK. weiter nach Norden auf und wehrte Feindangriffe gegen den linken Flügel der 29. I.D. (mot.) ab. Bei XXIV. AK. wies 17. Pz.Div. stärkere Angriffe aus Richtung Kaschira unter hohen Verlusten für den Feind ab. Angriffe gegen den Nordflügel der 4. Pz.Div. wurden erfolgreich abgewehrt. 3. Pz.Div. und I.R. Gr.D. schlossen weiter nach Westen auf. / Am Südhügel 4. Armee nur geringe Gefechtstätigkeit. In der Armeemitte wurden die Div. planmäßig hinter die Nara zurückgenommen unter Belassen von einigen Brückenköpfen. Die Div. stehen abwehrbereit in ihren Abschnitten. Die Artl. in den alten Stellungen feuerbereit. Der Feind fühlte nur vorsichtig nach Westen vor. / Pz.Gr. 4 wies bei VII. AK. mit 267. I.D. einen auf das Westufer der Moskwa geführten Angriff zurück. Bei IX. AK. wurden vorgeworfene Teile der 87. I.D. zurückgenommen. / XXXX. und XXXXVI. AK. wiesen starke von Panzern und Tieffliegern unterstützte Angriffe erfolgreich ab. Bei V. AK. wurde vor allem die 2. Pz.Div. von Südosten und Osten mehrmals vom Feind bis zu Rgt.-Stärke angegriffen. Die Angriffe wurden abgewiesen. / Bei Pz.Gr. 3 konnte XXXI. AK. mit 1. Pz.Div. und 23. I.D. gegenüber starkem, zäh kämpfendem Feind nur wenig Boden nach Osten

↑ Ein deutsches schweres Geschütz unterstützt den Angriff der 2. Panzerdivision (GenLt. Veiel) in Richtung Krasnaja Poljana

185

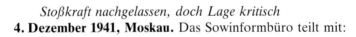

→ Moskau, Dezember 1941: Ein sowjetischer Posten beobachtet den Himmel über der Hauptstadt; im Hintergrund der Kreml

und Nordosten gewinnen. 6. Pz.Div. nahm vor überlegenen Feindangriffen die vordersten Teile hinter den Bachlauf 10 km westsüdwestl. Jachroma zurück. Bei LVI. AK. drang der Gegner in Jachroma ein. Heftige Angriffe von Süden und Osten gegen die 7. Pz.Div. wurden vor der HKL der Div. abgewehrt. An der Nordostfront wurden Erkundungsvorstöße abgewiesen. 9. Armee: Bei allen 3 Korps keine nennenswerten Kampfhandlungen. Nach abgeworfenen Flugblättern über Kalinin ist am 5. 12. ein Fliegerangriff mit 200 Maschinen geplant. Die Bevölkerung wird aufgefordert, die Stadt zu verlassen. // Wetter: Starker Frost bis zu 25 Grad.

↓ Ein Soldat der sibirischen Schützendivision der 20. Armee (Gen-Maj. Wlassow), für den Winterkrieg ausgerüstet, gut gegen Kälte geschützt, in einem Tarnmantel und mit Maschinenpistole

Stoßkraft nachgelassen, doch Lage kritisch
4. Dezember 1941, Moskau. Das Sowinformbüro teilt mit:

Die Schlacht um Moskau hat sich in den letzten 24 Stunden auf den Abschnitt von Moshaisk konzentriert, wo mindestens drei deutsche Panzerdivisionen und fünf motorisierte Infanteriedivisionen frontal gegen die Hauptstadt eingesetzt worden sind. Das Wetter hat sich plötzlich verschlechtert, starker Frost und Schneestürme setzten ein. Im Abschnitt von Kalinin sind eine Anzahl faschistischer Panzer und Lastwagen eingefroren oder eingeschneit. Am 17. Tag der »sechsten« Hitler-Offensive gegen Moskau hat die Stoßkraft der gegnerischen Armeen erheblich nachgelassen. Im Abschnitt Klin steht die Heeresgruppe v. Bock in der Verteidigung; bei Tula mußte Guderian seine Truppen wieder südlich auf Stalinogorsk zurücknehmen. Auch bei Wolokolamsk hat sich unsere Lage verbessert, einige befestigte Ortschaften konnten befreit werden. Dagegen gelang es den Faschisten, sich über zwei Straßen näher an Moskau heranzuschieben. Die Lage in diesem Abschnitt muß als kritisch angesehen werden. General Schukow hat bereits zwei Arbeiterdivisionen aus Moskau herangezogen, die hier gegen den Feind antreten sollen.

Und so war es:

Die vierwöchige Regenperiode ist nun vorüber, der eintretende Frost befreit die Fahrzeuge vom Schlamm, und die Kolonnen beginnen wieder zu rollen. Durch die ununterbrochenen Kämpfe und wachsenden Entbehrungen geschwächt, dazu unzureichend ausgerüstet, sollen die Truppen gegen ein Ziel vorgehen von dem man weiß, daß der Gegner es bis zum letzten Atemzug verteidigen wird. Der tägliche Bedarf der Heeresgruppe Mitte an Munition,

186

← Auf der anderen Frontseite: Ein deutscher Landser mit Gardine und Tischdecke notdürftig getarnt, ohne warmen Mantel und Wäsche, dazu unzureichend ernährt

Treibstoff und Verpflegung beläuft sich zur Zeit auf 26 Versorgungszüge. Es treffen jedoch höchstens 8 bis 10 Züge ein. Stündlich mehren sich die Ausfälle durch Erfrierungen. Und man steht vor dem Problem, entweder Treibstoff, Munition und Versorgung oder Winterausrüstung für die Soldaten heranzuschaffen. Hitler entscheidet sich für Munition und Treibstoff.

Am Mittwoch, dem 12. November 1941, sinkt die Temperatur auf minus 15 Grad. In der zweiten Novemberwoche zeigen sich immer öfter die sowjetischen Schlachtflugzeuge vom Typ IL 2, von den Sowjets »Stormovik« genannt. Diese gepanzerten Maschinen sind nur schwer abzuschießen und werden zu einer wahren Plage für die motorisierten Verbände und Nachschubkolonnen. Sie greifen in der Regel im Tiefflug mit ihren Bordwaffen und Splitterbomben an.

Am Donnerstag, dem 13. November 1941, findet in Orscha, im Hauptquartier der Heeresgruppe Mitte, eine Lagebesprechung statt, die als »Konferenz von Orscha« in die Geschichte eingeht. Der Chef des Generalstabs des Heeres, Generaloberst Halder, versammelt hier die Generalstabschefs der Heeresgruppen und beteiligten Armeen. Die Chefs der 3. Panzerarmee und der Panzergruppe 4 zieht man nicht hinzu. In Abwesenheit der Oberbefehlshaber der Heeresgruppen und Armeen – was bisher im deutschen Heer keine Parallele hat – werden bei Außentemperaturen von minus 15 Grad die Absichten für einen die Entscheidung suchenden »Herbstfeldzug« erläutert, und Hitlers Befehl für die Fortsetzung der Offensive gegen Moskau wird am 16. 11. 1941 übergeben. Generaloberst Halder versichert, daß die Angriffe der Heeresgruppe Nord und

← In einem Schützengraben vor Moskau, Dezember 1941: Ein Soldat, der vor Kälte zittert, kann kaum gezielt schießen

Süd eingestellt werden, die Heeresgruppe Mitte aber Moskau noch nehmen soll. Selbst GFM v. Bock meint, daß der Angriff eine bessere Lösung sei, als die Überwinterung in der Einöde. Es notiert der Stabschef der 2. Panzerarmee, Oberstleutnant i. G. Frhr. v. Liebenstein: »Das gesteckte Ziel für Heeresgruppe Mitte, die Einschließung Moskaus von allen Seiten, wird als kaum mehr durchführbar bezeichnet.« Trotzdem soll auf Hitlers Befehl der Angriff gegen Moskau ohne Rücksicht auf Frosteinbruch, Nachschubmangel, erschreckend hohe Ausfälle und fehlende Winterausrüstung fortgesetzt werden.

Bereits tags darauf, am Freitag, dem 14. November 1941, wächst bei weiter fallenden Temperaturen zusehends der gegnerische Widerstand. Zum erstenmal stoßen seit den Kämpfen um Wjasma deutsche Truppen mit sowjetischen Pioniereinheiten zusammen, die durch Legen von Minenfeldern, Bau von Panzersperren und Zerstörungen versuchen, den bevorstehenden deutschen Angriff zu verzögern. So dauern auf dem etwa 130 Kilometer langen Weg, den die 2. Panzerarmee von Mzensk bis Tula zurücklegt, die Kämpfe fast sechs Wochen (9. 10.–14. 11. 1941), während die mehr als doppelte Entfernung zwischen Gluchow und Mzensk in sechs Tagen bewältigt worden ist.

In der sowjetischen Hauptstadt sind bereits über zwei Millionen Menschen, etwa 45 Prozent der Einwohner, evakuiert oder in die Armee eingezogen. Komplett evakuiert hat man die Werke der Flugzeug-, Werkzeugmaschinen- und Maschinenbauindustrie, daneben die Betriebe vieler anderer Industriezweige. Rund 200 000 Arbeiter verlassen die Hauptstadt mit den Betrieben. Trotzdem bleibt Moskau ein wichtiger Ausgangspunkt für die Versorgung der Front. Die Produktion von Waffen und Munition wird in die mittleren und

↓ Korowinka, Dezember 1941: Soldaten, die auf Hitlers Geheiß Moskau erobern sollten und nun für immer in russischer Erde ruhen

kleinen Stadtbetriebe verlegt, so daß die im Vorfeld von Moskau kämpfenden Truppen ausschließlich von dort beliefert werden können.

In den deutschen Stäben und Einheiten studiert man die bereits im Maßstab der Meßtischblätter ausgegebenen Karten von Moskau. Die Vormarschstreifen liegen fest, und die Optimisten suchen sich schon die für die Überwinterung geeigneten Datschen am Stadtrand der Metropole aus, da laut Hitlers ausdrücklichem Befehl Moskau selbst nicht betreten werden darf.

Am Sonntag, dem 16. November 1941, beginnt als erste die 3. Panzerarmee den neuen Angriff. Er gilt den Stausee-Brücken, die genommen werden sollen. Die Sowjets haben südlich von Kalinin ihre Verteidigung schon hinter die Wolga verlegt und lassen am Westufer nur schwache Nachhuten zurück. Das eigentliche Ziel, die Übergänge über den Stausee und die Wolga, wird nicht erreicht, die Rotarmisten jagen die Brücken in die Luft. Es gelingt jedoch der 7. Panzer- und 14. Infanteriedivision (mot.), nach hartem Kampf den Übergang über den Low- und Lama-Abschnitt zu erzwingen. Jetzt stellen die deutschen Truppenführer fest, daß sich die sowjetischen Soldaten nicht mehr ergeben, sondern eher erschießen lassen.

Besonders erbitterte Kämpfe entbrennen im Raum Wolokolamsk, im Bereich der 16. Armee (GenLt. K. K. Rokossowski), entlang der Chaussee nach Moskau. Es zeichnet sich hier an diesem Tag vor allem die 316. Schützendivision (die spätere 8. Gardeschützendivision) unter General I. W. Panfilow aus. Bei Dubossekowo haben seine Soldaten die völlig ungeschützten, auf freiem Feld nur notdürftig getarnten Stellungen bei Höhe 251 gegen den Vorstoß von 50 Panzern verteidigt und gehalten. Die Kompanie des Oberleutnants M. W.

↓ Michailow, Dezember 1941: Gebäude, in denen deutsche Soldaten ihre Quartiere hatten, werden nachts von Partisanen in Brand gesteckt

→ Kalinin: Als deutsche Truppen die Stadt in einem überraschenden Vorstoß nehmen, fährt noch die Straßenbahn

Gundilowitsch kämpft hier bis zum letzten Mann. Der Ausruf ihres Politkommissars W. G. Klotschkow: »Genossen, wir können nicht zurück, denn hinter uns liegt Moskau!«, wird zur Parole der Roten Armee.

Die geschickt getarnten sowjetischen Abwehrstellungen wurden zum Teil von den Truppen der aus Sibirien herangeführten Fernost-Armeen errichtet, die als Einzelkämpfer, Scharfschützen und Skiläufer ausgebildet sind und in der Ausnutzung der natürlichen Gegebenheiten zu Tarnungszwecken bereits Erfahrungen besitzen. Armeegeneral Schukow: »Mitte November hatten alle unsere Soldaten warme Kleidung.« Dem Oberbefehlshaber der Westfront teilt Stalin gerade weitere 100 000 Mann, 300 Panzer, 2 000 Geschütze sowie Raketen-Artillerie-Abteilungen zu. Die Fliegertruppe des Moskauer Frontabschnitts zählt in diesen Tagen 1 400 Flugzeuge. Sie werden jetzt in größeren Verbänden zur Unterstützung der Bodenkämpfe an den Schwerpunkten eingesetzt.

Nach Verlegung beträchtlicher Teile der Luftflotte 2 (FM Kesselring) und des II. Fliegerkorps (Gen. d. Fl. Loerzer) in den Mittelmeerraum, können die sowjetischen Luftstreitkräfte ohne große Schwierigkeiten in den wichtigsten Abschnitten die Luftherrschaft erringen. Im Raum Wytierga–Rybinsk und weiter entlang der Wolga bis Stalingrad zieht Stalin starke strategische Reserven heran: 58 Schützendivisionen und 15 Kavalleriebrigaden.

Am Donnerstag, dem 20. November 1941, meldet sich im Hauptquartier der 2. Panzerarmee eine Komission aus Vertretern des Heeres-Waffenamtes des Rüstungsministeriums und der panzerbauenden Firmen. Man hat sie auf Verlangen von Generaloberst Guderian in Marsch gesetzt, um an Ort und Stelle unter dem Eindruck der zerschossenen deutschen Panzer über neue Panzertypen zu beraten, die imstande wären, die sowjetischen T 34 und KW 1 erfolgreich zu bekämpfen. Auch die beschleunigte Fertigung einer schweren Panzerabwehrkanone mit genügender Durchschlagskraft gegen die Panzerung des T 34 wird von Generaloberst Guderian gefordert.

An diesem Tag erzielt die am rechten Flügel der Heeresgruppe Mitte liegende Heeresgruppe Süd (GFM v. Rundstedt) einen beachtlichen Erfolg: Dem III. Panzerkorps (Gen. d. Kav. v. Mackensen) gelingt es, Rostow am Don einzunehmen.

Am Freitag, dem 21. November 1941, stößt die Panzergruppe 4, durch das V. Armeekorps (Gen. d. Inf. Ruoff) verstärkt, an Klin vorbei und in südl. Richtung weiter vor.

→ Raum Istra: Ein zurückgeschlagener sowjetischer Durchbruchsversuch. Die schwarzen Streifen, die der deutsche Landser am Ärmel seines Beute-Tarnanzuges trägt, sollen ihn vom Feind unterscheiden

Zwei Tage später, am Sonntag, dem 23. November 1941, nimmt das V. Armeekorps, unterstützt durch die 2. Panzerdivision (GenLt. Veiel), Solnetschnogorsk an der Straße Leningrad–Moskau und die 7. Panzerdivision (GenMaj. Frhr. v. Funck) der 3. Panzerarmee (Gen.d.Pz.Tr. Reinhardt) das auch an der Straße liegende Klin. Die 4. Armee, deren Oberbefehlshaber, Generalfeldmarschall v. Kluge, sich noch nicht für einen Angriff entscheiden kann, stellt den Einsatzbeginn für den 26. November 1941 in Aussicht.

Am gleichen Tag melden Generalfeldmarschall v. Bock und der Oberbefehlshaber der 2. Panzerarmee, Generaloberst Guderian, dem OKH ihre Bedenken wegen der zunehmend bedrohlichen Lage. Die Antwort: Die Offensive soll fortgesetzt und der Gegner »mit dem letzten Kraftaufgebot« niedergezwungen werden.

↑ Ein deutscher Feldflugplatz bei Wjasma, Mitte November 1941: Großraumlastensegler Me 321 haben soeben Verstärkung gebracht

Am Montag, dem 24. November 1941, meldet die Panzergruppe 4 einen überraschenden Erfolg beim Vorgehen gegen die sowjetische Hauptstadt: Dem IX. Armeekorps (Gen. d. Inf. Geyer) unterstellte Teile der 87. Infanteriedivision (GenLt. v. Studnitz) und der 252. Infanteriedivision (GenLt. v. Boehm-Bezing) erreichen ihr erstes Angriffsziel, die Straße Istra–Swenigorod. Nachdem unzählige Bunker ausgeräumt und Tausende von Gefangenen gemacht worden sind, überschreiten beide Divisionen die Rollbahn. Das der 2. Panzerarmee unterstellte LIII. Armeekorps (Gen d. Inf. Weisenberger) nimmt Michailow. Auf dem Gefechtsstand der Panzergruppe 4 in Wjedjenskoje, etwa 15 Kilometer nördlich von Moshaisk, treffen sich Generalfeldmarschall v. Kluge, Oberbefehlshaber der 4. Armee, und Generaloberst Hoepner. Die 4. Armee steht in hartem Abwehrkampf und kann bis zur Stunde ihre bei der Offensive angewiesenen Aufgaben nicht erfüllen.

Erst heute, am Dienstag, dem 25. November 1941, nach zwei Tagen erbitterter Straßenkämpfe und Eingreifen von Teilen der 6. Panzerdivision (GenMaj. Landgraf) wird Klin von der 3. Panzerarmee besetzt. Die Einnahme dieser Stadt an der Rollbahn Leningrad-Moskau, die im Schnittpunkt wichtiger Straßen liegt und als Versorgungsbasis besonders geeignet ist, hat eine große Bedeutung für die Verteidigung Moskaus. Mit dem Fall von Klin wird der Weg für die Operationen der 3. Panzerarmee gegen den Moskwa-Kanal frei. Auf dem Südflügel hat die 2. Panzerarmee (GenOberst Guderian) Stalinogorsk eingeschlossen und steht vor Gonowo-Michailow. Die 17. Panzerdivision (GenLt. v. Arnim), die die Angriffsspitze nach Norden bildet, wird südlich Kaschira von neu auftretenden sowjetischen Truppen überrascht und durch

192

starkes Abwehrfeuer der Divisionsartillerie unter Major A. Smirnow zum Stehen gebracht.

Ebenfalls am 25. November 1941 beginnt im Raum Kaschira die Konzentration des sowjetischen 2. Kavalleriekorps (am 26. 11. 1941 in 1. Gardekavalleriekorps umbenannt) und der 112. Panzerdivision (Oberst A. Getman), die soeben aus dem Fernen Osten hierher verlegt wurde. Die Angriffe der neuen sowjetischen Verbände gegen die Flanke der 2. Panzerarmee werden immer stärker und bringen die geschwächten deutschen Panzerkräfte in eine kritische Lage. So erscheint die Einnahme von Tula kaum möglich. Generaloberst H. Guderian: ». . . Ohne den Besitz dieses Verkehrsknotenpunktes und Flugplatzes war ein Weiterführen der Operation nach Norden oder Osten auf die nächsten Ziele nicht denkbar.« Guderian hofft, daß die 4. Armee (GFM v. Kluge) unverzüglich über die Oka nach Osten angreifen und so seinen Vorstoß erleichtern wird, aber sie steht zur Zeit selbst in schwersten Abwehrkämpfen. Nur die Heeresgruppe Süd (GFM v. Rundstedt) kann Erfolge melden: Das III. Panzerkorps (Gen.d.Kav.v. Mackensen) nimmt Rostow, das Industrie- und Bergbauzentrum am Don.

Die Nachschubschwierigkeiten der Heeresgruppe Mitte beeinträchtigen ständig die Operationen. Jetzt klagt die Artillerie, daß sie bei Nacht kein präzises Feuer führen kann, obwohl Munition noch vorhanden ist: Es fehlt nämlich an Öl, Kerzen oder Karbid, um bei Dunkelheit die Richtmittel oder Richtlatten zu beleuchten. Bei den Nachschubkolonnen verenden wieder Tausende von Pferden wegen des Rauhfuttermangels. General E. Wagner, Oberquartiermeister des OKW, notiert: »Wir sind am Ende unserer personellen und materiellen Kraft.« Eine sich anbahnende Krise in Nordafrika zwingt die Luftwaffe zum weiteren Abzug von zwei Jagd- und einem Zerstörergeschwader. Damit ist die Luftunterstützung noch spärlicher im Vergleich zu den sowjetischen Schlachtfliegern, die ihre Einsätze verstärken.

In Moskau schließt unterdessen der Chef des Generalstabs, Marschall Schaposchnikow, die Vorbereitungen für eine Gegenoffensive ab und legt seinen Plan Stalin zur Genehmigung vor. Bis zum heutigen Tag stehen bereits 21 der insgesamt 34 sowjetischen Fernost-Verbände vor Moskau. Ihnen räumt Marschall Schaposchnikow bei der Planung für die Gegenoffensive eine entscheidende Rolle im Rahmen der Westfront ein. Auch für die Truppen der Kalininfront (GenOberst Konjew) und der Südwestfront (Marschall Timoschenko) sind wichtige Operationsaufgaben vorgesehen.

Am Mittwoch, dem 26. November 1941, wird die wichtige Stadt Istra an der Rollbahn nach Moskau von der SS-Division »Das Reich« (SS-Gruppenf. Bittrich) der Panzergruppe 4 (GenOberst Hoepner) nach schweren Kämpfen genommen. Jetzt trennen nur noch 35 Kilometer den Nordflügel der Heeresgruppe Mitte von der sowjetischen Hauptstadt.

Wachsende Sorgen bereitet unterdessen Generalfeldmarschall v. Bock die weiter südlich liegende 4. Armee, die noch immer nicht angetreten ist. An der Lama greift nachmittags feindliche Infanterie in Regimentsstärke in die Kämpfe ein. Sie wird jedoch von dem gerade aus Kalinin eintreffenden Kradschützenbataillon und einer Panzerabteilung zurückgedrängt. Das LVI. Panzerkorps (Gen.d.Pz.Tr. Schaal) nimmt Rogatschewo und stößt weiter nach Osten vor, ungeachtet des sich zäh wehrenden Feindes und rollender Luftangriffe.

Der 2. Panzerarmee gelingt es mit ihrer 3. Panzerdivision (GenLt. Model) die

↓ Borodino, Denkmal zu Ehren von Feldmarschall Kutosow auf dem Schlachtfeld von 1812. Vorn GFM v. Kluge

↘ Das gleiche Denkmal mit Kutosow und ein Plakat, das Stalin während der kritischen Phase der Schlacht um Moskau drucken ließ, um an die einstige glorreiche Abwehr der Feindarmeen zu erinnern

sowjetischen Truppen zurückzuwerfen und die Rollbahn nach Moskau nördlich von Tula abzuschneiden. Jedoch das 1. Gardekavalleriekorps (GenMaj. P. A. Below), zusammen mit der 112. Panzerdivision, bringt die Division in diesem Abschnitt zum Stehen. Das XXIV. Panzerkorps arbeitet sich immer noch langsam in Richtung Kaschira vor.

Währenddessen überschreitet das LIII. Armeekorps den Don, greift die sibirischen Truppen bei Dansko an und macht sogar 4000 Gefangene. Mit dem von Süden herbeieilenden XXXXVII. Panzerkorps gelingt überraschend die Einschließung der sibirischen 239. Schützendivision. Kurz nach der Dämmerung brechen die Sibirier jedoch durch die dünnen Linien der 29. mot. Division und entkommen unter Zurücklassung ihrer schweren Waffen. Um die Westfront zu entlasten und zu verhindern, daß die deutsche Führung Verstärkungen von anderen Abschnitten in den Raum Moskau holt, erhält Marschall Timoschenko von Stalin den Befehl, einen Vorstoß in den Rücken der Panzergruppe Kleist durchzuführen, die nach Rostow durchgebrochen ist.

Am Donnerstag, dem 27. November 1941, sinken die Temperaturen auf 40 Grad unter Null. Der russische Winter mit seiner für die Deutschen unbekannten Härte fordert bei der Truppe hohe Ausfälle durch Erfrierungen. Da die deutschen Truppen nach der mitteleuropäischen Zeit kämpfen, hört die Nacht erst um 10 Uhr morgens auf, und um 3 Uhr nachmittags ist es schon wieder dunkel. Die Kompanien haben jetzt nur noch eine Gefechtsstärke von Zügen, die Bataillone eine von Kompanien. Wochenlang dauert schon der Kampf bei Tag und Nacht, ohne Ablösung, ohne Unterkunft und Kälteschutz. Die Pferde leiden unter der Kälte nicht weniger als die Menschen. Hafer gibt es seit langem

↓ Ein deutscher Stoßtrupp erholt sich während einer Kampfpause. Die Soldaten tragen die aus Bettlaken gefertigten Tarnmäntel

→ Moskau, Mitte November 1941: Erster Sekretär des Moskauer Parteikomitees, A. S. Schtscherbakow (links) und Stadtkommandant GenLt. P. M. Artemjew

nicht mehr, und das gefrorene Stroh der Katendächer stillt den Hunger nicht, ja, führt zu Krankheiten. Die Tiere brechen zusammen und verenden reihenweise. Die 4. Panzerarmee und die Panzergruppe 4 nähern sich langsam der Linie Jachroma–Krasnaja Poljana und stehen zur Zeit nur noch 27 Kilometer von der Hauptstadt entfernt. Nachdem das LVI. Panzerkorps (Gen.d.Pz.Tr. Schaal) den Moskwa-Wolga-Kanal erreicht hat, gelingt es einer Kampfgruppe dieses Korps, bestehend aus einem Panzerregiment und einem mot. Infanterieregiment unter Führung von Oberst H. v. Manteuffel, den Kanal zu überqueren und bei Pieriomilowo einen Brückenkopf zu bilden.

An diesem Tag beordert Stalin außer der dem STAWKA direkt unterstellten 1. Stoßarmee (GenLt. W. I. Kusnetzow) auch die 20. Armee (GenMaj. A. Wlassow), die 10. Armee (GenLt. Golikow), neun Schützendivisionen, zwei Kavalleriedivisionen, zwei Schützenbrigaden und sechs Panzerbrigaden aus der strategischen Reserve an die Westfront für die Gegenoffensive.

Die bis jetzt geschonten Reserven des Hauptquartiers – nördlich von Moskau die 1. Stoßarmee und die 20. Armee, weiter südostwärts die 10. und die 61. Armee sowie das 1. Gardekavalleriekorps – sollen zusammen mit den schon bestehenden Armeen die nach Moskau führenden Straßen schützen: die 20. Armee von Klin–Solstenogorsk–Krasnaja Poljana–Moskau, die 16. Armee von Wolokolamsk–Istra–Moskau, die 5. Armee von Moshaisk–Rusa–Moskau, die 49. Armee von Sierpuchow–Moskau und die 50. Armee von Tula–Moskau. Auf den Ausfallstraßen, über die deutsche Panzerspitzen in die Moskauer Außenbezirke gelangen können, sind in Eile zusätzliche Widerstandsstellungen errichtet worden. Sie sollen vor allem verhindern, daß schnelle feindliche Verbände der Panzergruppe 4 aus nordwestlicher Richtung nach der Hauptstadt durchbrechen.

Am gleichen Tag haben in Moskau die Generäle Schukow, Sokolowski, Bulganin, Rokossowski, Wlassow, Goworow und Jefremow gemeinsam einen Plan für die Gegenoffensive der Westfront Stalin vorgelegt. Zunächst sollen die beiden gefährlichsten Großverbände der Heeresgruppe Mitte, die 3. Panzerarmee und die Panzergruppe 4, sowie die 2. Panzerarmee »gleichzeitig zerschlagen, anschließend ihre übrigen Teile eingekreist und vernichtet« werden. Zwei Operationsphasen sind dabei vorgesehen: Abwendung der unmittelbaren Bedrohung Moskaus und danach die Vernichtung der Heeresgruppe Mitte. Den → Der Vorstoß bis zur ersten Moskauer Verteidigungslinie Ende November 1941 Plan hat in der endgültigen Form Marschall Schaposchnikow ausgearbeitet. Von Stalin und STAWKA genehmigt, bildet er die Grundlage fast aller späterer Winteroperationen der Roten Armee. An dieser ersten Offensive im Kampf gegen die deutsche Wehrmacht sollen sich beteiligen: die Kalininfront

196

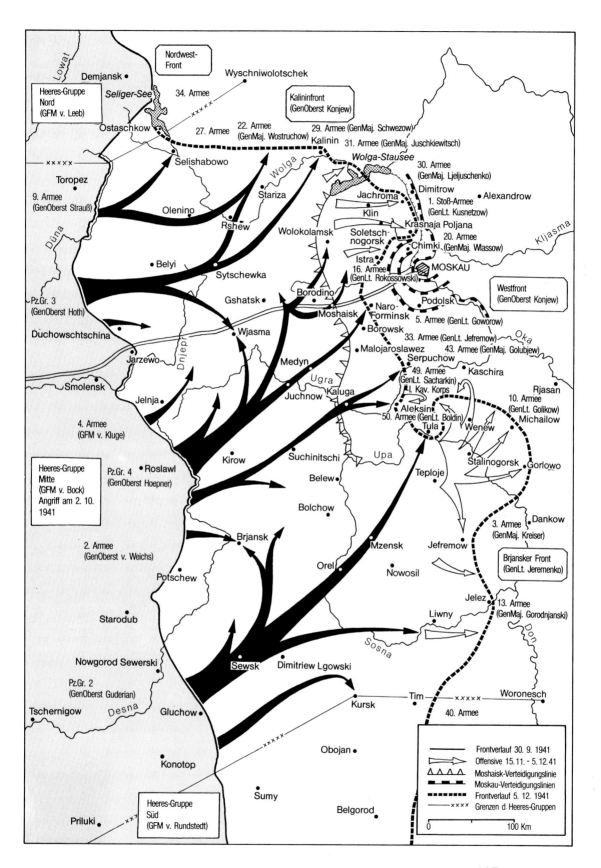

Nordwest-
Front

Wyschniwolotschek

34. Armee

Demjansk

Seliger-See

Heeres-Gruppe
Nord
(GFM v. Leeb)

Kalininfront
(GenOberst Konjew)

Ostaschkow

27. Armee

22. Armee
(GenMaj. Wostruchow)

29. Armee (GenMaj. Schwezow)

Selishabowo

31. Armee (GenMaj. Juschkiewitsch)

Kalinin

Wolga-Stausee

Toropez

Stariza

Wolga

30. Armee
(GenMaj. Ljeljuschenko)

Jachroma

Dimitrow

Alexandrow

9. Armee
(GenOberst Strauß)

Olenino

Klin

1. Stoß-Armee
(GenLt. Kusnetzow)

Rshew

Krasnaja Poljana

Kljasma

Düna

Belyi

Wolokolamsk

Soletsch-
nogorsk

Chimki

20. Armee
(GenMaj. Wlassow)

Pz.Gr. 3
(GenOberst Hoth)

Sytschewka

Istra

16. Armee
(GenLt. Rokossowski)

MOSKAU

Duchowschtschina

Gshatsk

Borodino

Podolsk

Westfront
(GenOberst Konjew)

Wjasma

Moshaisk

Naro-
Forminsk

Jarzewo

Dnjepr

Medyn

Borowsk

5. Armee (GenLt. Goworow)

Oka

Malojaroslawez

33. Armee (GenLt. Jefremow)

43. Armee (GenMaj. Golubjew)

Smolensk

Ugra

Juchnow

Serpuchow

49. Armee
(GenLt. Sacharkin)

Kaschira

Jelnja

Kaluga

I. Kav. Korps

Rjasan

4. Armee
(GFM v. Kluge)

Aleksin

Wenew

10. Armee
(GenLt. Golikow)

50. Armee (GenLt. Boldin)

Tula

Michailow

Heeres-Gruppe
Mitte
(GFM v. Bock)
Angriff am 2. 10.
1941

Pz.Gr. 4
(GenOberst Hoepner)

Roslawl

Kirow

Suchinitschi

Belew

Upa

Stalinogorsk

Gorlowo

2. Armee
(GenOberst v. Weichs)

Bolchow

Teploje

3. Armee
(GenMaj. Kreiser)

Dankow

Potschew

Brjansk

Mzensk

Jefremow

Brjansker Front
(GenLt. Jeremenko)

Starodub

Orel

Nowosil

Nowgorod Sewerski

Liwny

Jelez

13. Armee
(GenMaj. Gorodnjanski)

Pz.Gr. 2
(GenOberst Guderian)

Desna

Gluchow

Sewsk

Dimitriew Lgowski

Sosna

Don

Tschernigow

Tim

Woronesch

Kursk

40. Armee

Konotop

Obojan

Priluki

Sumy

Heeres-Gruppe
Süd
(GFM v. Rundstedt)

Belgorod

	Frontverlauf 30. 9. 1941
	Offensive 15.11. - 5.12.41
	Moshaisk-Verteidigungslinie
	Moskau-Verteidigungslinien
	Frontverlauf 5. 12. 1941
xxxx	Grenzen d. Heeres-Gruppen

0   100 Km

unter dem Oberbefehlshaber, Generaloberst Konjew, Mitglied des Frontkriegsrates Leonow, Generalmajor Iwanow, mit der 22., 39., 29. und 31. Armee; die Westfront unter dem Oberbefehlshaber Armeegeneral Schukow, dem Mitglied des Frontkriegsrates Bulganin, Generalleutnant Sokolowski mit der 30., 1., 20., 16., 5., 33., 43., 49., 50. und 10. Armee, zwischen den beiden letztgenannten das I. Gardekavalleriekorps, die Südwestfront unter dem Oberbefehlshaber Marschall Timoschenko, Mitglied des Frontkriegsrates Generalleutnant Chruschtschow, Generalmajor Pokrowski, mit der 61., 3., 13. und 40. Armee.

Die 1. Stoßarmee und die 20. Armee unter Generalmajor Wlassow werden in den Raum Moskwa-Wolga-Kanal verlegt, da Stalin von dort aus eine direkte Bedrohung der Hauptstadt erwartet. Diese 20. Armee ist eine Neuaufstellung der im Oktober im Kessel von Wjasma zerschlagenen 20. Armee und setzt sich jetzt aus den besonders für den Winterkrieg ausgebildeten sibirischen Elitetruppen zusammen.

Die 20. Armee ist neben der 16. Armee (GenLt. Rokossowski) die personell und materiell stärkste Armee der Westfront. Außer den im Krieg gegen Japan in der Mandschurei kampferprobten Schützendivisionen verfügt sie über Panzer- und Kavallerieverbände und zählt in ihrem Abschnitt die zur Zeit höchste Artillerie-Durchschnittsdichte von 40 Geschützen und Granatwerfern auf einen Kilometer Front.

Die deutsche Luftaufklärung meldet trotz vorzüglicher Tarnmaßnahmen mehrfach neue sowjetische Truppenansammlungen im Raum Moskau. Oberstleutnant Greffrath: »Die Meldungen der Flieger über Ansammlungen starker Kräfte beiderseits und ostwärts Moskau wurden von der Führung als ›Gespensterei‹ betrachtet. Man konnte sich eben nicht zu der Auffassung durchringen, daß nach dem vermeintlichen endgültigen Zusammenbruch der Russen noch neue Kräfte in einem erheblichen Maße auftreten würden.«

Je näher die Front an Moskau heranrückt, umso stärker wächst der sowjetische Widerstand. Kamen in den ersten Novembertagen die Panzerverbände fünf bis sieben Kilometer innerhalb von 24 Stunden voran, so sind es jetzt höchstens noch zwei bis drei Kilometer. Alle Reserven sind eingesetzt, und die Heeresgruppe hat keine weitere Möglichkeit zu helfen.

An diesem Tag geht die Rote Armee sogar zum Angriff über. Das I. Gardekavalleriekorps (GenMaj. Below) und die 112. Panzerdivision (Oberst A. I. Getman) versuchen bei Kaschira eine Flanke der 2. Panzerarmee abzuschneiden. In einem Leitartikel schreibt die »Prawda« unter der Überschrift »Vor Moskau muß die Zerschlagung des Feindes beginnen!«: »Noch ein wuchtiger

→ Ein deutscher Wachtposten hat Außendienst bei 35° minus

→→ Raum Tula, Mitte November 1941: Soldaten eines sowjetischen Schützenregiments nach der Gefangennahme

198

Schlag, und der erschütterte Feind wird in die Knie gehen! Er ist durch die vorausgegangenen Kämpfe bereits erheblich erschöpft. Er ist müde geworden. Der Augenblick ist gekommen, wo man ihn zum Stehen bringen kann, um ihn zu zerschlagen!«

↑ Moskau, Mitte November 1941: Die sowjetischen schweren Vierlings-MG Maxim bei der Bekämpfung von tieffliegenden deutschen Bombern

Auch am 27. November 1812 spielte sich an der Beresinabrücke die Tragödie von Napoleons Grande Armée ab: Die Reste der einst starken Armee, jetzt abgerissen, von Kälte und Hunger geplagt, drängen sich in Panik – von den Kosaken verfolgt – über die befehlsmäßig erbaute Brücke.

In den frühen Morgenstunden des 28. November 1941 erobert das LVI. Panzerkorps mit der 7. Panzerdivision nach schweren Kämpfen in einem Handstreich die wichtige, noch unversehrte Kanalbrücke ostwärts Jachrow. Einige Stunden später erreicht die 2. Armee über Klin nach harten Gefechten den Wolga–Moskwa–Kanal und bildet hier einen schmalen Brückenkopf, der aber angesichts der feindlichen Übermacht wieder aufgegeben werden muß. Generaloberst Freiherr v. Weichs versucht nun nach Süden auf Moskau einzudrehen. Dies erweist sich als unmöglich: Die sibirischen Verbände drücken immer stärker auf die linke Flanke am Westufer des Kanals.
Die neben der 2. Armee angreifende Panzergruppe 4 kann ebenfalls in schwersten Kämpfen nach Istra kommen und sich nach einem überraschenden und waghalsigen Vorstoß von Nordosten her bei Krasnaja Poljana bis auf 30 Kilometer dem Stadtrand von Moskau nähern. Am Abend bleibt sie jedoch im Feuer heftiger Gegenangriffe liegen.
An diesem Tag befiehlt die Heeresgruppe Mitte der 2. Panzerarmee ihren

199

erfolgreichen Angriff nach Norden bei Kaschire einzustellen und verstärkt gegen Tula vorzugehen und erst die Stadt zu nehmen. Die Chancen dafür sind minimal, da selbst ein Versuch, die erkannten Ausladungen der sibirischen Truppen an der Bahnlinie Ryasan–Kolomna durch Gleissprengungen zu unterbinden, gescheitert ist.

Am Morgen des 29. November 1941 muß die 10. mot. Division der 2. Panzerarmee das kurz vorher genommene Skopin unter ungewöhnlich starkem Feinddruck überstürzt räumen. Nun ist an der 100 Kilometer langen Ostflanke der Verbände von Generaloberst Guderian die Wende eingetreten. Da der OB der Heeresgruppe Mitte den Eindruck hat, daß die Sowjets vom mittleren Frontabschnitt Truppen herausziehen und sie an den Nordflügel verlegen, ist man in der

→ Östlich von Wolokolamsk, Ende November 1941: Deutsche Infanterie räumt ein von sowjetischer Artillerie in Brand geschossenes Dorf

200

Heeresgruppe einverstanden, daß Generalfeldmarschall v. Kluge mit seiner 4. Armee am 1. Dezember um 6.45 Uhr zur Offensive antritt.
Bei Jachroma führt die 1. Stoßarmee (Gen. Ltn. Kusnetzow) energische Gegenangriffe, und es gelingt ihr, Teile der 3. Panzerarmee an einigen Stellen nach Westen zurückzuwerfen. Die Reste der Kampfgruppe Manteuffel werden trotz erbitterten Widerstandes vom Brückenkopf verdrängt.

Am Sonntag, dem 30. November 1941, nimmt die 2. Panzerdivision mit ihrer Kampfgruppe 1 (Oberst Rodt, Kdr. der 2. Schützen-Brigade) nach hartem Kampf gegen die in Feldbefestigungen verschanzten sibirischen Schützen der 20. Armee (GenMaj. Wlassow) die Orte Krasnaja Poljana und Putschki. So stößt die 2. Panzerdivision bis auf 18 Kilometer an Moskau heran. Vor Tula

gelingen der 2. Panzerarmee südlich und südwestlich der Stadt einzelne Durchbrüche in die sowjetische Verteidigungslinie, aber die Angriffe auf Tula werden zurückgeschlagen.

Am gleichen Tag läßt Generalfeldmarschall v. Rundstedt das eine Woche zuvor eroberte Rostow am Don räumen und die Front zurückverlegen. Er kann dem starken sowjetischen Druck auf beide Flanken nicht mehr standhalten. Es ist der erste deutsche strategische Rückzug im Zweiten Weltkrieg, den v. Rundstedt, ohne die Erlaubnis des OKH einzuholen, durchführt. Als das OKW ihn auffordert, seine Maßnahme rückgängig zu machen, ersucht er um seine Ablösung. Neuer Oberbefehlshaber der Heeresgruppe Süd wird der von Hitler ernannte Generalfeldmarschall W. v. Reichenau.

Ebenfalls am 30. November 1941 meldet Armeegeneral Schukow, OB der Westfront, Stalin die Bereitschaft zur Offensive.

Bis Ende November erreichen die Verluste der deutschen Wehrmacht seit Beginn des Feldzuges gegen die UdSSR 743 000 Mann, rund 24 Prozent der eingesetzten 3,8 Millionen Soldaten.

Am Montag, dem 1. Dezember 1941, tritt endlich die im mittleren Frontabschnitt vor Moskau liegende 4. Armee (GFM v. Kluge) zu dem so lang verzögerten Angriff an. Sie kann in hartem Ringen den Feind frontal zurückdrängen. Nach dem Überschreiten der Nara nördlich und südlich von Naro-Forminsk steht die 4. Armee mit dem XX. Armeekorps (Gen. d. Inf. Materna) und dem VII. Armeekorps (Gen. d. Art. Fahrmbacher) etwa 40 Kilometer vor Moskau. Sie durchbrechen bereits die letzten sowjetischen Schutzstellungen an den Flügeln der 33. Armee (GenLt. Jefremow) und stoßen entlang der Rollbahn

↓ Mit Tragtieren wird die Munition im morastigen Gelände nach vorn gebracht

Minsk–Moskau und der Kiewer Chaussee auf die sowjetische Hauptstadt vor. Wie von Generaloberst Hoepner erwartet, gelingt es seiner Panzergruppe 4 unter Ausnutzung dieses Angriffs einige Kilometer vorwärts zu kommen; aber dann sind die Verbände am Ende ihrer Kräfte. Die an seinem Flügel vorgehende 3. Panzerarmee kommt auch nicht weiter, die Truppen von General Reinhardt werden beim Eindrehen nach Süden durch stark vermintes Sumpfgelände behindert, und die Angriffe gegen ihre Ostflanke vom Moskwa-Kanal aus durch die 20. Armee werden immer schwerer.

Das OKH hat aber noch die Hoffnung, daß es trotz der verminderten Kampfkraft und der immer noch sinkenden Temperaturen – es herrschen minus 35 Grad – die Panzergruppe 4 schaffen wird, beiderseits der Rollbahnen Leningrad–Klin–Moskau die sowjetische Hauptstadt einzuschließen.

Gegen Nachmittag scheint sich die Lage zu bessern: Die sowjetischen Stellungen beiderseits der Flußschleife der Lutoschnja und die taktisch wichtige Kirchenhöhe von Muchanski sind erstürmt. Es wird auch durch Säuberung der Straße zum Moskwa-Kanal die Verbindung zur benachbarten 7. Panzerdivision (GenMaj. Frhr. v. Funck) der 3. Panzerarmee hergestellt. Auch das südlich davon als Bindeglied zwischen die 1. und 6. Panzerdivision eingeschobene Infanterieregiment 68 gewinnt Raum nach Osten.

Zur gleichen Stunde führt die der 1. Panzerdivision (GenMaj. Krüger) unterstellte Kampfgruppe einen Verfolgungsstoß nach Süden durch und nimmt Chrabowo. Die Kampfgruppe zerschlägt die vor dem Druck des V. Armeekorps (Gen.d.Inf. Ruoff) zurückweichenden sowjetischen Schützenkolonnen und erobert Udino. Über 5000 Gefangene, 26 Geschütze und zahlreiches Kriegsgerät fallen der Gruppe in die Hände.

↓ Raum Jefremow, Ende November 1941: Die schweren Panzerspähwagen Sd Kfz 232 der 18. Panzerdivision (GenMaj. Nehring)

↑ Raum Michai-
low, Ende Novem-
ber 1941: Ein deut-
sches Sturmgeschütz
der 2. Panzerarmee
(GenOberst Gude-
rian) in Lauerstel-
lung

Südlich von Udino haben Teile der Wiener 2. Panzerdivision (GenLt. Veiel) Krasnaja Poljana erreicht; ihre Aufklärungsspitze steht vor der Moskauer Ringbahn und plötzlich taucht aus dem Dunst vor den Panzerschützen und Grenadieren in der Ferne die Silhouette der Hauptstadt auf.

Die 7. Panzerdivision hat bereits mit einem Regiment bei Dmitrow den Moskwa–Kanal überschritten und dort einen Brückenkopf gebildet. Auf diese Meldung hin erteilt die 3. Panzerarmee vorbereitete Befehle für eine Umfassungsoperation über Sagorsk, die zur Einschließung Moskaus von Osten her führen soll.

In der Dämmerung sinken die Temperaturen weiter ab. Die MG-Schlösser frieren ein, und die Rohrrücklaufbremsen der Geschütze funktionieren nicht mehr einwandfrei. Die Motoren der Panzer und Fahrzeuge müssen durchlaufen oder immer wieder gestartet werden. Die Soldaten ziehen alles verfügbare Warme an, trotzdem nehmen die Erfrierungen zu, und in der beginnenden Nacht, besonders im Morgengrauen, muß jeder verfügbare Mann in den Stellungen sein. Der gefrorene Boden erlaubt kein Einschanzen, nur Schneewälle bilden die Deckung.

Am 1. Dezember 1941 erklärt Generalfeldmarschall v. Bock durch Fernschreiben, in dem er dem OKH die Lage schildert, daß eine Fortsetzung des Angriffs »ohne Sinn und Zweck« erscheine, »zumal der Zeitpunkt sehr nahe« rücke, »in dem die Kraft der Truppe völlig erschöpft« sei. Die Antwort von Generaloberst Halder: ». . . Man müßte versuchen, den Feind mit dem letzten Kraftaufgebot niederzuringen. Wenn endgültig klar ist, daß das nicht möglich ist, müssen neue Entschlüsse gefaßt werden.« Daraufhin wendet sich der verzweifelte v. Bock an Hitlers militärischen Sachberater, den Chef des Wehrmachtführungsstabes

← Raum Naro-Forminsk, Anfang Dezember 1941: Ein deutscher Flak-Kanonier in Erwartung des Angriffs sowjetischer Schlachtflugzeuge

im OKW, Generaloberst Jodl. Aber auch jetzt erteilt Hitler keinen Befehl zur Einstellung der Offensive. Die Verantwortung für eine solche Maßnahme bleibt nun Generalfeldmarschall v. Bock allein überlassen.

In Moskau beschließt am selben Tag Stalin nach einem Vortrag von Armeegeneral Schukow, mit dem Gegenangriff noch bis zum 6. Dezember 1941 zu warten, um die Kräfte besser zu gliedern und noch mehr Reserven aus dem Fernen Osten abzuwarten.

Am Dienstag, dem 2. Dezember 1941, gelingt es noch unter enormen Anstrengungen nordwestlich der Hauptstadt, im Abschnitt Kalinin–Wolokolamsk, einen schmalen Keil bis zum Moskauer Vorort Chimki voranzutreiben. Die schweren 21-cm-Festungsbatterien von Moskau schießen jetzt in die vordersten Stellungen hinein. Es ist der weiteste Punkt, den eine deutsche Truppe jemals erreicht hat. Die 4. Armee erringt trotz Schneefall, eisigem Wind und eisglatten Wegen in aufreibenden Kämpfen einige Erfolge, aber die eigene Gefechtsstärke reicht nicht mehr aus. So verlieren sich allmählich die operativen Schlachten der Heeresgruppe Mitte immer mehr in taktischen Einzelkämpfen ohne jeden strategischen Wert.

Auf dem Südflügel erreicht die 2. Armee mühsam Tim, und ihre Spitzen sind bis Jelez und Jefremow vorgekommen. Die 2. Panzer-Armee steht mit ihrer nur dünnen Besetzung unter wachsendem Druck der sowjetischen Verbände. Nur das XXIV. Panzerkorps hat bei scharfem Nordwind und 20 Grad Kälte einige Erfolge.

Hinter der Front besteht keine zusammenhängende Linie, sondern nur durch einzelne Kampfgruppen gesicherte Straßen- und Bahnknotenpunkte. Auf rund

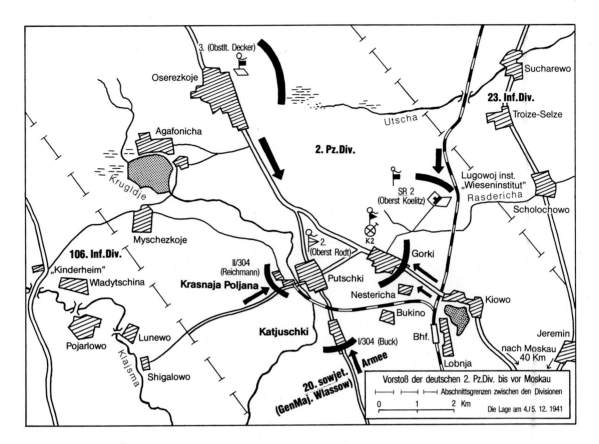

Bei Krasnaja
Poljana kommt der
äußerste Vorstoß
der Panzergruppe 4
in Richtung Moskau
zum Stehen

1000 Kilometer Frontbreite gibt es kaum Reserven, lediglich die 255. Division
steht hinter dem Nordflügel der 4. Armee. Im weiten rückwärtigen Gelände
liegen vier Sicherungs-Divisionen, um die Versorgungslinien gegen wachsende
Partisanenüberfälle zu schützen.

Gegen Mittag übermittelt der Chef des A.O.K. 4 der Heeresgruppe Mitte die
Nachricht, daß alle Kräfte der 4. Armee bei Naro-Forminsk hinter den Nara-
Abschnitt auf ihre Ausgangsstellungen zurückgenommen werden müssen. Zu
gleicher Zeit meldet Generaloberst Hoepner an Generalfeldmarschall v. Klu-
ge, daß die Angriffskraft seiner Panzergruppe 4 am Ende sei. Die Gründe:
Körperliche und seelische Überanstrengung, nicht mehr tragbarer Ausfall an
Führern, mangelhafte Winterbekleidung. Nur noch die Wiener 2. Panzerdivi-
sion des V. Armeekorps kann östlich der großen Rollbahn schrittweise an
Boden gewinnen.

Am Nachmittag befiehlt Generaloberst Hoepner konsequent – er tut es selbständig und zunächst ohne Billigung der Heeresgruppe – eine dreitägige Einstellung des Angriffs für den Bereich der Panzergruppe 4. Die über die Moskwa
nach Südosten angetretenen 267. und 197. Infanteriedivisionen werden auf das
Nordufer der Moskwa zurückgenommen. Auch die 3. Panzerarmee stellt jetzt
ihren Angriff auf Moskau ein.

Am Mittwoch, dem 3. Dezember 1941, bricht auch die 2. Panzerarmee ihr
Vordringen von Süden her ab.

Nur Oberst Eberbach gelingt noch mit einer schwachen Spitze, die Unterbre-
chung von Straßen- und Bahnlinien zwischen Tula und Serpuchow. Guderian:
»Damit war aber auch die Kraft der Truppe und der Betriebsstoff am Ende.«

206

Der Nordflügel der 2. Panzerarmee muß unter dem Druck des 1. Gardekavalleriekorps (GenMaj. Below) zurückgenommen werden. Der 3. Panzerdivision gelingt es noch unter größten Anstrengungen, sowjetische Truppen in den Wäldern östlich von Tula zu schlagen.

An diesem Tag fällt bei der Heeresgruppe Mitte die Entscheidung. Generalfeldmarschall v. Bock läßt den linken Flügel, da die Verbände völlig erschöpft sind, anhalten, und zieht die Verbände des mittleren Abschnittes in ihre letzte Ausgangsstellung zurück. Es liegen nun also zwei Drittel der Kräfte der Heeresgruppe Mitte auf dem etwa 300 Kilometer breiten Streifen in der Front vor Moskau zwischen Venew und Dmitrow fest. Die restlichen gefährdeten Verbände sind die im Norden weit zurückbiegenden Flanken.

Am Donnerstag, dem 4. Dezember 1941, greifen im Morgengrauen die frischen, unverbrauchten Truppen der 20. Armee (GenMaj. Wlassow) Gorki an. Trotz des Einsatzes der sowjetischen Luftwaffe, die mit ihren IL 2 »Stormovik« die Erdtruppen unterstützt, bricht deren Unternehmen 150 Meter vor den Linien der 2. Panzerdivision zusammen.

Ununterbrochen rennen die Fernost-Regimenter gegen die deutschen Linien an. Zunächst mit Panzereinheiten bei Katjuschki und Gorki von Nordosten her aus der Gegend des Lugowoj-Instituts. Wenig später tauchen sowjetische Kampfwagen vom Typ T-34 und KW-1 am Südrand von Krasnaja Poljana auf. Hier stoppt das Artillerie-Regiment 74 den Angriff und schießt vier Panzer ab. Trotzdem stürmen die Sibirier, unterstützt durch starke Artillerie und Stalinorgeln. Südlich von Lobnja zeigt sich ein Panzerzug. Die Pioniere sprengen daraufhin die Bahnlinie Lobnja–Putschki.

← Anfang Dezember 1941: Deutsche Infanterie vor ihrer Bereitstellung zum Vorstoß in Richtung Moskwa-Wolga-Kanal

→ Raum Krasnaja Poljana, Anfang Dezember 1941: Eine sowjetische Patrouille kurz vor einem nächtlichen Vorstoß

An diesem Tag muß die Heeresgruppe Mitte auf massives Drängen von Hitler, OKW und OKH den Angriff wiederaufnehmen, obwohl sich nicht nur das Auftreten einzelner sibirischer Brigaden, sondern auch das Erscheinen der ganzen sowjetischen Fernost-Armee bestätigt hat. General Ruoff: »Diese Tatsache wog um so schwerer, als die Armee über starke Verbände und eine vorzügliche Winterbekleidung (wenngleich ohne weiße Tarnumhänge) verfügte. Die braunen Massen erschienen allerorts und versuchten die schwachen deutschen Frontabschnitte zu überrennen, und wo dies nicht gelang, in benachbarten Lücken durchzustoßen . . .«

Um 16.30 Uhr, bei eintretender Dämmerung, berichtet die 2. Panzerdivision in ihrer Abendmeldung an das XXXX. Panzerkorps der Panzergruppe 4: »Während des ganzen Tages wiederholte planmäßige Feindangriffe auf Katjuschki,

↓ Krasnaja Poljana, 3. Dezember 1941: Ein vorgeschobener Beobachtungsposten der deutschen 2. Panzerdivision (GenLt. Veiel) nahe der Straße nach Moskau

Krasnaja Poljana von Süd und Südwest und auf Gorki von Süd, West, Nordost und Ost. Die Ortschaften konnten gehalten werden. Im Verlaufe einer Umgehungsbewegung vom ›Wieseninstitut‹ (Lugowoj-Institut) her gelang es dem Gegner mit Einbruch der Dämmerung die Straßengabel nordwestlich Gorki zu erreichen und zu sperren.«

Am Abend des 4. Dezember 1941 beurteilt die Abteilung Fremde Heere Ost (OKH) die Gefechtskraft der Roten Armee als nicht so hoch, daß »der Russe zu einer großangelegten Offensive ohne Zuführung wesentlicher Verstärkung zur Zeit fähig wäre«.

In der Tat, auch Hitler ist immer noch der Ansicht, daß »der Russe« keinen beweglichen Winterkrieg führen könne. Der Führer hat daher für den Winter 1941/42 eine durchgehende Tiefenzone von Stützpunkten größeren Umfanges vorgesehen. In deren Schutz soll die Masse der Truppe in Waldlagern und Orten ruhen und sich erholen, also »auffrischen« können. Das Zwischengelände wird von motorisierten Jagdkommandos überwacht, wobei das ganze System durch ausgefeilte Feuerpläne der Artillerie und schweren Waffen abwehrfähig bleibt.

Hinter einer so gesicherten Winterlinie von Leningrad bis zur Krim werden die Truppen nach Hitlers Plan das Frühjahr abwarten. Und dann soll es wieder losgehen.

Zur Stunde ahnt jedoch niemand die bevorstehende sowjetische Gegenoffensive. Ihr Beginn bedeutet ein Fiasko für das Unternehmen »Barbarossa« und einen Rückzug von wahrhaft napoleonischem Ausmaß. Aber das wissen die Soldaten, die in den frostigen Nächten in ihren Stellungen vor Moskau ausharren, noch nicht.

↓ Krasnaja Poljana, 3. Dezember 1941, eine Aufnahme durch das Scherenfernrohr des vorgeschobenen Beobachtungspostens: Die erste Moskauer Vorstadt mit Datschas

5.12. - 17.12.1941

Vierte

Sowjetische
Winteroffensive

Phase

Das Ende des deutschen Blitzkriegs

Freitag, 5. Dezember 1941:

Bei 2. Armee setzte H. Kdo. XXXIV mit rechtem Flügel Vormarsch nach Nordosten fort. 45. I.D. drang von Süden in den Südostteil von Jelez ein. 134. I.D. steht nördl. Jelez im Kampf mit neu herangeführter Feindgruppe. Lage dort zur Zeit noch ungeklärt. H. Kdo. XXXV trat planmäßig zum Angriff gegen die Feindkräfte südostw. Jefremow an. Der Angriff gewann gut Boden. Das Vorgehen der H. Kdo. XXXIV und XXXV wurde durch dauernde Angriffe starker feindl. Luftkräfte erheblich behindert. / 2. Pz.Armee: LIII. AK. mußte linken Flügel 29. I.D. (mot.) infolge überlegenen Feindangriffs mit Panzern um etwa 3 km zurücknehmen. Dagegen gewann 167. I.D. unter Abwehr eines

→ Bei Negotino, 6. Dezember 1941; der große Rückzug beginnt: Deutsche Truppen lösen sich vom Feind und versuchen in neuen Stellungen, die Front zu halten

feindl. Gegenstoßes weiter nach Norden Raum und löst rechten Flügel
17. Pz.Div. ab. / Bei XXIV. AK. wies 17. Pz.Div. in bisheriger Stellung
Feindangriffe von Norden und Nordwesten ab. Während 4. Pz.Div. nur von
Norden von schwächeren Kräften angegriffen wurde, griff der Feind von Tula
aus mit starken Kräften gegen I.R. »Gr. D.« und rechten Flügel 3. Pz.Div. an.
Die Angriffe wurden im allgemeinen abgeschlagen. Linker Flügel 3. Pz.Div.
gewann von Osten gegen Tula etwa 4 km Boden. 296. I.D. – mit allen Teilen an
der Upa westl. Tula eingetroffen – im Angriff gegen und über die Upa.
XXXXIII. AK. stieß mit 31. I.D. etwa 3 km nach Osten vor und wehrte mit 131.
I.D. Feindangriffe ab. / Lage bei 4. Armee im allgemeinen unverändert. Auf
dem Südflügel wurden schwächere Erkundungsvorstöße des Feindes abgewiesen. Vor LVII. und XX. AK. fühlte Feind, z. T. mit Panzern, an die Nara heran.

Ein Angriff wurde im Gegenstoß zurückgeworfen. IX., XXXX., XXXXVI. und V. AK. wehrten Feindvorstöße ab, bei V. AK. sind die Kämpfe noch nicht abgeschlossen. / Bei Pz.Gr. 3 gewann der Angriff des rechten Flügels des XXXXI. AK. nur langsam Boden. Der Angriff der 23. I.D. mußte nach stärkeren eigenen Verlusten in die Ausgangsstellung zurückgenommen werden. Der linke Flügel des Korps zerschlug Feindangriffe bereits in der Bereitstellung. LVI. wehrte Feindangriffe mit Schwerpunkt bei und südl. Jachroma - stellenweise durch Gegenstoß mit Panzern - ab. / Bei 9. Armee begann der für den heutigen Tag erwartete russische Angriff beiderseits Kalinin in den Morgenstunden und dauerte in unverminderter Heftigkeit den ganzen Tag über an. Es gelang dem Feind, bei 86., 162. und 161. I.D. über die Wolga vorzustoßen und an der Naht zwischen 86. und 162. I.D. die Straße Kalinin - Klin zu überschreiten. // Wetter: Frost bis zu 35 Grad.

Im Frontalangriff auf unsere Hauptstadt
5. Dezember 1941, Moskau. Das Sowinformbüro teilt mit:

In der Schlacht um Moskau hat jetzt, wie die Luftaufklärung meldet, die Heeresgruppe v. Bock den größten Teil der vorhandenen Reserven im Einsatz. Im nördlichen Abschnitt von Moskau halten heftige Schneestürme und starker Frost an, die Kampfhandlungen kaum möglich machen. Skipatrouillen der sibirischen Truppen brachten deutsche Gefangene mit, die durch Kälte kampfunfähig waren. Bei Wolokolamsk und Moshaisk sowie weiter südwestlich ist die Gefahr für Moskau nach wie vor akut; unsere Gegenangriffe haben zwar örtliche Erfolge gebracht, die Situation ist jedoch weiterhin ernst. Auf breiter Front stieß ein starker faschistischer Panzerverband in nordöstlicher Richtung nach Dmitrow vor, schwenkte dann in südöstlicher Richtung zur Straße Leningrad–Moskau ab und steht jetzt im Frontalangriff auf unsere Hauptstadt. Besonders schwer sind die Einbußen des Gegners an Panzern, motorisierten Geschützen und Kraftwagen aller Art, die unsere »Stormovik«-Schlachtflugzeuge in Tiefangriffen vernichtet haben.
Nordöstlich von Tula sind die Truppen Guderians weiter gegen die Eisenbahnlinien vorgedrungen, die äußerst wichtig für die Versorgung von Moskau sind.

». . . bricht die Wende herein«
5. Dezember 1941. Oberst W. Heinemann, Inf. Reg. 67 (23. Inf. Div.), notiert:

Das allmählich aufgetaute Funkgerät meldet zum Regiment »Lupanowo 15.45 Uhr genommen. Sichern nach allen Seiten!« Inzwischen ist es Nacht geworden, vom Feinde ist nichts zu bemerken. In einer Bauernstube versammelt der Bataillons-Kommandeur die Einheitsführer, um Sicherungsmaßnahmen für die Nacht anzuordnen. Auch ein Zug der Panzerjägerkompanie des Regiments ist herangeeilt und am Ortsrand in Stellung gegangen; sogar ein Geschütz der 6./AR. 23 kommt im Galopp angeprescht, um ganz vorn der Infanterie Feuerunterstützung zu geben. Gegenüber dem wärmenden Riesenofen sitzt der Kommandeur, auf seinen Knien den am Vortag gelieferten Stadtplan von Moskau haltend. Als er ihn seinen Kompaniechefs gerade zeigt, bricht die Wende herein. Rasendes MG-Feuer von drei Seiten her und erste Einschläge von Pak-Geschossen direkt im Ort zeigen, daß der Gegner zum Gegenangriff ansetzt. Im Nu ist alles draußen. Der Giebel des Gefechtsstandes flammt schon auf, durch einen Pak-Volltreffer in Brand gesetzt . . .

Die Ursachen der Krise
Aufzeichnung des OB der HGr. Mitte vom **7. Dezember 1941**

Drei Dinge haben zu der gegenwärtigen schweren Krise geführt:
1. Die einsetzende Herbst-Schlammzeit.
Truppenbewegungen und Nachschub sind durch die tief verschlammten Wege nahezu völlig lahmgelegt. Die Ausnutzung des Sieges von Wjasma ist nicht mehr möglich.
2. Das Versagen der Bahnen.
Mängel im Betriebe, Mangel an Wagen, Lokomotiven und geschultem Personal – mangelnde Widerstandsfähigkeit der Lokomotiven und Betriebseinrichtungen gegen den russischen Winter.
3. Die Unterschätzung der Widerstandskraft des Feindes und seiner personellen und materiellen Reserven.
Der Russe hat es verstanden unsere Transportschwierigkeiten durch Zerstörung nahezu aller Kunstbauten an den Hauptbahnen und Straßen so zu steigern, daß es der Front am Allernötigsten zum Leben und Kämpfen fehlt.
Munition, Betriebsstoff, Verpflegung und Winterbekleidung kommen nicht heran. Die Leistungen der infolge Versagens der Bahnen und nach 1500 km langem Vormarsch überbeanspruchten Kraftfahrgeräte sinken zusehends ab.
So kommt es, daß wir heute jeder Möglichkeit zu nennenswerten Truppenverschiebungen beraubt und mit versagendem Nachschub einem Feinde gegenüberstehen, der unter rücksichtslosem Einsatz seiner unerschöpflichen Menschenmassen zum Gegenangriff antritt . . .

Wechselvolle Kämpfe
7. Dezember 1941, Moskau. Die Agentur TASS meldet:

In der Schlacht um Moskau wechselt der Schwerpunkt der Kämpfe ständig von einem Sektor zum anderen. In der vergangenen Woche wurden auch hier zum erstenmal sowjetische Skitruppen der Fernostarmee eingesetzt, die zu den Eliteverbänden zählen.
Die Verluste sind auf beiden Seiten außerordentlich hoch. Die Temperatur ist auf 35 Grad unter Null gesunken.
An der Hauptstraße von Dmitrow nach Moskau stehen zwei faschistische Panzerdivisionen und zwei motorisierte Infanteriedivisionen etwa 50 Kilometer vor Moskau.

← Raum Soletschnogorsk, Anfang Dezember 1941: Ein deutsches Pak-Geschütz in offener Stellung versucht den Vormarsch sowjetischer Panzer zu stoppen

215

Der Führer und Oberste Befehlshaber der Wehrmacht
OKW/WFSt/Abt. L (I Op.)
Nr. 442090/41 g.K. Chefs.
Geheime Kommandosache Chefsache!
Nur durch Offizier!

Führerhauptquartier,
den **8. Dezember 1941**

Der überraschend früh eingebrochene strenge Winter im Osten und die dadurch eingetretenen Versorgungsschwierigkeiten zwingen zu sofortiger Einstellung aller größeren Angriffsoperationen und zum Übergang zur Verteidigung.

Wie diese Verteidigung zu führen ist, wird bestimmt durch das Ziel, das mit ihr verfolgt wird, nämlich:

a) Räume zu behaupten, die operativ oder wehrwirtschaftlich für den Gegner von großer Bedeutung sind,

b) den im Osten eingesetzten Kräften der Wehrmacht eine möglichst große Erholung und Auffrischung zu ermöglichen und

c) dadurch die Voraussetzungen für die Wiederaufnahme größerer Angriffsoperationen im Jahre 1942 zu schaffen.

. . .

5) Die Genehmigung zum Herausziehen der noch für den Einsatz im Bereich des Obfh. Süd vorgesehenen Kräfte aus der Front vor Moskau behalte ich mir weiter vor.

. . .

(gez.) Adolf Hitler

→ Durch die Gegend, wo noch vor kurzem beim Vormarsch erbitterte Kämpfe stattfanden, ziehen jetzt deutsche Soldaten zurück

».. . nur noch örtliche Kampfhandlungen«

Montag, 8. Dezember 1941. Das Oberkommando der Wehrmacht gibt bekannt:

Die Fortsetzung der Operationen und die Art der Kampfführung im Osten sind von jetzt ab durch den Einbruch des russischen Winters bedingt. Auf weiten Strecken der Ostfront finden nur noch örtliche Kampfhandlungen statt.

Tagesparole des Reichspressechefs
8. Dezember 1941:

Der Kampf im Osten steht von jetzt ab im Zeichen des dort frühzeitig eingetretenen harten Winters. Die von unseren heldenhaften Truppen dort in Eis und Schnee unter größten Strapazen tagtäglich vollzogenen Leistungen sind entsprechend zu würdigen.

Ruhe an der Ostfront
Dienstag, 9. Dezember 1941. Das Oberkommando der Wehrmacht gibt bekannt:

An der Ostfront nur örtliche Kampfhandlungen.

». . . der vorzeitige Einbruch des strengen russischen Winters«
9. Dezember 1941, Berlin. United Press meldet:

Genau zwei Monate, nachdem Reichspressechef Dr. Dietrich erklärt hat, die militärische Macht Rußlands sei zerschlagen, hat der vorzeitige Einbruch des strengen russischen Winters die Fortsetzung großangelegter Operationen an der Front von Moskau unmöglich gemacht und damit bewirkt, daß nur ein Teil der Ziele erreicht werden konnte, die sich das deutsche Oberkommando zu Beginn der Offensive gegen Moskau am 2. Oktober gesetzt hatte.

Sowjetische Winteroffensive
Mittwoch, 10. Dezember 1941. Das Oberkommando der Roten Armee gibt bekannt:

Die sowjetischen Streitkräfte haben an der gesamten Front vom Weißen bis zum Schwarzen Meer die Offensive begonnen.

Schwere gegnerische Verluste
Donnerstag, 11. Dezember 1941. Das Oberkommando der Wehrmacht gibt bekannt:

Im Osten wurden dem Gegner bei der Abwehr örtlicher Angriffe schwere Verluste zugefügt.

→ Die von den deutschen Truppen ausgelegten Minenfelder bilden ein gefährliches Hindernis für die Rote Armee bei ihrer Gegenoffensive: Ein sowjetischer Soldat beim Minenräumen

An der Ostfront nichts Neues

Freitag, 12. Dezember 1941. Das Oberkommando der Wehrmacht gibt bekannt:

An der Ostfront fanden auch am Donnerstag nur örtliche Kampfhandlungen statt.

Sonderkommuniqué von Marschall Timoschenko und General Schukow

Sonnabend, 13. Dezember 1941. Das Oberkommando der Roten Armee gibt bekannt:

Die »sechste« faschistische Offensive gegen Moskau ist nun entscheidend zusammengebrochen. An der gesamten Front vor Moskau sind die gegnerischen Angriffspositionen und Verteidigungslinien durchbrochen worden. In vielen Abschnitten stehen sowjetische Verbände im Kampf gegen eingeschlossene zersplitterte deutsche Truppenteile.

Auf den Straßen des Rückzuges

13. Dezember 1941, an der Zentralfront. Ein Militärkorrespondent der TASS berichtet:

Das Gebiet, in dem unsere Truppen seit mehreren Tagen in der Offensive stehen, ist wie ein gewaltiger Friedhof von Kriegsmaterial. Entlang der beiden Hauptstraßen, die ich in den letzten 48 Stunden in Begleitung eines Generalstabsoffiziers abfuhr, liegen Hunderte von ausgebrannten Motorfahrzeugen,

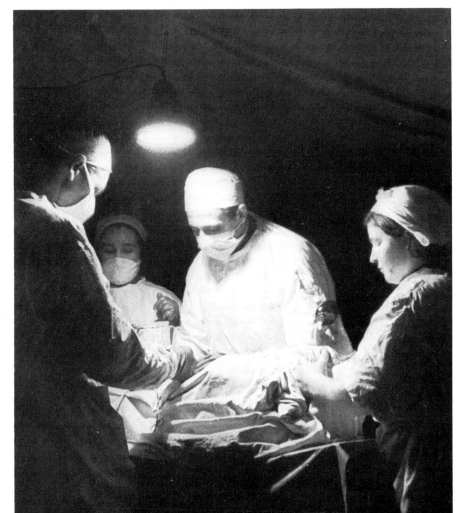

← Im Operationszelt eines sowjetischen Feldlazaretts bei Tula

219

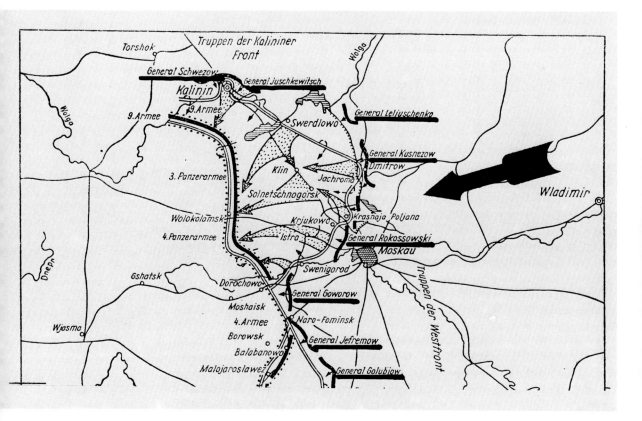

Panzern, Flakgeschützen und Kriegsgerät aller Art. Immer wieder treffen wir auf Panzer, die nicht durch Luftangriffe oder durch Artillerie vernichtet wurden, sondern wahrscheinlich wegen Brennstoffmangels von den Deutschen zurückgelassen und gesprengt wurden. Die deutschen Kriegsgefangenen haben nicht genügend warme Kleidung und sind zum Teil seit Tagen ohne richtige Ernährung. Aus den Gefangenenaussagen geht deutlich hervor, daß der Nachschub versagte und daß der Munitionsverbrauch der Truppen in den letzten Tagen vor der sowjetischen Offensive rationiert wurde. Grauenhaft ist das Schicksal der Verwundeten. Nur unter äußerst schwierigen Verhältnissen läßt sich der notwendige schnelle Abtransport dieser unglücklichen Menschen durchführen, und in vielen Fällen kommt die Hilfe zu spät. Überall treffen wir auf Tote, von denen ein großer Prozentsatz erfroren ist.

Die Regierung wieder in Moskau
Sonntag, 14. Dezember 1941, London. Die Agentur Reuter meldet:

Von Radio Moskau hörte man zum erstenmal wieder die Stimme des Korrespondenten des CBS, der erklärte, die sowjet-russische Regierung sei nach Moskau zurückgekehrt. – Die Hauptstadt gleicht einem Heerlager, überall stößt man auf Barrikaden, Maschinengewehrnester, Unterstände, Panzerfallen.

Feindliche Angriffe zurückgeschlagen
Montag, 15. Dezember 1941. Das Oberkommando der Wehrmacht gibt bekannt:

↑ Ausschnitt der Originalkarte aus der deutschen Ausgabe des Werkes von A. M. Samsonow, Die große Schlacht vor Moskau 1941–1942, Moskau 1956. Wo General Wlassow mit seiner tapferen 20. Armee stand, ist nur ein weißer Fleck (Pfeil)

Im Osten wurden an mehreren Stellen der Front feindliche Angriffe unter starken Verlusten des Gegners abgewiesen.

Geheimer Bericht des Sicherheitsdienstes der SS
zur innenpolitischen Lage Nr. 246 (Auszug)
15. Dezember 1941:

I. Allgemeines: Die Führerrede ist von allen Volksgenossen mit großer innerer Anteilnahme aufgenommen worden und hat überall das Gefühl der Sicherheit und Stärke des Reiches hinterlassen. Die Hervorhebung, daß die schwerste Last des Kampfes der Infanterist zu tragen habe, wurde als verdientes Lob allgemein begrüßt. Die Bevölkerung hatte mehreren Meldungen zufolge mit weit höheren Verlustziffern gerechnet. In den Erörterungen über die Verluste wurde jedoch vielfach zum Ausdruck gebracht, daß sich die Verlustzahlen an Toten seit Anfang November fast verdoppelt haben, woraus der Schluß gezogen wurde, daß die Kämpfe der letzten Woche besonders schwer gewesen sind. Das Ansteigen der Gefallenenzahlen in letzter Zeit hat um so größeres Erstaunen ausgelöst, als nach der seinerzeitigen Eröffnung durch den Reichspressechef allgemein angenommen worden war, daß der Bolschewismus entscheidend geschlagen sei und Kampfhandlungen größeren Ausmaßes kaum noch zu erwarten seien.

Hohe feindliche Verluste
Dienstag, 16. Dezember 1941. Das Oberkommando der Wehrmacht gibt bekannt:

Bei örtlichen Kampfhandlungen an mehreren Abschnitten der Ostfront erlitt der Feind auch gestern hohe Verluste.

». . . Frontverbesserungen und Frontverkürzungen«
Mittwoch, 17. Dezember 1941. Das Oberkommando der Wehrmacht gibt bekannt:

Im Zuge des Übergangs aus den Angriffsoperationen zum Stellungskrieg der Wintermonate werden zur Zeit an verschiedenen Abschnitten der Ostfront die erforderlichen Frontverbesserungen und Frontverkürzungen planmäßig vorgenommen.

↓ Raum Krasnaja Poljana, Mitte Dezember 1941: Die Frontlinie verläuft jetzt weiter westlich, nur die gefallenen deutschen und sowjetischen Soldaten bezeugen die schweren Kämpfe, die hier noch vor zwei Wochen tobten

Und so war es:

Ein neuer Tag, Freitag der 5. Dezember 1941, beginnt. Die verschneite Landschaft wirkt bei dem harten Frost wie erstarrt. Die Divisionen der Panzergruppe 4 (GenOberst Hoepner) stehen frierend in einem Bogen von 65 km, etwa von Swenigorad über Krasnaja Poljana bis dicht an den Moskwa-Wolga-Kanal, und die vorgeschobenen Beobachtungsposten können durch ihre Scherenfernrohre die Türme des Kreml sehen. Die Panzergruppe 4 hat bereits die zweite große Moskauer Schutzstellung bei grimmiger Kälte und tiefem Schnee gegen zähesten Widerstand eines zahlenmäßig weit überlegenen Feindes durchbrochen. Ihre Männer haben zusammen mit der 3. Panzerarmee die Rollbahn und Eisenbahnlinie Leningrad–Moskau überquert und damit die West- und Nordfront auseinandergerissen. Sie harren nun vor den Toren der Hauptstadt, in der seit Tagen ferner Kanonendonner zu hören ist, warten auf Verstärkung und den Befehl zum allerletzten Vorstoß auf das vor ihnen liegende Moskau. Auf der anderen Seite, im Schutz der dünnen Vorstadtwälder verborgen, gehen gerade die letzten Vorbereitungen der sibirischen Elitetruppen und Panzerbrigaden der 20. Armee (GenMaj. Wlassow) zu Ende. Auch sie warten auf den Angriffsbefehl.

An diesem Tag gehen zunächst die Truppen der Kalininfront (GenOberst Konjew) beiderseits des Wolga-Staubeckens zur Gegenoffensive über. Nach heftiger Feuervorbereitung mit Geschützen und Minenwerfern aller Kaliber sowie den gefürchteten Salvengeschützen (»Stalinorgeln«) werden Durchbrüche in deutsche Stellungen erzielt. Zur Unterstützung der Operation stellt STAWKA starke Fliegerkräfte bereit. Von den 1200 Flugzeugen der Roten

↓ Aufstellung der zur Verteidigung Moskaus eingesetzten sowjetischen Armeen

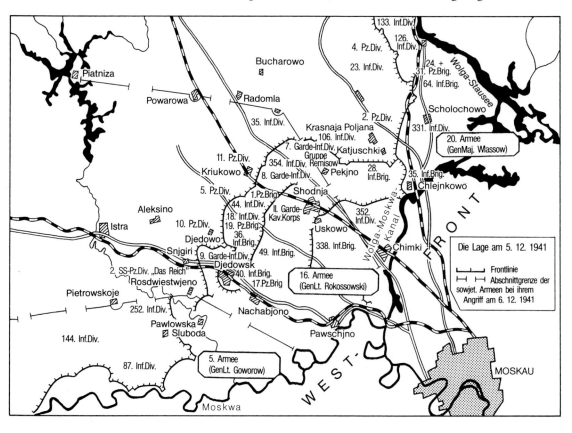

Luftflotte vor Moskau sind zwar 400 Maschinen veraltet, aber die Luftwaffe zählt in diesem Raum nur 670 Flugzeuge, deren Einsatzhäfen zudem noch weit hinter der Front liegen. Die Truppen der Kalininfront, darunter die 30. Armee (GenMaj. Leljuschenko) im Abschnitt Wolga-Stausee und Dmitrow, sind nach Zuführung von Reserven um beinahe das Vierfache verstärkt. Stalin hat Generaloberst Konjew befohlen, südostwärts von Kalinin in südwestlicher Richtung vorzustoßen, um die 3. Panzerarmee sowie die Panzergruppe 4 durch konzentrische Angriffe mit der 30. Armee und der 1. Stoßarmee sowie der 20. und 16. Armee, unterstützt durch 70 Prozent aller Luftstreitkräfte der Front und aus den Reserven der STAWKA, zu zerschlagen. Die deutsche Führung rechnet zur Zeit nicht mit der Möglichkeit eines planmäßigen Angriffs der Roten Armee mit operativen Zielen. Das OKH glaubt, auf beiden Seiten würden »die letzten Bataillone« im Einsatz stehen. Die Entscheidung wird nach seiner Meinung durch den stärkeren Willen herbeigeführt, der – wie könnte es anders sein – auf deutscher Seite vorhanden ist: Beispiel einer falschen Beurteilung der Feindlage.

Bereits in den frühen Morgenstunden des 5. Dezember 1941 entwickelt sich die Lage bei der 2. Panzerdivision (GenLt. Veiel) kritisch. Zunächst räumt die Kampfgruppe 1 (Oberst Rodt) befehlsgemäß das Dorf Katjuschki. Neue Stellungen am Südrand von Putschki werden bezogen. Gegen Mittag übermittelt die Panzergruppe 4 dem Armeeoberkommando 4 (AOK 4) die Lagebeurteilung vom 5. Dezember 1941:

»Nunmehr stehen der Front der Panzergruppe gegenüber: 17 Schützen-Divisionen, 2 Schützen-Brigaden, 4 Kavallerie-Divisionen und 12 Panzer-Brigaden, von denen ein großer Teil allerdings als stark angeschlagen anzusehen ist. Die

→→ Nur unter größten Opfern gelingt es den deutschen Truppen, den sowjetischen Vormarsch hier und da aufzuhalten: Eine Kompanie der deutschen Infanterie rückt in ein brennendes Dorf ein

↓ Die einst schlagkräftige deutsche Luftwaffe kann jetzt das Heer in seinem verzweifelten Kampf gegen die sowjetische Übermacht nicht mehr unterstützen: Ein Sturzkampfbomber Junkers Ju 88 auf einem tiefverschneiten Feldflugplatz

gegnerischen Kräfte sind zahlenmäßig den eigenen stark überlegen. Der Gegner – in einem Teil unserer Propaganda leider als schon besiegt, ohne Widerstandswillen und schlapp hingestellt – wehrt sich sehr zäh. Truppe muß immer wieder feststellen, daß er ausgezeichnet für den Winterfeldzug ausgerüstet ist (Pelzmützen, Filzstiefel, wattierte Hosen und Röcke), während sie selbst nur unzureichend geschützt ist.

Erfrierungen nehmen in hohem Maße zu und zehren neben der Feindeinwirkung an den geringen Gefechtsstärken. Dazu kommt, daß der Russe immer über vorbereitete Abwehrstellungen verfügt, die eigene Truppe liegt dagegen im offenen Gelände.

Nach übereinstimmendem Urteil Ihrer Kommandierenden Generäle ist die Truppe zur Zeit nicht mehr angriffsfähig. Ich habe daher den Übergang zur Verteidigung in den erreichten Linien angeordnet.«

Der Heeresgruppe Mitte wird klar, daß es sich um einen planmäßigen sowjetischen Gegenschlag handelt, dessen Schwerpunkt zur Zeit bei der 3. Panzerarmee liegt. Das Ziel scheint Klin zu sein. Geht dieser Ort aber verloren, ist die Masse der 3. Panzerarmee abgeschnitten. Über diese Stadt führt nämlich der einzige Rückzugsweg nach Westen. Der Oberbefehlshaber der 3. Panzerarmee, General Reinhardt, stellt jetzt aus eigenem Entschluß den Angriff ein und beantragt gleichzeitig beim OKH die Rücknahme der Truppe in eine haltbare Winterstellung. Vor dem Frontabschnitt der 2. Panzerarmee, im Süden der Heeresgruppe Mitte, herrscht noch relative Ruhe. Nur die 31. Infanteriedivision (GenLt. Kaempfe) führt am 5. Dezember 1941, um 1 Uhr morgens, einen Angriff durch. Gegen Mittag bleibt sie jedoch völlig ausgekämpft, von sowjetischen Truppen umfaßt, auf halbem Weg nach Kastrowo liegen.

Der 3. Panzerarmee und der Panzergruppe 4 befiehlt der OB der Heeresgruppe Mitte den Angriff einzustellen und in den nächsten Tagen in eine kürzere Linie über Istra, ostwärts der Bahnlinie Kalinin–Klin, zurückzuweichen. Am Abend meldet die 2. Panzerdivision an das V. Armeekorps (Gen. d. Inf. Ruoff):

»Die Einsatzmöglichkeit von Panzern und sonstigen Kraftfahrzeugen aller Art ist durch die hohen Frosttemperaturen aufs äußerste eingeschränkt. Ein großer Teil der in der fast deckungslosen Verteidigungszone eingesetzten Soldaten weist bereits Erfrierungserscheinungen auf. Bei der 2. Armee hat die 296. Infanteriedivision (GenMaj. Stemmermann) gegen Abend die Upa überschritten. Aber die Sowjets führen Verstärkungen heran und greifen das XXIV. Panzerkorps (Gen. d. Kav. Frhr. Geyr v. Schweppenburg) an. Sie laden an der Eisenbahnlinie Rjasan-Kolomna immer neue Truppen aus, die sofort eingesetzt werden. Die Kälte sinkt auf minus 35 Grad, die Panzertürme drehen nicht mehr und die MG versagen. Der Nachschub wird unterbrochen, allein gestern fallen 20 Loks durch Kälte aus.«

Generalfeldmarschall v. Bock billigt den Entschluß von Generaloberst Guderian, den Angriff der 2. Panzerarmee einzustellen und den vorspringenden Bogen von Tula hinter den Abschnitt ostwärts Mzensk auf eine kürzere Frontlinie zurückzunehmen. So erhält das XXIV. Panzerkorps den Befehl, die Linie Tula–Serpuchow zu räumen und auf den Schat zurückzugehen. Der Rückzug hat begonnen. Generaloberst Guderian: »Kein Entschluß des Krieges war mir bis dahin so schwer gefallen wie dieser.«

Nun entbrennt die Winterschlacht vor Moskau, der Verteidigungskampf der Heeresgruppe Mitte: Vor den Toren der sowjetischen Hauptstadt ist nicht nur die »Operation Taifun«, sondern auch das »Unternehmen Barbarossa« gescheitert.

226

Am Sonnabend, dem 6. Dezember 1941, beginnen die Truppen der sowjetischen Westfront (Armeegen. Schukow) zwischen Naro-Forminsk und Gorlowo ihren Angriff und gehen im Zusammenwirken mit den Truppen der Südwestfront (Marschall S. Timoschenko) auf einer Breite von mehr als 300 Kilometern zur Offensive über. Rund 80 voll aufgefüllte und winterkampfgewohnte Divisionen stoßen entlang der ganzen, 800 Kilometer langen Front von Kalinin im Norden bis Jelez im Süden vor. Jeder dritte hier eingesetzte Rotarmist kommt direkt aus Sibirien. Armeegeneral Schukow führt seine Armeen nach dem bewährten Vorbild deutscher Kesselschlachten: Mitte binden und auf den Flügeln die Durchbrüche zur großen Zangenoperation, mit dem Ziel, die deutsche Heeresgruppe Mitte im Raum Wjasma zu vernichten.
Dem STAWKA stehen für seine gesamten Operationen in westlicher Richtung

erhebliche Kräfte zur Verfügung: 1060380 Soldaten, 678 Panzer und eine verstärkte Artillerie, dazu Raketenwerfer. Armeegeneral Schukow: ». . . Eine große Rolle für den Erfolg des Gegenangriffs vor Moskau hat die von uns erreichte strategische Überraschung gespielt.« Außerdem werden zum erstenmal im Verlauf des Krieges strategische Reserven in der Schlacht vor Moskau eingesetzt. Neu ist auch, daß man erstmals die Kräfte von drei Fronten, der Kalinin-, der West- und Südwestfront für die erste große Angriffsoperation von strategischer Bedeutung heranzieht. Dabei werden jetzt von STAWKA die vor kurzem aufgestellten Partisanenverbände auch operativ eingesetzt.
Zur Unterstützung dieser Operation soll Schukow einen geraden Stoß nach Westen führen. Es gilt, die Reste der Heeresgruppe Mitte (GFM v. Bock) um Wjasma zusammenzudrängen. Die Angriffe der Kalinin- und Südwestfront

↑ Raum Gshatsk, Mitte Dezember 1941: Der Troß einer deutschen Infanteriedivision zieht sich durch die verschneite Landschaft nach Westen zurück

227

bezwecken vor allem, nicht nur die deutschen Kräfte an den Flügeln der strategischen Front zu binden, sondern auch zu verhindern, daß auch nur eine einzige Division von dort in den Abschnitt vor Moskau herübergeworfen wird.

Die deutsche Führung reagiert nur zögernd auf das bevorstehende Debakel, so daß die in wochenlangen Kämpfen äußerst geschwächte Panzergruppe 4 dem starken Druck der bestausgerüsteten und frischen Verbände der 20. Armee (GenMaj. Wlassow) ausgeliefert ist.

Erst am 6. Dezember 1941 um 7 Uhr ergeht von der Heeresgruppe Mitte der Befehl zur Verteidigung unter Zurücknahme auf die vorgeschlagene Istra-Linie. Zu dieser Stunde ist bereits der linke Flügel der Panzergruppe 4, der noch die Front nach Südosten auf Moskau hält, beinahe selbst im Rücken gefährdet. Teile der Panzergruppe 4 müssen schnellstens bis zu 60 km zurückgenommen werden. Der Mangel an Zugmaschinen und die nur beschränkte Anzahl von Pferden machen das Wegschaffen der Großgeräte unmöglich, vor allem bei der Artillerie. Es kann jedoch dank der Verkürzung der Linien die Herauslösung der auf dem Nordflügel kämpfenden bewährten Wiener 2. Panzerdivision zur Bildung einer Reserve erwogen werden, die zur Stützung des noch immer überdehnten Südflügels mit dem VII. und IX. Armeekorps dringend erforderlich ist.

Um 14 Uhr ruft der Chef des Stabes vom V. Armeekorps auf dem Gefechtsstand der 2. Panzerdivision an: Die 2. Panzerdivision solle in den beiden nächsten Tagen in den Raum nordwestlich Solnetschnogorsk zurückgehen, Ortschaften und nicht mehr zu bergende Waffen und Kraftfahrzeuge restlos vernichten. Vor dem Räumen von Ortschaften seien zu beschlagnahmen und mitzuführen: Stoffe, Winterbekleidung, Pelze, Filzstiefel, weißes Leinen für Schneehemden, Unterkunftsgerät, Fensterscheiben, Ofenröhren, Vieh, Lebensmittel aller Art, Pferdefahrzeuge aller Art, vor allem Schlitten.

Im mittleren Abschnitt gerät die 4. Armee (GFM v. Kluge) in einen Großangriff der Verbände von Armeegeneral Schukow und muß ihr Zurückgehen auf die Ausgangsstellungen an Nara und Oka beschleunigen. Gleichzeitig schlägt die Südwestfront (Marschall Timoschenko) bei Jelez eine Bresche. Ihre Operation richtet sich gegen die 2. Panzerarmee und gegen die 2. Armee (GenOberst Frhr. v. Weichs), die südlich an die 2. Panzerarmee anschließt.

Die Verbände des rechten Flügels der Südwestfront sollen die 2. Armee zerschlagen sowie in die Flanke und den Rücken der Panzerarmee Guderian stoßen. Die 2. Panzerarmee beginnt gerade, sich aus dem weit vorgewölbten Frontbogen südostwärts Tula zurückzuziehen, als sie von wuchtigen Schlägen der frischen, zahlreichen Verbände des Marschall Timoschenko, die besser als die deutschen Truppen ausgerüstet sind, getroffen wird. Gegen Guderians Divisionen drücken von Norden die 49. Armee (GenLt. Sacharkin) und das I. Gardekavalleriekorps (GenMaj. Below), von Osten die 50. Armee (GenLt. Boldin) und die vorerst zurückgestaffelte 10. Armee (GenLt. Golikow). Nachdem jetzt ersichtlich ist, daß die südlich Moskau vorgehende 2. Panzerarmee Tula nicht nehmen kann, befiehlt die Heeresgruppe Mitte für ihren gesamten Bereich, die Angriffe einzustellen und zur Abwehr überzugehen.

Der Hauptdruck der sowjetischen Offensive richtet sich zunächst gegen den rechten Flügel der 9. Armee (GenOberst Strauß) bei Kalinin, gegen die 3. Panzerarmee (Gen. d. Pz.Tr. Reinhardt) am Moskwa-Kanal und gegen die 2. Panzerarmee (GenOberst Guderian) bei Venew. Die Divisions- und Regimentskommandeure stehen nun vor kaum lösbaren Aufgaben.

Die Truppe ist inzwischen unbeweglich geworden. In den Batterien sind

228

Zugmittel fast nur noch für die Hälfte der Geschütze vorhanden, bei der bespannten Artillerie kann man das Rückführen selbst mit doppelter Bespannung nicht schaffen. Die abrückenden deutschen Truppen können in dem tiefen Schnee nur etwa 10 km täglich marschieren, soll nicht wertvolles Material zurückbleiben. Sibirische Ski-Bataillone überrollen die Kolonnen immer wieder und überfallen sie nachts.

Während die deutschen Armeen noch nach Abhilfe suchen, um dieser Schwierigkeiten Herr zu werden, geht in der Nacht vom 6./7. Dezember 1941 die 10. Armee überraschend zur Gegenoffensive über. Diese Truppen vom südlichen Flügel der Westfront aus dem Raum Rjasan fallen in die südliche Flanke der Panzerarmee Guderian ein, die nun schleunigst Michailow und Serebanyje Prudy räumen muß. Die 2. Panzerarmee gibt zwar den Raum nordostwärts Tula auf, unternimmt aber verzweifelte Anstrengungen, den Abschnitt südlich Tula–Stalinogorsk–Jepifan zu halten. Daraufhin durchbricht die 50. Armee (GenLt. Boldin) die Stellungen der 2. Panzerarmee vor Tula. Die Verbände Guderians ziehen sich langsam an den Oberlauf des Don und an den Schat zurück.

In der gleichen Nacht, vom 6./7. Dezember 1941, beginnt die deutsche 3. Panzerarmee die Front zurückzunehmen. Trotz völliger Ordnung und ohne ernste Feindeinwirkung entstehen beim XXXXI. Panzerkorps und der 7. Panzerdivision (GenMaj. Frhr. v. Funck) durch Temperaturen bis minus 45 Grad erhebliche Verluste an Fahrzeugen und Waffen.

Es zeichnen sich bereits drei große Krisenherde ab: Am linken Flügel der Heeresgruppe Mitte, wo die deutsche 9. Armee an die Heeresgruppe Nord anschließt, richtet sich ein starker Stoßkeil der Kalininfront (GenOberst Konjew) gegen die Nahtstelle der beiden deutschen Heeresgruppen; dann gegenüber der Mitte der 2. Armee (GenOberst Frhr. v. Weichs) und an der Naht zwischen der 2. Panzerarmee und der 4. Armee (GFM v. Kluge).

Bei der 3. Panzerarmee kann wenigstens vorübergehend der feindliche Durchbruch aufgehalten werden. General Reinhardt: »Unter Einsatz von Bautruppen, Nachrichtentruppen und Stabspersonal, dem letzten, was überhaupt aufgeboten werden konnte, sogar einem Musikkorps, wurde versucht, die Kräfte zum Abriegeln des Durchbruches zu verstärken.« Sie können jedoch nicht viel ausrichten.

So scheitern am Sonntag, dem 7. Dezember 1941, alle Versuche, die Sowjets wenigstens über die Straße Woronino–Birewo–Spas–Saulok zurückzudrängen,

↓ Raum Wysokowsk: Sowjetische Artillerie versucht mit massivem Feuer, deutsche Truppenkonzentrationen am Ausbau neuer Stellungen zu hindern

Kalinin-Front, Mitte Dezember 1941: Ein Versuch, die feindliche Durchbruchstelle abzuriegeln. Im Schutz von Sturmgeschützen zieht ein deutscher Stoßtrupp, an gefallenen Rotarmisten vorbei in die Bereitstellungen

die Straße bleibt durch den Feind blockiert. Dies hat schwerwiegende Folgen: Für die 3. Panzerarmee und die Panzergruppe 4 sowie für alle Heeres- und Versorgungstruppen bis Klin steht jetzt nur noch eine einzige Rückzugsstraße zur Verfügung. Währenddessen unterstützt die 5. Armee (GenLt. Goworow) die südlich der 16. Armee (GenLt. Rokossowski) angreift, das Vordringen der Truppen von Rokossowski in Richtung Istra–Wolokolamsk.

In einem der drei Krisenherde, im Bereich der 2. Armee (GenOberst Frhr. v. Weichs) werden mehrere Divisionen vorübergehend eingeschlossen. Sie müssen sich unter schweren Verlusten an Menschen und Material auf die inzwischen in aller Eile notdürftig errichteten Auffangstellungen zurückkämpfen. Am rechten Flügel der Heeresgruppe Mitte, ostwärts von Liwny, hat auch die 49. Armee (GenLt. Sacharkin) ihren Angriff gegen die 2. Panzerarmee begonnen. Südwestlich von Jelez entsteht in der rechten Flanke der 45. Infanteriedivision (GenLt. Schlieper) eine breite Lücke, durch die sowjetische Truppen eindringen und die Division umzingeln. Sie schafft es jedoch – wenn auch unter großen Verlusten – sich zurück nach Werchowje durchzuschlagen.

Nordwestlich von Moskau hat bei der Panzergruppe 4 die links an die 2. Panzerdivision anschließende 23. Infanteriedivision (GenMaj. Hellmich) ab 17.00 Uhr begonnen, die von ihr besetzten Ortschaften etwa vier Kilometer nördlich Owsjanikowo zu räumen, und nach Westen an die Rollbahn auszuweichen. So ist der linke Flügel der Auffangstellung der 2. Panzerdivision ohne Anschluß, und die Sowjets fallen jetzt der Division in den Rücken. Generaloberst Halder notiert in seinem Tagebuch am 7. Dezember: Das Schrecklichste aber ist, daß die Oberste Führung den Zustand unserer Truppen nicht begreift und eine kleinliche Flickschusterei betreibt, wo nur große Entschlüsse helfen können.

Am Abend des 7. Dezember 1941 teilt das Sowinformbüro mit, daß im Laufe des Tages die Rote Armee in Gegenangriffen den deutsch-faschistischen Truppen große Verluste zugefügt habe und selbst vorgerückt sei. Dies ist die erste Meldung, die die Einwohner Moskaus über die sich abzeichnende Wende informiert.

An diesem Tag geben die Japaner mit ihrem Überfall auf Pearl Harbour dem Konflikt ein weltweites Ausmaß. Der Kriegseintritt der USA schließt den Ring um die Achsenmächte.

Am Montag, dem 8. Dezember 1941, muß die Heeresgruppe Nord durch den Druck der Kalininfront ihre exponierte Stellung bei Tichwin aufgeben. Die 1. Stoßarmee (GenLt. Kusnetzow) erobert Jachroma sowie Fjodorowka und setzt die Offensive in Richtung Klin fort. Die 3. Panzerarmee zieht sich zurück, verlangsamt aber durch ihren hartnäckigen Widerstand das Vorrücken der 1. Stoßarmee.

Die Heeresgruppe Mitte stellt eine kleine Kampfgruppe aus einem Regiment der 255. Div. und einem Heerespionierbataillon zusammen und beordert sie nach Klin, aber sie kommt auf den verstopften Straßen nur mühsam vorwärts. Jamuga, an der Straße Klin–Spaś Saulok wird von der 1. Stoßarmee genommen. Am Nachmittag nähern sich sowjetische Truppen bereits dem Gefechtsstand der Panzergruppe 4 in Kolossowo. Es entsteht eine ernste Lage, da Schneesturm die ohnehin schwierigen Bewegungen kaum möglich macht. Am Abend stehen die Truppen von Generalleutnant Kusnetzow an der Straße Klin–Wolga-Staubecken, etwa 20 km vor der Stadt und haben zugleich die Bahnlinie Kalinin–Klin durchbrochen.

Währenddessen gelingt es der 9. Armee (GenOberst Strauß), den Einbruch südostwärts Kalinin abzuriegeln. Gegen Abend treten die eilig zusammengestellten Teile der 1. Panzerdivision (GenMaj. Krüger) zum Gegenangriff an. Sie werfen den Gegner zwar nördlich Klin zurück, doch die Straße Klin–Spas Saulok können sie nicht freikämpfen.

Erst um 18.45 Uhr gibt die Wiener 2. Panzerdivision (GenLt. Veiel) ihre letzte Stellung vor Moskau, Owjanikowo, auf. Die Ortschaft steht in hellen Flammen. Das Bataillon Buck bildet die Nachhut. Die letzte Kompanie unter Oberleutnant Wassmann hat die Aufgabe, liegengebliebene Fahrzeuge des Bataillons abzuschleppen oder zu vernichten. In einem Zuge wird die Rollbahn Leningrad–Kalinin–Moskau bei Kresty erreicht. Das Schützenregiment 304 (Maj. Reichmann) räumt gleichzeitig Roshdestweno und geht in der Nacht nach

Deutsche Panzer
nähern sich durch
ein Wäldchen den
eigenen vorgescho-
benen Stellungen
(rechts); plötzlich
steigt ein Raucher-
kennungszeichen in
den Winterhimmel
jenseits des Wäld-
chens. Die Kolonne
stoppt (unten); kurz
vor Eröffnung des
Feuers: Der Stoß-
trupp sammelt sich
hinter den Panzern
und wartet auf den
Einsatzbefehl
(rechts oben); es
geht los! Die sowje-
tische Artillerie
eröffnet Sperrfeuer,
bedrohlich nahe lie-
gen die schweren
Geschoßeinschläge
(rechts unten)

Westen an die Rollbahn zurück. In den Abendstunden unterstellt die Heeresgruppe Mitte die 3. Panzerarmee der 4. Armee (GFM v. Kluge), um eine einheitliche Führung an diesem Brennpunkt sicherzustellen. Gleichzeitig wird die Panzergruppe 4 verpflichtet, der 3. Panzerarmee mit allen Mitteln zu helfen.

In der Nacht vom 8./9. Dezember 1941 beginnen verstärkte Einsätze sowjetischer berittener Truppen hinter den zusammengebrochenen deutschen Frontlinien. Die Kosakenregimenter sammeln sich nach dem Durchbruch an verschiedenen Schwerpunkten, bilden Kampfgruppen und greifen überraschend Stäbe und Versorgungslager im Hinterland an. Sie sperren Straßen, zerstören Nachrichtenverbindungen, sprengen Brücken und Viadukte und überfallen immer wieder die Trosse und machen sie nieder. Sie sind für den Winterkrieg bestens ausgerüstet: Filzstiefel, Pelzkappe und weißer Tarnmantel. Selbst die kleinen, zähen, zottigen Pferde besitzen eine besondere Fähigkeit zum Überleben und unglaubliche Kraftreserven, sogar wenn sie außer den vermoderten Strohdächern oder den Zweigen der Nadelbäume nichts zu fressen haben.

Bei der 2. Panzerarmee verlaufen trotz schwerster Kämpfe und 30 Grad Kälte die Absetzbewegungen planmäßig. Es entstehen jedoch erhebliche Materialverluste, weil die Motoren durch den Frost oft versagen. Die Hauptsorge von Generaloberst Guderian ist die 20 km breite Frontlücke südwestlich Tula zwischen dem XXIV. Panzerkorps und dem XXXXIII. Armeekorps sowie der feindliche Durchbruch bei Jelez. Die Heeresgruppe Mitte meldet währenddessen dem OKH, daß sie einem starken sowjetischen Angriff an keiner Stelle gewachsen ist und schnelle Zuführung von Reserven benötigt. Das OKW hat aber keine mehr.

Hitler, oder vielmehr seine militärischen Berater im Führerhauptquartier, haben bis jetzt die veränderte Kampflage noch nicht erkannt. Das bezeugt Hitlers wirklichkeitsfremde Weisung Nr. 39 vom 8. Dezember 1941, in der es u. a. heißt: ». . . den Übergang zur Verteidigung in kräftesparenden Fronten, die der OB des Heeres festzulegen habe, sowie das Herausziehen der Panzer- und mot. Divisionen zur Auffrischung. Der Verlauf der Abwehrfront soll die Unterbringung erleichtern und möglichst einfache Versorgungsverhältnisse schaffen . . .«

In den Morgenstunden des 9. Dezember 1941 zieht die Heeresgruppe Mitte aus erkannten Feindabsichten die Folgerung und erteilt in einem Befehl die abschnittsweise Absetzbewegung in eine rückwärtige Winterstellung. Diese rettende Winterlinie soll entlang der Oka, Ugra, westlich Medyn, ostwärts Gschatsk, um Rshew und an der oberen Wolga bis zum Wolgasee bei Ostaschkow verlaufen. Noch ehe bei dem strengen Frost mit den äußerst schwierigen Arbeiten für den Ausbau der Stellungen begonnen werden kann, stellt sich heraus, daß z. B. die als Winterlinie vorgesehene Istra–Kalischna-Stellung gegen die überlegenen sowjetischen Angriffe nicht zu halten ist.

An diesem Tag sind bereits fast drei Divisionen der 2. Armee (jetzt Gen. d. Pz.Tr. R. Schmidt) abgeschnitten: die 2. Panzerarmee (GenOberst Guderian) sowie die Panzergruppe 4 (GenOberst Hoepner) sind auf beiden Flügeln umfaßt, der 3. Panzerarmee (Gen. d. Pz.Tr. Reinhardt) droht die Einkesselung und die 9. Armee (GenOberst Strauß) ist von weit überlegenen feindlichen Kräften gezwungen worden, Kalinin zu räumen. Nur die 4. Armee (GFM v. Kluge), die noch rechtzeitig am 2. Dezember 1941 ihren aussichtslosen Angriff

234

abgebrochen und sich in die Ausgangsstellungen zurückgezogen hat, kann sich gegen die sowjetischen Fesselungsangriffe in ihren alten Stellungen behaupten.

Am Mittwoch, dem 10. Dezember 1941, versucht das OKH, Generalfeldmarschall v. Bock zur Rücknahme seines »Winterstellung-Befehls« zu bewegen. Aber selbst durch die Ankündigung des OKH, daß eine Zuführung neuer Divisionen aus Westeuropa beabsichtigt sei, läßt sich der OB der Heeresgruppe Mitte nicht beeindrucken, denn wie er weiß, können bis zu deren Eintreffen Wochen vergehen. Im Laufe des Tages verschärft sich die Lage zusehends: Die sibirischen Verbände stoßen von Norden her über die Straße, die von Klin aus nach Westen führt.

Am Donnerstag, dem 11. Dezember 1941, ziehen die 3. Panzerarmee und die Panzergruppe 4 im Raum Klin vier Panzerdivisionen sowie eine motorisierte Infanteriedivision zusammen. So gelingt es im Laufe des Tages, die Straße westlich Klin freizukämpfen. Jedoch stehen zu diesem Zeitpunkt die Hauptteile der 3. Panzerarmee immer noch ostwärts Klin. Und die Truppen der 30. Armee (GenMaj. Ljeljuschenko) und der 1. Stoßarmee (GenLt. Kusnetzow) drohen diese Verbände einzukreisen. Inzwischen greifen weitere Kräfte der 20. Armee (GenMaj. Wlassow) in die Offensive ein.
Trotz harten deutschen Widerstandes gegen die 1. Stoßarmee wird der Raum von Jachroma erreicht und Klin eingeschlossen.
Ebenfalls am 11. Dezember 1941 haben die Truppen der 20. Armee endgültig den deutschen Widerstand im Raum von Krasnaja Poljana gebrochen und stehen nun vor Solnetschnogorsk, einem wichtigen Stützpunkt am nördlichen Flügel der Heeresgruppe Mitte.
Weiter südlich hat die 16. Armee (GenLt. Rokossowski) in Verfolgung der 5. Panzerdivision (GenLt. Fehn), 10. Panzerdivision (GenMaj. Fischer) und 11. Panzerdivision (GenMaj. Crüwell), der SS-Division »Das Reich« (SS-Oberf. Bittrich) und der 35. Infanteriedivision (GenLt. Fischer v. Weikersthal) Istra zurückerobert.
Die 5. Armee (GenLt. Goworow) hat die Stellungen der 252. Infanteriedivision (GenLt. v. Boehm-Bezing), der 87. Infanteriedivision (GenLt. v. Studnitz), der 78. Infanteriedivision (GenLt. Gallenkamp) und der 267. Infanteriedivision (GenMaj. v. Wachter) durchbrochen und den Raum Kulebjakino–Lokotnja erreicht.
Die 50. Armee (GenLt. Boldin) hat nordostwärts von Tula der 3. Panzerdivi-

↓ An der Rusa, Mitte Dezember 1941: Das Kosaken-korps von General Dowator greift entlang der Rollbahn Teile des deutschen IX. Korps an

sion (GenLt. Model), der 4. Panzerdivision (GenMaj. Frhr. v. Langermann) und dem Infanterieregiment »Großdeutschland« (Oberst Hoernlein) schwere Verluste zugefügt und die 296. Infanteriedivision (GenMaj. Stemmermann) eingekreist.

Das I. Gardekavalleriekorps (GenMaj. Below) hat nacheinander die 17. Panzerdivision (GenLt. v. Arnim), die 29. mot. Infanteriedivision (GenMaj. v. Boltenstern) und die 167. Infanteriedivision (GenLt. Schönhärl) aufgerieben, ihre Reste verfolgt und die Orte Wenjow sowie Stalinogorsk befreit.

Die 10. Armee (GenLt. Golikow) hat die 18. Panzerdivision (GenMaj. Nehring) und die 10. mot. Infanteriedivision (GenLt. v. Loeper) nach Südwesten zurückgeworfen, dann Michailow und Jepifan genommen.

Bereits am Abend des 11. Dezember 1941 hat sich die Lage vor Moskau, dort, wo noch vor einigen Tagen die größte Gefahr für die Hauptstadt drohte, völlig geändert: Die 30. Armee (GenMaj. Ljeljuschenko) hat die 1. Panzerdivision (GenMaj. Krüger), die 14. mot. Infanteriedivision (GenMaj. Fürst) und die 36. Infanteriedivision (GenMaj. Ottenbacher) zurückgeschlagen, Rogatschew genommen und Klin eingeschlossen.

Die 1. Stoßarmee (GenLt. Kusnetzow) hat Jachroma erobert und die zurückgehende 6. Panzerdivision (GenMaj. Landgraf), die 7. Panzerdivision (GenMaj. Frhr. v. Funck) sowie die 23. Infanteriedivision (GenMaj. Hellmich) verfolgt und den Raum südwestlich Klin erreicht.

Die 20. Armee (GenMaj. Wlassow) hat in Verfolgung der 2. Panzerdivision (GenLt. Veiel) und der 106. Infanteriedivision (GenMaj. Dehner) Solnetschnogorsk befreit.

In der Nacht vom 11./12. Dezember 1941 wird weiter südlich das Ausweichen des VII. Armeekorps (Gen. d. Art. Fahrmbacher) hinter die vorgesehene Linie beiderseits des Istra-Staubeckens abgeschlossen. Eine neue Gefahr bahnt sich am rechten Flügel der Panzergruppe 4, am Ufer der Moskwa, an.

Am Freitag, dem 12. Dezember 1941, wird die Lage noch kritischer: Nördlich Klin ist erneut eine Lücke in der Front entstanden, durch die sibirische Einheiten vordringen, Klin umgehen und westlich davon bei Nekrasino die einzige der 3. Panzerarmee gebliebene Rückzugsstraße unter Feuer nehmen. Die von der Heeresgruppe Mitte befohlene Winterstellung ostwärts Klin, in die die 3. Panzerarmee ausweichen soll, ist nicht zu halten. So muß sich die 3. Panzerarmee mit erhöhter Marschleistung weiter zurückziehen. Das Wetter war außerdem besonders ungünstig: Kurzem Tauwetter mit Schneeregen und Matsch folgen wieder starker Frost und Eisglätte. Nur bei der 4. Armee (GFM v. Kluge) ist die Lage noch nicht so ernst. Sie hält ihre alte Stellung und kann sogar örtliche Einbrüche mit den letzten Reserven abriegeln. Westlich Serpuchow erwartet Generalfeldmarschall v. Kluge jedoch einen Großangriff der Sowjets. Tatsächlich beginnt schon am Nachmittag die Rote Armee ihre Frontalangriffe auf die 4. Armee.

Zu dieser Zeit klaffen große Lücken auf den Flügeln der rund 780 Kilometer langen Front der Heeresgruppe Mitte, und die Zangenarme der Sowjets reichen weit nach Westen. Durch meterhohen Schnee und bei extremen Kältegraden kämpfen sich die deutschen Verbände zurück. Kolonnen und einzelne Fahrzeuge drängen nach Westen, um einer drohenden Umfassung zu entkommen. Ohne Rücksicht versuchen sie zu überholen und stiften nur noch größere Verwirrung.

236

← Mitte Dezember 1941: Armeegeneral Schukow am Fernschreiber in seinem Gefechtsstand

Am Sonnabend, dem 13. Dezember 1941, greifen die sibirischen Truppen von Norden Goljadi westlich Klin an, stoßen dann gegen Kolossowo vor und blockieren mit Panzern die Straße Klin–Nekrasino. Nun geht auch die 5. Armee (GenLt. Goworow) im Zusammenwirken mit den Truppen der 16. Armee (GenLt. Rokossowski) in Richtung Moshaisk zur Offensive über. Das II. Gardekavalleriekorps (GenMaj. Dowator) wird in einem Waldabschnitt, 10 Kilometer südwestlich von Swenigorod, in eine Durchbruchsstelle eingeschleust, um die deutschen Rückzugswege nach Wolokolamsk und zur Rusa zu behindern.

Die 2. Panzerarmee führt den ganzen Tag über Absetzbewegungen durch. An ihrer Flanke im Süden sind bereits zwei Divisionen abgeschnitten, und dahinter stößt das I. Gardekavalleriekorps (GenMaj. Below) nach Norden vor. Die einzige Hilfe, die die Heeresgruppe Mitte dabei leisten kann: Sie unterstellt die 2. Armee der 2. Panzerarmee, nun als »Armeegruppe Guderian« bezeichnet, zu einer einheitlichen örtlichen Führung.

Westlich Tula hat die Rote Armee den bestehenden Fronteinbruch erweitert und drückt nach Südwesten. Das I. Gardekavalleriekorps (GenMaj. Below) befreit an diesem Tag Stalinogorsk und die Truppen von General Golikow nehmen Jepifan.

Ebenfalls am 13. Dezember 1941 trifft bei der Heeresgruppe Mitte in Smolensk der Oberbefehlshaber des Heeres, Generalfeldmarschall v. Brauchitsch, ein. Nachdem er sich einen Einblick in die Lage verschafft hat, ist er davon überzeugt, daß das Ausweichen in die vorgesehene Winterstellung für die ganze Heeresgruppe Mitte jetzt unvermeidlich sei.

Die Lösung ist keinesfalls einfach: Es existiert weder eine aufnahmefähige Winterstellung, noch hat die Heeresgruppe Reserven, um sie zu besetzen, und bis zum Eintreffen frischer Kräfte wird bei der schwierigen Transportlage einige Zeit vergehen. Sowohl Stehenbleiben als auch schrittweises Ausweichen bedeuten, aufgerieben oder überrannt zu werden. So wagt es der Oberbefehlshaber des Heeres nicht, den erforderlichen Rückzugsbefehl sofort zu erteilen. 24 Stunden später, nach seinem Eintreffen im Führerhauptquartier in Ostpreußen, bittet er Hitler um eine Entscheidung.

Am Sonntag, dem 14. Dezember 1941, müssen Istra und Klin aufgegeben werden. Die Bewegungen laufen nicht mehr planmäßig, da die Sowjets drängen und an mehreren Stellen durchbrechen. Die 3. Panzerarmee sieht keine Möglichkeit, die Wolokolamsk-Stellung – falls der Feind angreifen sollte – zu halten.

Am 14. Dezember 1941 notiert Generaloberst Hoepner: »An der 150 Kilometer breiten Front, in der ich jetzt sieben Korps mit 22 Divisionen gegen etwa 43 russische Divisionen führe, gibt es keine Stelle, die nicht irgendwie gefährdet oder gar durchbrochen ist. Ich habe keine Division, die angriffsfähig oder gegen stärkeren Feind abwehrkräftig ist. Die Kfz. haben keinen Betriebsstoff, die Pferde keinen Hafer. Die Leute schlafen im Stehen ein. Die Straßen sind vereist, die Waldwege verschneit. Der Boden ist ein Meter tief gefroren, so daß man sich nicht eingraben kann.«

→→ Iswestija vom 13. Dezember 1941. Die Tagesparole (rechts oben): »Der durch Propaganda aufgeblähte faschistische Plan der Einkreisung und Eroberung Moskaus bricht mit einem Krach zusammen. Die Truppen unserer Westfront begannen die Gegenoffensive. Unter den Schlägen der Roten Armee ziehen sich Hitlers Divisionen mit großen Verlusten zurück . . .«

→→Iswestija vom selben Tag, Titelseite (unterer Teil) oben (Pfeil): Teil des Frontberichts vom 11. Dezember 1941: »Einheiten von General Wlassow haben bei der Verfolgung des Feindes mit seiner 2. Panzer- und 106. Infanteriedivision Soletschogorsk genommen«; unten (Pfeil): GenMaj. Wlassow, daneben GenLt. Rokossowski

Am Montag, dem 15. Dezember 1941, besetzen die Sowjets Klin. Es gelingt der 1. Stoßarmee (GenLt. Kusnetzow) jedoch nicht, die 3. Panzerarmee einzukreisen. Die Panzergruppe 4 schafft es, einen Teil der Truppen der 20. Armee (GenMaj. Wlassow) in ihrer Offensive am Istra-Abschnitt aufzuhalten. Durch Sprengung der Staudammbrücken, sowie Befestigungen am Westufer des Flusses und des Stausees, dazu Minenfelder, wird der sowjetische Vormarsch einige Tage zum Stehen gebracht.
Im Bereich der 3. Panzerarmee bricht sogar die 1. Panzerdivision (GenMaj. Krüger) von Nekrasino nach Norden durch und fügt den völlig überraschten sowjetischen Truppen schwere Verluste zu.
Im Frontabschnitt der Armeegruppe Guderian erreichen die 50. Armee (GenLt. Boldin), das I. Gardekavalleriekorps und die 10. Armee den Oberlauf des Don. Dedilow und Bogorodizk werden befreit.

In der Nacht vom 15./16. Dezember 1941 lehnt Hitler in einer Besprechung mit Generalfeldmarschall v. Brauchitsch den Gedanken einer Ausweichbewegung der Heeresgruppe Mitte spontan ab. Dies bedeutet für Abertausende von deutschen Soldaten den sicheren Tod oder Gefangenschaft und »zieht gleichzeitig einen Schlußstrich unter die noch verbliebene geringe Handlungsfreiheit der militärischen Führung«. An diesem Tag diktiert Hitler seinen Entschluß für den Befehl vom 18. Dezember 1941, ». . . die Truppe zu fanatischem Widerstand in ihren Stellungen zu zwingen ohne Rücksicht auf durchgebrochenen Feind in Flanke und Rücken.« Mit diesem Befehl ist jede freiwillige Rückzugsbewegung unterbunden.

Der 16. Dezember 1941 wird für die Heeresgruppe Mitte zu einem schwerwiegenden Datum: Sie hatte bis dahin freie Hand, aber auch volle Verantwortung für ihre Führungsmaßnahmen.
Am gleichen Tag rücken die Truppen der 29. Armee (GenMaj. W. Schwezow) und der 31. Armee (GenMaj. W. Juschkewitsch) in Kalinin ein. Die 9. Armee (GenOberst Strauß) muß sich unter schweren Verlusten an Menschen und Material in südwestlicher Richtung auf Stariza zurückziehen.

Am Mittwoch, dem 17. Dezember 1941, stehen nun die sowjetischen Truppen vor Rshew und Stariza sowie im Raum nordwestlich Klin. Die 9. Armee muß den Südflügel am Wolga-Stausee zurücknehmen. Den Hauptkräften der 3. Panzerarmee droht die Einkreisung, die Panzergruppe 4 wird auf beiden Flügeln umfaßt.
An diesem Tag erreicht das II. Gardekavalleriekorps die Gegend um den Trostenskoje-See im Rücken der deutschen Front. Es bekämpft deutsche Truppenteile, desorganisiert das Hinterland und unterstützt damit den Vormarsch der 5. Armee (GenLt. Goworow) zur Rusa. Nördlich von Tula greift die

238

49. Armee (GenLt. Sacharkin) die am Ostufer der Oka stehenden Divisionen der Panzerarmee Guderian an und nimmt Aleksin. Die Panzerarmee Guderian wird fast 130 Kilometer nach Westen hinter die Oka und Upa zurückgeworfen. Am gleichen Tag taucht erstmalig im deutschen Wehrmachtbericht der aus dem Ersten Weltkrieg wohlbekannte Ausdruck »Stellungskrieg« auf. Er verkündet jetzt von höchster Stelle, daß das deutsche Heer im Osten von der Offensive zur Defensive übergegangen sei.

ПРОЛЕТАРИИ ВСЕХ СТРАН, СОЕДИНЯЙТЕСЬ!

ИЗВЕСТИЯ
СОВЕТОВ ДЕПУТАТОВ ТРУДЯЩИХСЯ СССР

Год издания 25-й

№ 294 (7670)
СУББОТА
13
ДЕКАБРЯ
1941 г.

Цена 15 коп.

Хвастливый фашистский план окружения и взятия Москвы провалился с треском. Войска нашего Западного фронта начали контрнаступление. Под ударами Красной Армии гитлеровские дивизии отступают, неся огромные потери.

Пламенный привет героическим защитникам Москвы, беспощадно разящим врага! Воины Красной Армии! Неотступно преследуйте и уничтожайте фашистских захватчиков! Не давайте немцам ни минуты передышки!

Битва за Москву

В ПОСЛЕДНИЙ ЧАС

Провал немецкого плана окружения и взятия Москвы.
Поражение немецких войск на подступах Москвы.

С 16 ноября 1941 года германские войска, развернув против Западного фронта 13 танковых, 33 пехотных и 5 мотопехотных дивизий, начали второе генеральное наступление на Москву.

Противник имел целью, путем охвата и одновременного глубокого

ж) 1 гвардейский кавалерийский корпус генерала БЕЛОВА, последовательно разбив 17-ю танковую, 29-ю мотопехотную и 167-ю пехотную дивизию противника, преследует их остатки и занял города Венев и Сталиногорск;

К исходу 11 декабря 1941 г. мы имели такую картину:

а) войска генерала ЛЕЛЮШЕНКО, сбивая 1-ю танковую, 14-ю и 36-ю мотопехотные дивизии противника и заняв Рогачев, окружили г. Клин;

б) войска генерала КУЗНЕЦОВА, захватив г. Яхрому, преследуют отходящие 6-ю, 7-ю танковые и 23-ю пехотную дивизии противника и вышли юго-западнее Клина;

в) войска генерала ВЛАСОВА, преследуя 2-ю танковую и 106-ю пехотную дивизии противника, заняли г. Солнечногорск;

г) войска генерала РОКОССОВСКОГО, преследуя 5-ю, 10-ю и 11-ю танковые дивизии, дивизию «СС» и 35-ю пехотную дивизию противника, заняли г. Истра;

д) войска генерала ГОВОРОВА прорвали оборону 252-ой, 87-ой, 78-ой и 267-ой пехотных дивизий противника и заняли районы Кулебкино—Локотня;

е) войска генерала БОЛДИНА, разбив северо-восточнее Тулы 3-ю, 4-ю танковые дивизии и полк «СС» («Великая Германия») противника, развивают наступление, тесня и охватывая 296-ю пехотную дивизию противника.

рода Москвы через хороший бинокль».

Теперь уже несомненно, что этот хвастливый план окружения и взятия Москвы провалился с треском. Немцы здесь явным образом потерпели поражение.

Немцы жалуются на зиму и утверждают, что зима помешала им осуществить план занятия Москвы. Но, во-первых, настоящей зимы еще нет у нас под Москвой, ибо морозы достигают у нас не более 3—5 градусов. Во-вторых, жалобы на зиму означают, что немцы не позаботились снабдить свою армию теплым обмундированием, хотя они на всю зиму прокричали, что они давно уже готовы к зимней кампании. А не снабдили они свою армию зимним обмундированием потому, что надеялись кончить войну до наступления зимы. Надежда немцев, как видно, не оправдалась. Здесь был допущен немцами серьезный и опасный просчет. Но просчет в немецких планах никак уж нельзя объяснить зимними условиями кампании. Не зима тут виновата, а органический дефект в работе германского командования в области планирования войны.

СОВИНФОРМБЮРО.

Генерал-майор
Д. Д. Лелюшенко.

Генерал-лейтенант
В. И. Кузнецов.

Командующий Западным фронтом
генерал армии
Г. К. Жуков.

Генерал-лейтенант артиллерии
Л. А. Говоров.

Генерал-лейтенант
И. В. Болдин.

Генерал-майор
А. А. Власов.

Генерал-лейтенант
К. К. Рокоссовский.

Генерал-майор
П. А. Белов.

Генерал-лейтенант
Ф. И. Голиков.

18.12.41 - 24.1.42

Fünfte

Deutscher Rückzug
in die Winterstellung

Phase

Sowjetische Winteroffensive gestoppt

Die Truppe zu fanatischem Widerstand zwingen

18. Dezember 1941:

Geheime Kommandosache
Chef-Sache!
Nur durch Offizier!
An
H. Gr. Mitte   Fernschreiben
1. Der Führer hat befohlen:
»Größere Ausweichbewegungen können nicht durchgeführt werden. Sie führen zum völligen Verlust von schweren Waffen und Gerät. Unter persönlichem Einsatz der Befehlshaber, Kommandeure und Offiziere ist die Truppe zum

↓ Eine deutsche Division auf dem Rückzug: Was zurückbleibt, ist laut Hitlers Befehl nur noch »verbrannte Erde«

fanatischen Widerstand in ihren Stellungen zu zwingen, ohne Rücksicht auf durchgebrochenen Feind in Flanke und Rücken. Nur durch eine derartige Kampfführung ist der Zeitgewinn zu erzielen, der notwendig ist, um die Verstärkungen aus der Heimat und dem Westen heranzuführen, die ich befohlen habe. Erst wenn Reserven in rückwärtigen Sehnenstellungen eingetroffen sind, kann daran gedacht werden, sich in diese Stellung abzusetzen.«

. . .

. . .

OKH
GenStdH OpAbt (III)
Nr. 1736/41
g.Kdos. Chefs.

Harte Kämpfe an der Ostfront
Freitag, 19. Dezember 1941.
Das Oberkommando der Wehrmacht gibt bekannt:

Bei der Abwehr feindlicher Angriffe kam es an mehreren Stellen der Ostfront zu harten Kämpfen. Der Feind erlitt schwere Verluste. Die Luftwaffe bekämpfte trotz schlechter Wetterlage Truppenansammlungen, Artilleriestellungen, Panzerkräfte und Nachschubwege des Gegners.

Lagebericht des OKW
19. Dezember 1941:

Feindlage: Feindl. Kavallerie drang von SO her nach Durchstoßen des äußersten rechten Flügels der Armee bis in die Gegend 27 km südostw. Kaluga vor. / Die Schwerpunkte der feindl. Angriffe lagen im Abschnitt Aleksin–Protwa, bei Naro Forminsk, Rusa, nordostw. Wolokolamsk und südl. des Wolga-Staubekkens. / Im Raum beiderseits Kaluga setzte der Gegner seine heftigen Angriffe fort. / Südwestl. Torshok begannen sich Angriffsvorbereitungen abzuzeichnen. / Front vor Moskau: Der Feind setzte seine Angriffe vor der ganzen Front fort. Mit weiterem Anhalten der Angriffe muß gerechnet werden. / Ein starker Angriff vor Aleksin führte zu einem örtl. Einbruch. / Im Abschnitt Tarussa – Protwa konnte der Feind weiter Gelände gewinnen. / Feindl. Kav.-Teile stießen westl. St. Chanino nach NW durch und erreichten die Gegend 27 km südostw. Kaluga. / Ein weiterer Einbruch bei Chanino führte zu Kämpfen, die noch im Gange waren. / Ein Einbruch südwestl. Tarussa konnte abgeriegelt werden. /

↓ Raum Medyn, Mitte Dezember 1941: ein schwerer deutscher Panzerspähwagen nach dem Feuerwechsel mit einer sowjetischen Vorausabteilung; im Hintergrund ein brennendes Feindfahrzeug

Bei der Pz.Gr. wurde ein feindl. Einbruch an der Autobahn im Gegenangriff bereinigt. / Nordwestl. Rusa bestand starker Druck des Feindes, der zu einem örtl. Einbruch führte. / Starke mit Pz.-Unterstützung geführte feindl. Angriffe entlang der Straße Wolokolamsk – Istra waren noch nicht abgeschlossen. // Wetter: Leichter Frost, Schneefälle mit Verwehungen.

Die Lage zu unseren Gunsten verändert
19. Dezember 1941, Moskau. Das Sowinformbüro teilt mit:

Unsere Offensive wurde fast an allen Fronten durch starke Schneefälle behindert. Aus Kalinin liegt der erste Bericht vor: Die Stadt wurde während der Nacht in heftigen Straßenkämpfen im Feuerschein brennender Häuser durch die Rote Armee befreit. Der Rückzug der Truppen von General Strauß erfolgte dann so schnell, daß faschistische Pioniere nicht mehr Zeit fanden, die großen in Kalinin lagernden Munitionsvorräte zu sprengen. Am Südflügel, im Abschnitt Tula, hat sich die Lage zu unseren Gunsten verändert. Die Überschreitung der Oka nordwestlich von Tula wurde trotz erbitterten faschistischen Widerstandes erzwungen und Aleksin, das frühere Hauptquartier General Guderians, nach zweistündigen Nahkämpfen erobert.

In später Nacht wurde bekannt, daß unsere Truppen der Zentralfront dicht vor Moshaisk stehen, und die faschistischen Heere damit bis zu 80 Kilometer vor Moskau zurückgeworfen sind.

Je weiter unser Vormarsch geht, desto größer wird die Beute, da es für die Faschisten unmöglich ist, die festgefrorenen schweren Waffen zurückzuführen.

↓ Immer wieder versuchen deutsche Panzerverbände, die feindlichen Einbruchstellen abzuriegeln

19. Dezember 1941:

Eine bedeutungsvolle Änderung der Lage ist seit dem 8. Dezember an der Ostfront eingetreten, als durch eine Meldung des deutschen OKW bekannt wurde, daß die Kampfführung von nun an durch den Einbruch des Winters bedingt sei und auf weiten Strecken der Ostfront nur noch örtliche Kampfhandlungen stattfinden. Ergänzende Äußerungen ließen wissen, daß der Fall oder die vollständige Umschließung Moskaus während des Winters nicht zu erwarten sei. Inzwischen hat der deutsche Heeresbericht vom 17. Dezember von einem »Übergang aus den Angriffsoperationen zum Stellungskrieg der Wintermonate« gesprochen, der an verschiedenen Abschnitten der Ostfront »Frontverbes-

↑ Eine der typischen gestellten Aufnahmen der sowjetischen Frontberichterstattung von den Kämpfen vor Moskau: Sowjetische Infanteristen gehen mit Unterstützung der Panzer T-34 vor

serungen und Frontverkürzungen« erforderlich mache. Das aus dem letzten Weltkrieg wohlbekannte Wort »Stellungskrieg« taucht damit im gegenwärtigen Krieg zum erstenmal auf und läßt die gewaltigen strategischen und organisatorischen Aufgaben verraten, die mit dieser radikalen Umstellung der Kampfform des heutigen deutsches Heeres verbunden sein mögen. Von der Offensive geht die deutsche Wehrmacht im Osten zur Defensive über – ein Ereignis, das in der deutschen Presse der letzten Tage ausführlich kommentiert wurde; aus diesen Kommentaren geht hervor, daß es sich bei den Frontverkürzungen um notwendig gewordene Rückzugsbewegungen – die allerdings nur örtlichen Charakter hätten – handle.

Das Mißlingen der Operationen vor Moskau
19. Dezember 1941. Generaloberst Hoepner notiert:

Wenn man nach der Ursache des Mißlingens forscht, muß man die oberste befehlende Stelle zuerst kritisieren. Man hat den Angriff auf Moskau mit unzureichenden Kräften gemacht, weil man den Gegner unterschätzte. Man hat nach der Wjasma-Schlacht Divisionen in die Heimat geschickt, bevor die endgültige Entscheidung vor Moskau gefallen war. Man hat der angreifenden Truppe weder Personal- noch Geräte-Ersatz zugeführt, weil man diese für Neuaufstellungen verwenden wollte.
Man hat die Versorgungsmöglichkeit falsch beurteilt und antreten lassen, bevor sie geschaffen war. Die Versorgung der Truppe war vom Beginn der Operation Mitte Oktober an ganz unzureichend auf allen Gebieten. Man hat den russischen Winter überhaupt nicht in Rechnung gestellt, weder für taktische Bewe-

gungen noch für die Versorgung. Die Heeresgruppe hat nach dem ersten Ansatz nicht mehr geführt. Die Panzergruppe 4 ist durch die Unterstellung unter A.O.K. 4 nicht im großen Rahmen geleitet worden.

». . . rücksichtslos von Winterbekleidung entblößen«

20. Dezember 1941:

Oberkommando der Wehrmacht   Fernschreiben
An das Oberkommando des Heeres
1. Halten und Kämpfen bis zum Äußersten. Keinen Schritt freiwillig zurückgehen. Durchgebrochene bewegliche Teile des Feindes müssen rückwärts erledigt werden.

↓ Raum Juchnow, ein Dorf in Flammen: Was die deutschen Truppen vor ihrem Rückzug nicht verbrannten, fällt den sowjetischen Partisanen zum Opfer; leidtragend ist immer die Zivilbevölkerung

2. Dadurch Zeitgewinn erzielen für:
   a) Verbesserung der Transportleistungen,
   b) Heranbringen der Reserven,
   c) Abschub wertvollen noch instandzusetzenden Materials,
   d) stützpunktartiger Ausbau einer rückwärtigen Linie.
   . . .
4. Alle in der Heimat und im Westen verfügbaren Verbände nach dem Osten
   bringen . . .
5. Gefangene und Einwohner rücksichtslos von Winterbekleidung entblößen.
   Die preisgegebenen Gehöfte niederbrennen.
   . . .

↑ Ein sowjetisches
Flugblatt von Mitte
Dezember 1941

Hitler übernimmt das Oberkommando des Heeres
Sonntag, 21. Dezember 1941, Berlin. Das DNB meldet:

Der Führer hat mit dem 19. Dezember 1941 das Oberkommando des Heeres
übernommen. Generalfeldmarschall v. Brauchitsch scheidet aus.

Stellungnahme von Generaloberst H. Guderian
21. Dezember 1941:

Pz. AOK 2   A.H.Qu.: Orel
Darstellung der Ereignisse am 21. 12. 1941
XXIV. Pz.K.
. . .
Der OB der 2. (Pz) Armee meldet folgende Stellungnahme zur befohlenen
Kampfführung der starren Verteidigung: Der Führer hat befohlen, daß jede
Truppe dort hält, wo sie steht, und sich nachhaltig verteidigt.
Die Armee und ihre Truppen sind vom festen Willen zum Halten beseelt und
von der Notwendigkeit zutiefst überzeugt. Jedes weitere Absetzen führt zu
Materialverlusten, zu Pferdeverlusten und zehrt, je schlechter Wetter, Kälte
und Schneelage sind, in entscheidendem Maße die Kräfte der Truppe auf, ohne
den Russen, der winterbeweglicher ist, ebenso zu schwächen.
Starr durchgeführt, führt jedoch der Befehl zu ganz großen Gefahren. Wir
stehen in dünnster Front, Reserven fehlen, der Russe ist überlegen. Er steht
nahe seinem guten Bahnnetz. Er kann operativ und taktisch verschieben und so
beliebig Schwerpunkte bilden. Diese Gegebenheiten müssen zu Einbrüchen
und Durchbrüchen führen. Durchbrüche kann man nur im Gegenangriff berei-
nigen. Dazu fehlen auf einer angegriffenen Front die Kräfte, auf der eine
schwache Division im Durchschnitt 25 km breit halten muß. Hat man keine
Kräfte mehr zum Gegenangriff, dann bleibt nur örtliches Absetzen gepaart mit
Gegenstößen, um die Lage wieder in die Hand zu bekommen.
Der starr ausgelegte Führerbefehl zwingt uns zur Zeit, die feindlichen Angriffe
in Stellungen anzunehmen, die für die Verteidigung ausgesprochen ungünstig
sind, obwohl dicht dahinter günstigere, sogar teilweise kampfwagensichere
Abschnitte liegen.
Die Folge einer starren Auslegung müssen zwangsläufig Kessel und damit die
Vernichtung der eingekesselten Teile werden, die aus Mangel an Reserven
weder herausgehauen, noch beim Durchbrechen aufgenommen werden können. Die Folge kann weiter die Vernichtung der Armee vor Herankommen der
in Aussicht stehenden Reserven sein. So ist zum Beispiel bei einem Durchbruch

bei der 9. Pz.Div. und bei Durchbrüchen in der ganzen lockeren Linie der 95. I.D. das Halten der jetzigen, nicht als Stellung anzusprechenden Linie völlig unmöglich und kann auch bei äußerster Tapferkeit an der Einkesselung der betroffenen Teile nichts ändern.

Im vollen Bewußtsein meiner Verantwortung weise ich hiermit auf die Folgen einer starren und wörtlichen Durchführung des Führerbefehls hin und bitte, ihn im Sinne meiner vorstehenden Darlegungen auslegen zu dürfen.

». . . kopflos geht es rückwärts«
22. Dezember 1941. Aus dem Gefechtsbericht des Panzer-Armeeoberkommandos 3 (Pz. AOK 3):

Das Bild auf der Rückzugsstraße ist nicht schöner geworden, die Disziplin beginnt sich zu lockern. Es mehren sich die zu Fuß gehenden Soldaten, die ohne Waffe, ein Kalb am Strick, einen Schlitten mit Kartoffeln hinter sich, ohne Führung nach Westen ziehen. Die von Fliegerbomben getöteten Soldaten werden nicht mehr begraben. Die oft führerlosen Trosse geben auf der Straße den Ton an, während die fechtende Truppe aller Waffen einschließlich Flak mit letzter Kraft vorn hält. Der gesamte Anhang der Truppe (Heerestruppen, Luftwaffe, Versorgungsverkehr) ergießt sich ohne Führung fluchtartig nach hinten. Eine Psychose, fast eine Panik, hat die Trosse ergriffen, die dieses Bild nicht kennen, die nur an stürmischen Vormarsch gewöhnt sind. Ohne Verpflegung, frierend, kopflos geht es rückwärts. Verwundete darunter, die vorn nicht mehr abbefördert werden konnten. Wagenbesatzungen, die die Verkehrsstokkungen nicht im Freien abwarten wollen und in die nächste Ortschaft gehen. Glatteis, Steigungen, lange Brückenrampen verlangsamen das Marschtempo ungeheuer. Die Verkehrsregelung, Tag und Nacht ununterbrochen tätig, schafft es kaum noch. Die schwerste Stunde für die Panzergruppe ist angebrochen. Die obere Führung kann nicht wissen, wie es vorn aussieht. Die Meldungen der Truppe werden nicht in ihrem ganzen Ernst gewertet, vielleicht will man sie nicht verstehen.

Zäher Widerstand
22. Dezember 1941. Das Oberkommando der Wehrmacht gibt bekannt:

Im mittleren Abschnitt der Ostfront scheiterten zahlreiche russische Angriffe am zähen Widerstand unserer Truppen.

← Wenn Zeit und Lage es erlauben, feiern die Soldaten auf ihre Art Weihnachten

Aus dem Tagebuch eines Divisionspfarrers
Mittwoch, 24. Dezember 1941:

Gut geschlafen in dem dreckigen Raum. Neben mir die Kartoffelschalen und andere Abfälle; gelaust. Die Männer in den Quartieren besucht, 9. und 11. Kompanie, sehen elend aus, zerlumpt, von Wanzen zerstochen, der ganze Körper blutig, ausgemergelt, verschmutzt. Die russischen Granatwerfer schießen sich ein. Vor der Kirche einer zerfetzt. Das Ganze war hier früher eine herrliche Anlage in Jaropoletz. Ein grünes Herrenschloß mit prächtiger Kirche. Die Gewänder aus Goldbrokat dienen jetzt zum Verhängen der gesprengten Fenster. Der Feind schießt vom nahen Wäldchen herein. Abends besuche ich die Kerle in den kleinen dichtgedrängten Kellerräumen, lese ihnen das Weihnachtsevangelium vor und spreche zu ihnen. Spät noch Lieder gesungen mit den Herren vom Batl.-Stab. Der Kommandeur spielt Ziehharmonika.

». . . um jeden Fußbreit Boden mit letztem Einsatz«

Oberkommando der Wehrmacht
Nr. 442277/41 g.K.Ch. WFSt/op. (H)
Geheime Kommandosache
Chef-Sache!
Nur durch Offizier!
Der Führer hat zur Kampfführung im Osten befohlen:
1. In der Verteidigung ist um jeden Fußbreit Boden mit letztem Einsatz zu kämpfen. Nur so werden dem Feind schwere blutige Verluste beigebracht, seine

Führerhauptquartier,
den **26. Dezember 1941**

↓ Eine deutsche leichte Pak-Batterie zieht sich bei beißender Kälte zurück

Moral geschwächt und die ungebrochene Überlegenheit des deutschen Soldaten zur Geltung gebracht.

Kampfloses Preisgeben auch nur behelfsmäßig ausgebauter Stellungen führt bei der gegenwärtigen Wetterlage zu unersetzlichen Verlusten an Material und Munition, setzt somit die eigene Kampfkraft zunehmend herab und gibt dem Feinde erhöhte Handlungsfreiheit.

Die Abwehrkraft muß insbesondere durch stützpunktartigen Ausbau aller Ortschaften und Gehöfte und größtmögliche Tiefengliederung auf ein Höchstmaß gesteigert werden. Jede Truppe, gleichgültig welcher Waffengattung, einschließlich Versorgungstruppen, ist verpflichtet, die so ausgebauten Unterkünfte mit allen Mitteln bis zum Letzten zu halten. Dem Feind wird hierdurch der Zutritt zu den Ortschaften verweigert. Er wird gezwungen, sich im Freien der Kälte voll auszusetzen, wird von den Straßen und damit der Versorgung abgeschnitten und somit am ehesten zum Erliegen kommen.

. . .

Der Chef des Oberkommandos der Wehrmacht
gez. Keitel
F. d. R.
gez. Unterschrift
Hauptmann

Der Wetterdienst der Roten Armee
Donnerstag, 1. Januar 1942, Moskau. Die Agentur TASS meldet:

Der Meteorologe F. N. Feodorow, der die wissenschaftliche Vorbereitung der

↓ Zu Fuß, auf dem Pferderücken oder mit einem Wagen geht es unaufhaltsam zurück, bis irgendwo eine neue Verteidigungslinie entsteht

sowjetischen Nordpolexpedition vor dem Kriege leitete, hat in der Nähe von Moskau eine gewaltige moderne Wetterstation eingerichtet, die mit Hunderten von kleineren Observatorien im ganzen Lande in Verbindung steht. Von seiner Zentrale aus sendet Feodorow der Armee alle sechs Stunden die eingehendsten Wetterberichte und Voraussagen für ihren Bezirk.

Diese Bezirke ermöglichen es den Roten Armeen, ihre Aktionen dem Wetter anzupassen.

Feodorows Station ist auf schnelle Beweglichkeit eingestellt; sobald die sowjetische Armee eine größere Strecke vorrückt, zieht auch seine Station um und nimmt ihren neuen Standort so nahe wie möglich an der Frontlinie auf.

Einbruchstellen abgeriegelt
Freitag, 2. Januar 1942. Das Oberkommando der Wehrmacht gibt bekannt:

Im Osten setzte der Feind seine Angriffe an zahlreichen Stellen fort. Einzelne Einbruchstellen wurden abgeriegelt, andere im Gegenstoß beseitigt.

Abwehrkämpfe bei starker Kälte
Sonnabend, 3. Januar 1942. Das Oberkommando der Wehrmacht gibt bekannt:

Die Abwehrkämpfe im mittleren Abschnitt dauern bei starker Kälte an. Zahlreiche Angriffe des Gegners sind am entschlossenen Widerstandswillen unserer Truppen gescheitert.

»Verbrannte Erde«
Montag, 5. Januar 1942, Moskau. United Press meldet:

Nach einer amtlichen Mitteilung ist der Roten Armee ein deutscher Tagesbefehl in die Hand gefallen, in dem den deutschen Armeen befohlen werde, auf ihrem Rückzug die Taktik der »verbrannten Erde« anzuwenden. Die deutschen Truppen müßten bei ihrem Rückzug alle verlassenen Stellungen und Dörfer, die den Russen von Nutzen sein könnten, zerstören. Insbesondere seien die steinernen Häuser zu zerstören, die von der Roten Armee als befestigte Punkte ausgebaut werden könnten.

↓ Eine Patrouille der sibirischen Kavallerie: Auf ihren zottigen Pferdchen brauchen sie den hohen Schnee nicht zu fürchten

*Geheimer Bericht des Sicherheitsdienstes der SS
zur innenpolitischen Lage Nr. 248 (Auszug)*

5. Januar 1942:

I. Allgemeines: Der Aufruf zur Sammlung von Wintersachen hat in allen Bevölkerungsschichten eine große Spendebereitschaft ausgelöst und steht nach wie vor im Vordergrund des Interesses. Übereinstimmend wird gemeldet, daß der Aufruf allgemein größtes Erstaunen hervorgerufen habe, nachdem in der Presse und in verschiedenen Wochenschauen bis in die letzte Zeit immer wieder auf die gute und ausreichende Versorgung der Soldaten mit Winterkleidung hingewiesen worden sei. Der Aufruf sei die eindeutige Bestätigung dafür, daß die Erzählungen von Fronturlaubern oder die Mitteilungen aus Feldpostbriefen über Mangel an einer der russischen Kälte Rechnung tragenden Ausrüstung zutreffend gewesen und nicht, wie eigentlich auf Grund der gegenteiligen Propaganda anzunehmen gewesen wäre, längst hinfällig geworden seien. In diesem Zusammenhang wurden vielfach Stimmen der Verwunderung darüber laut, daß die Sammlung nicht schon im Spätsommer durchgeführt worden sei.
Die Übernahme des Oberbefehls über das Heer durch den Führer hat nach übereinstimmenden Meldungen aus allen Teilen des Reiches stärkste Überraschung hervorgerufen. Ein vielfach an Bestürzung grenzendes Erstaunen herrschte in weiten Bevölkerungskreisen darüber, daß der Wechsel im Oberbefehl des Heeres gerade in der Zeit härtester Kämpfe an allen Fronten und ausgerechnet vor den Weihnachtsfeiertagen vorgenommen wurde . . .

↑ Raum Ugra, Ende Dezember 1941: Eine erschöpfte deutsche Infanterie-Abteilung bei einer kurzen Rast während der Rückzugskämpfe

253

Abwehrkämpfe in unverminderter Stärke
10. Januar 1942. Das Oberkommando der Wehrmacht gibt bekannt:

Im mittleren und einem Teil des nördlichen Frontabschnittes halten die Abwehrkämpfe in unverminderter Stärke an.

Sammlung von Wintersachen beendet
Sonntag, 11. Januar 1942, Berlin. Das DNB meldet:

Die Sammlung von Pelz-, Woll- und Wintersachen für die Front hat am Sonntagabend ihr Ende gefunden. Das bis 10. Januar mittags vorliegende vorläufige Ergebnis weist bereits eine Gesamtstückzahl von 56 325 930 auf.

↑ Ein Marsch ins Ungewisse: Ohne entsprechende Winterausrüstung, in dünnen Mänteln aus Kunstfaser, müssen die deutschen Truppen nicht nur gegen den übermächtigen Feind sondern auch gegen die Natur kämpfen

Lagebericht des OKW
Sonntag, 18. Januar 1942:

2. Pz.Armee: Am rechten Flügel stärkere feindl. Artl.-Tätigkeit. Rege feindl. Fliegertätigkeit im Raum um Mzensk. An der Nordfront starke Feindbewegungen durch Bjelew. / 4. Armee: Auf Suchinitschi feindl. Bombenangriffe. Der Feind drückt besonders in Gegend Ljudkowo. Feindansammlungen 10 km südl. Juchnow. Die Absetzbewegungen verlaufen planmäßig. / 4. Pz. Armee: Der Feinddruck gegen den Südflügel hält weiterhin an. Vorstöße und nächtl. Angriffe südl. Wereja wurden abgewiesen, jedoch konnte die Feindgruppe südl. der Stadt noch nicht beseitigt werden. Das Absetzen verläuft planmäßig. / 9. Armee: Bei 3. Pz. Armee führte der Feind wiederum heftige, von Panzern

254

unterstützte Angriffe gegen das V. AK. Das Korps hatte erneut empfindliche Verluste. Den Russen gelang ein örtl. Einbruch, 4 Feindpanzer wurden abgeschossen. Feindl. Angriffe nördl. davon, z. T. durch Panzer unterstützt, wurden abgeschlagen und das Absetzen in die neue Widerstandslinie durchgeführt. Am linken Armeeflügel verlaufen die Absetzbewegungen planmäßig. Feindl. Angriffe wurden erfolgreich abgewehrt. // Wetter: Bedeckt, stellenweise Schneefall, 15–20 Grad Kälte.

Unterbindung der Transporte mit Wintersachen
18. Januar 1942, Moskau. Das Sowinformbüro teilt mit:

Die Offensive der Roten Armee hat trotz wachsenden Widerstandes der

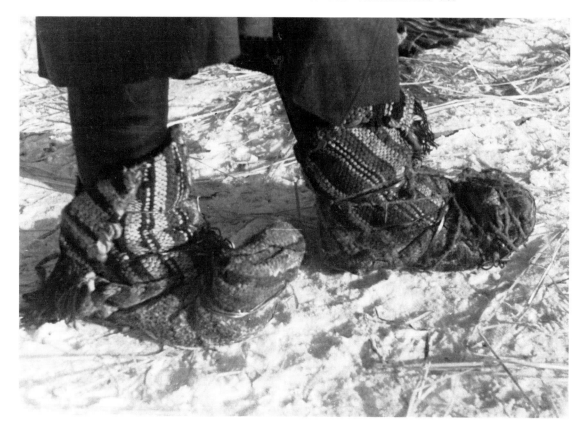

Faschisten weitere Fortschritte gemacht. Der nördliche Zangenarm im Raum Moshaisk, gegen den die deutsche Heeresleitung besonders heftige Gegenangriffe richtet, hat sich mit bemerkenswertem Erfolg geschlagen. Sowohl an der Eisenbahnlinie Wolokolamsk–Rshew, wie auf der Straße Wolokolamsk–Stariza wurden Einbrüche erzielt, die zur Befreiung dieser beiden Städte führten. Sowohl Wolokolamsk als auch Stariza waren Sitz deutscher Divisionshauptquartiere. Auch im Abschnitt Smolensk entwickelt sich die sowjetische Offensive äußerst günstig. Gegen Mittag wird bekannt, daß eine unserer Armeegruppen im frontalen Angriff gegen die feindlichen Verteidigungsstellungen von Kursk steht.
Seitdem das Oberkommando der Roten Armee auf frontale Angriffe verzichtet und statt dessen die faschistischen Verteidigungslinien an den Flanken umfaßt,

↑ Weil die militärische Führung und der Nachschub versagten, muß sich der deutsche Soldat wie ein Landstreicher mit Lumpen gegen den Frost schützen

255

No use, Hitler—it's going down
—by Illingworth.

↑ So sieht der britische Karikaturist die Lage am 22. Januar 1942: Mit dem Sinken der Temperatur sinken auch die Chancen des deutschen Vorstoßes: die Quecksilbersäule zeigt bereits in Richtung Berlin zurück . . .

werden starke Truppenverbände durch die Einbruchstellen geschleust und gleichzeitig die Partisanenaktionen hinter den deutschen Linien verstärkt. Die deutsche Winterlinie besteht praktisch nicht mehr, da sie an acht Stellen durchbrochen und vom Rücken her bedroht ist.

In den letzten 24 Stunden haben Partisaneneinheiten mehrere deutsche Munitions- und Versorgungstransporte vernichtet. Ein besonderes Merkmal derzeitiger Kämpfe sind die Aktionen zur Unterbindung der Eisenbahntransporte, mit denen die in Deutschland gesammelten Wintersachen an die Front befördert werden.

Über Erfrierungen
Prof. Ferdinand Sauerbruch, Generalarzt, schreibt:

Die klinischen Erscheinungen bestehen in zunehmender Mattigkeit, starkem Kältegefühl und Schlafsucht, Atmung und Herzschlag verlangsamen sich, der Blutdruck sinkt, und im Sopor tritt unter allmählichem Erlöschen der vitalen Funktionen der Tod ein. Als kritische Grenze gilt eine Temperaturherabsetzung auf etwa 20°. Lokale Erfrierung kommt gewöhnlich bei starker Herabsetzung der Außentemperatur auf frei getragenen Körperteilen, Nase, Ohren und allen schlecht durchbluteten peripheren Bezirken zustande . . . Die Einteilung der Erfrierung in drei Grade, wie bei der Verbrennung, ist nicht zweckmäßig, Art und Ausdehnung der Beschädigung sind erst später aus dem Verlauf zu erkennen, während sie bei der Verbrennung unmittelbar zu sehen sind . . .
Spätfolgen: Der Verlust der Extremitäten ist leider nicht die einzige, nicht einmal die Hauptfolge schwerer Erfrierungen an den Füßen. Oft sind ernster als der Verlust der Zehen oder auch eines Teils des Vorderfußes die vasomotorischen Störungen und die chronische degenerative Veränderung in den durch Erfrierung geschädigten Abschnitten.
Die Behandlung dieser Spätschäden ist wenig erfreulich. Das Wichtigste ist Schutz vor neuen Kälteeinwirkungen. Wicklung der Füße mit warmhaltenden Binden, regelmäßiges Einpudern und Einfetten der Haut, Wechselbäder werden empfohlen. Auch die sog. »Frostbeulen« seien kurz erwähnt. Die ödematösen Schwellungen an Gesicht, Fingern oder Zehen mit starkem Juckreiz treten dann gewöhnlich bei leichtem Temperaturabfall immer wieder von neuem auf.
Zum Schluß sei noch darauf hingewiesen, daß auch die Versorgung der wegen Frost amputierten Kranken mit einer Prothese oft durch die Atrophie des Stumpfes am Knochen und den bedeckenden Weichteilen Schwierigkeiten macht.
Der Deutsche Militärarzt, Heft 8/1942

Geheimer Bericht des Sicherheitsdienstes der SS
zur innenpolitischen Lage Nr. 253 (Auszug)
22. Januar 1942:

. . .

II. Kulturelle Gebiete: Im Zusammenhang mit den Berichten vor, während und nach der Winter- und Wollsachensammlung spielen nach vielfältigen Feststellungen die Feldpostbriefe und Berichte der Soldaten eine große Rolle. Von vielen Soldaten wurden ohne Hemmung geradezu haarsträubende Geschichten über auszustehende Strapazen, Kälte, schlechte Verpflegung, Bekleidung usw. in die Heimat berichtet.

256

← Wie ein Gemälde
vom Rückzug der
Grande Armée
Napoleons wirkt
dieses Bild, das im
Januar 1941 im
Frontabschnitt vor
Moskau aufgenom-
men wurde

». . . erfolgreiche Angriffe«

Sonnabend, 24. Januar 1942. Das Oberkommando der Wehrmacht gibt bekannt:

An mehreren Stellen des mittleren Abschnitts der Ostfront führten unsere
Truppen erfolgreiche Angriffe und fügten dem Feind hohe Verluste an Menschen und Material zu.

100 Kilometer vorgerückt

24. Januar 1942, Moskau. Das Oberkommando der Roten Armee gibt in einem
Sonderkommuniqué bekannt:

Vor etwa 10 Tagen haben unsere Truppen die befestigte deutsche Linie zwischen Ostaschkow und Selisharowo durchbrochen und sind um 100 Kilometer
auf breiter Front vorgerückt. Gegnerische Versuche, unsere Offensive durch
Gegenangriffe zum Stillstand zu bringen, sind gescheitert. Der Feind zog sich
unter Zurücklassung von Toten, Verwundeten und Kriegsmaterial zurück.

Und so war es:

Kurz nach Mitternacht, in den ersten Stunden des 18. Dezember 1941, setzt sich
in den dichten Wäldern nördlich Tula die neu formierte Kampfgruppe von
General Popow entlang des mit tiefem Schnee bedeckten Südufers der Oka in
Marsch. Ihr Ziel: die deutsche Etappenstadt Kaluga, weit hinter der Frontlinie.
Während des Rückzuges ist nämlich zwischen der Panzerarmee Guderian und

257

der 4. Armee (GFM v. Kluge) eine Lücke von etwa 30 Kilometern Breite entstanden. Armeegeneral Schukow beschließt sofort, diese Gelegenheit auszunutzen und durch einen Handstreich Kaluga zu befreien. Wichtig ist dabei die Überraschung, um zu verhindern, daß die Deutschen rechtzeitig Verteidigungsmaßnahmen treffen können. Die aus den Truppen der 50. Armee (GenLt. Boldin) gebildete Kampfgruppe Popow soll jetzt im Rücken der Deutschen die Besatzung von Kaluga in einem blitzschnellen Angriff überwältigen und diese wichtige Stadt bis zum Eintreffen der Hauptkräfte halten.

Die Truppen der 33. Armee (GenLt. Jefremow) und der 43. Armee (GenLt. Golubjew) brechen in schweren Kämpfen den deutschen Widerstand an der Nara, befreien Naro-Forminsk und rücken auf Borowsk, Balabanowo und Malojaroslawez.

Ebenfalls am 18. Dezember 1941 wird eine Serie von Veränderungen in der deutschen Führung an der Ostfront eröffnet. An diesem Tag muß Generalfeldmarschall v. Bock, dem man nahelegt, aus »Erholungsgründen« einen längeren Urlaub anzutreten, das Kommando über die Heeresgruppe Mitte an Generalfeldmarschall v. Kluge, den bisherigen OB der 4. Armee, übergeben. Die 4. Armee führt jetzt General Ludwig Kübler, bisher Kommandierender General des XXXXIX. Gebirgskorps. So versucht Hitler durch einen simplen Austausch von Personen die hoffnungslose Lage zu retten.

↓ Eine Kirche bei Borowsk: Schauplatz erbitterter Kämpfe im Dezember 1941

Am Freitag, dem 19. Dezember 1941, stehen sowjetische Truppen vor Wolokolamsk und befreien Plawsk.

An diesem trüben Tag erreicht zur Mittagszeit Generalmajor L. M. Dowator mit seinem II. Gardekavalleriekorps die von der Panzergruppe 4 hart verteidig-

↑ Mit dem Maschinengewehr auf dem Schlitten marschiert eine Kompanie auf den aus der Heimat eingetroffenen Skiern zu ihrem nächsten Einsatz

← Ein Wassergraben bei Sytschewka wird diesem deutschen Panzer zum Verhängnis: Er kann wegen der sich schnell nähernden Sowjets nicht mehr geborgen werden und wird deshalb gesprengt

259

→ Ein rettender Helfer in der Not: Der langsame, aber zuverlässige sowjetische Doppeldecker U-2, auch »Nähmaschine« genannt, hier als Sanitätsflugzeug

te Rollbahn Rusa–Wolokolamsk. Etwa 12 Kilometer nordwestlich von Rusa kommt es zwischen den Dörfern Tolbusino und Palaschkino an den Ufern des Flusses Rusa zu einem Feuerwechsel mit der seit Tagen von Dowator verfolgten 252. Infanteriedivision (GenLt. v. Boehm-Bezing). Die Deutschen, durch die zugefrorene Rusa nur dürftig geschützt, leisten erbitterten Widerstand.

Als die Attacke der Reiter der 1. Schwadron im Feuer der MG steckenbleibt, befiehlt Dowator dem Oberstleutnant M. P. Tawlijew, Kommandeur der 20. Kavalleriedivision, über den Fluß anzugreifen und an Palaschkino vorbei die auf der Rollbahn ziehenden deutschen Kolonnen abzuschneiden. Die beiden Kavallerieregimenter, das 22. und das 103., versuchen zwar, sich im Galopp dem verschneiten Flußufer zu nähern, werden aber vom MG-Feuer zum Absitzen gezwungen. Sie stürmen weiter bis an die Rusa vor, werden jedoch mitten auf dem eisbedeckten Fluß endgültig gestoppt. »Wir müssen unsere Jungs hochreißen!« ruft Dowator seinem Stab zu und läuft zum Flußufer, gefolgt von Oberstleutnant Tawlijew, Adjutant Teichman und Kommissar Karasow. Einige Schritte von der ersten Schützenkette entfernt werden sie alle von einer MG-Garbe niedergemäht.

Generalleutnant Rokossowski: »Als wir den Abschnitt Wolokolamsk erreicht hatten, wurde es ganz offenkundig, daß sich der Gegner inzwischen von unseren Schlägen erholt hatte: Er verteidigte sich organisierter und hartnäckiger.«

Am gleichen Tag übernimmt Hitler nach Genehmigung des Abschiedsgesuchs des schwer herzkranken Generalfeldmarschalls v. Brauchitsch den Oberbefehl über das Heer. Hitler: »Das bißchen Operationsführung kann jeder machen. Die Aufgabe des OB des Heeres ist es, das Heer nationalsozialistisch zu erziehen. Ich kenne keinen General des Heeres, der diese Aufgabe in meinem Sinne erfüllen könnte . . .« Und während deutsche Soldaten an der Ostfront mit schweren Erfrierungen die Lazarette füllen, behauptet im OKH ihr Oberster Befehlshaber: »Der russische Winter ist nur ein Schlagwort!«

Am Sonnabend, dem 20. Dezember 1941, nachdem der Nordflügel der Panzergruppe 4 (GenOberst Hoepner) Anschluß an die 9. Armee (GenOberst Strauß) gefunden hat, versuchen sowjetische Truppen erneut, in Angriffen auf die Nahtstelle die ziemlich abgekämpfte Front einzudrücken. Die Panzergruppe 4 nimmt nun die als neue Abwehrstellung vorgesehene Linie vom Marskie-Teich über Rusa–Wolokolamsk bis hinter die Lama ein.

Die Linien im Bereich der 3. Panzerarmee sowie der Panzergruppe 4 festigen sich so weit, daß man hier sogar von einer Front sprechen kann. Die laufenden sowjetischen Angriffe werden abgewiesen. Auch an der Linie Tim–Liwny–

Oitojewo gelingt es an diesem Tag, den Feind zum Stehen zu bringen. Generalleutnant Rokossowski: »Der Vormarsch unserer Truppen verlangsamte sich
allmählich, da es damals noch keine speziellen technischen Mittel für die Anlage
von Kolonnenwegen über Felder und vor allem in tiefem Schnee gab.«
An der Front bei Serpuchow drücken die 43. Armee (GenLt. Golubjew) und
die 49. Armee (GenLt. Sacharkin) auf die Nahtstelle zwischen dem XII. Armeekorps (Gen. d. Inf. Schroth) und dem XIII. Armeekorps (Gen. d. Inf.
Felber).
Die mit einer dicken Eisschicht bedeckten Flüsse Oka und Nara bilden kein
Hindernis mehr. Die deutschen Einheiten gehen kämpfend zurück und klam-
mern sich an jeder Ortschaft fest, denn der strenge Frost erlaubt kaum eine
Verteidigung im offenen Gelände.
Unterdessen zieht sich weiter südlich das von der Panzergruppe Guderian durch
den Feind abgetrennte XXXXIII. Armeekorps (Gen. d. Inf. Heinrici) auf
Kaluga zurück. Diese wichtige Nachschubbasis an der Oka muß jetzt überstürzt
geräumt werden. Auch mit einem großen Durchbruch in Richtung Orel rechnet
man in der Heeresgruppe Mitte, nachdem die Luftaufklärung neue sowjetische
Verstärkungen in drei Kolonnen nebeneinander im Anmarsch von Jelez her
gemeldet hat.
Am gleichen Tag befiehlt Hitler, daß sämtliche verfügbaren Reserven des OKH
der Heeresgruppe Mitte zugeführt werden sollen.
Inzwischen hat die Kampfgruppe Popow am Abend des 20. Dezember 1941
nach drei Tagen und Nächten in 90 Kilometer langen Eilmärschen durch
verschneites Waldgelände am Südufer der Oka entlang überraschend den
Südrand von Kaluga erreicht.

261

In der Morgendämmerung des 21. Dezember 1941 bricht die Kampfgruppe Popow nach ihrem Handstreich auf die Okabrücke in Kaluga ein. Oberst Izaak Gudsi: ». . . die Panzer des Generals Getman erreichten nach Einbruch der Dunkelheit die Straße und rückten dann mit vollem Licht und stürmischem Tempo auf die Stadt vor. Einzelne deutsche Fahrzeuge kamen ihnen entgegen. Unsere Panzer ließen sie unbeachtet, um die Überraschung zu wahren. Die List gelang. Die Panzer- und motorisierten Schützeneinheiten drangen ohne einen Schuß in die Stadt ein und besetzten die wichtigsten Objekte. Da erst merkten die Deutschen, daß sich in ihrem Hinterland sowjetische Panzer befanden.« Es entbrennen blutige Straßenkämpfe, die drei Tage, bis zum Eintreffen der sowjetischen Hauptkräfte andauern.

Bei der 4. Armee (Gen. d. Geb.Tr. Kübler) durchbricht ein starker, von Panzern unterstützter sowjetischer Angriffskeil etwa 10 km nördlich der Straße Juchnow–Podolsk die deutschen Stellungen.

An diesem Tag wird die Panzergruppe 4 der Heeresgruppe Mitte unmittelbar unterstellt. Die von Hitler befohlene starre Verteidigung zwingt die Truppe immer wieder zu erbitterten Nahkämpfen, aus denen sie sich nur unter erheblichen Verlusten lösen kann, und es besteht die ernste Gefahr, daß ohne frühzeitiges Ausweichen bei dieser Kampfweise die Substanz der Verbände bald schwinden wird.

Es gibt jedoch kaum eine Lösung des Dilemmas, weil durch Betriebsstoffmangel, Fehlen von Zugmitteln und unüberwindbaren Schwierigkeiten auf den mannshoch verschneiten Wegen die Geschütze und Kraftfahrzeuge stehengelassen und gesprengt werden müssen. Die Ausfälle durch Erfrierungen werden immer spürbarer.

Am Dienstag, dem 23. Dezember 1941, beginnt die 4. Armee ihren mit schweren Verlusten verbundenen Rückzug hinter die Istra.

Im Rückzugsabschnitt der 4. Armee zeichnen sich nun drei Schwerpunkte sowjetischer Operationen ab: Vorstoß auf Smolensk mit gleichzeitigem Absetzen von Fallschirm- und Luftlandetruppen im Raum südwestlich von Wjasma; Zerschlagen der deutschen Verteidigung bei Juchnow und Kaluga; Vortreiben eines südlichen Zangenarmes aus der Brjansker Front über Suchinitschi in den Raum Smolensk. Die in den Partisanengebieten zwischen Wjasma und Smolensk abgesetzten Luftlandeverbände bilden im Rücken der Heeresgruppe Mitte eine erhebliche Gefahr, vor allem, da die Etappenstadt Smolensk – das Ziel dieser Operationen – zu einem riesigen deutschen Nachschublager geworden ist.

→ Raum Gshatsk, Januar 1942: Eine deutsche Abteilung, im unübersichtlichen Gelände auf dem Rückzug verirrt, sucht Auskunft bei Einheimischen

Unter dem vereinten Druck der Südwest- und Westfront ziehen sich in diesen Tagen auch die Panzerarmee Guderian und die 2. Armee (Gen. d. Pz.Tr. Schmidt) auf die Winterstellung westlich Tim–Mzensk–südlich Bjelew zurück, die nach Hitlers Befehl unter allen Umständen gehalten werden soll.

↑ An den Rückzugsstraßen westlich Subzow: An den toten Kameraden vorbei geht es westwärts

Am Mittwoch, dem 24. Dezember 1941, werden morgens die letzten deutschen Truppen aus den Stellungen unmittelbar vor Moskau zurückgenommen. Darunter ist auch die zur 4. Armee gehörende 263. Infanteriedivision (GenMaj. Haeckel), die an Heiligabend den Rückzug antritt. Der Divisions-Stab geht mit der Masse nach Nowo Slobodka und bleibt nur mit einer Ia-Führungsstaffel in Pokrow. Schweigend rollen die Kolonnen mit Tannenbäumen auf den Fahrzeugen in der sternenklaren Nacht bei Mondschein und hartem Frost vorbei.

263

Bei der 3. Panzerarmee und der Panzergruppe 4, die drei sowjetischen Armeen gegenüberstehen, hat sich die Lage am Rusa- und Lamaabschnitt weiterhin stabilisiert.

Am Donnerstag, dem 25. Dezember 1941, befreien die 20. Armee (GenMaj. Wlassow), die 16. Armee (GenLt. Rokossowski) und das II. Gardekavalleriekorps Istra, Rusa und Wolokolamsk. Die 39. Armee (GenLt. Maslennikow) und die 29. Armee (GenMaj. Schwezow) drängen den linken Flügel der Heeresgruppe zurück. Weiter südlich erzielen die 50. Armee (GenLt. Boldin) und das I. Gardekavalleriekorps (GenMaj. Below) weitere Fortschritte bei Kaluga, Juchnow, Moshaisk und Suchinitschi.

Generaloberst Guderian hält ein Stehenbleiben seiner Verbände vorwärts der Oka und das Schließen der Lücke von Dubna für aussichtslos. Er befürchtet sogar, frontal durchbrochen und von seinen rückwärtigen Verbindungen abgeschnitten zu werden.

Als Guderian am 25. Dezember 1941 trotz ausdrücklicher Befehle Hitlers und v. Kluges seine Armee weiter zurücknimmt, wird der Gründer der deutschen Panzerwaffe seines Kommandos enthoben und in die Führerreserve des OKH versetzt. Sein Nachfolger ist der OB der 2. Armee, General der Panzertruppe Rudolf Schmidt. Von diesem Tag an darf es bei der Heeresgruppe Mitte keine Rückwärtsbewegung mehr geben, die Hitler nicht vorher genehmigt hat.

Am Freitag, dem 26. Dezember 1941, gelingt es, den sowjetischen Durchbruchsversuch auf Orel zurückzuschlagen, doch in die Lücke am Nordflügel der 2. Panzerarmee strömt das I. Gardekavalleriekorps mit starken Kräften, darunter Ski- und Schlittentruppen. Kosielsk muß geräumt werden.

Inzwischen sind die Sowjets südlich an Kaluga vorbeigestoßen und stürmen gegen Juchnow vor. Über Juchnow, an der Rollbahn Roslawl–Moskau, marschieren gerade die Verbände der 4. Armee, und diese Straße ist ihre »Lebensader«. Die 19. Panzerdivision (GenLt. v. Knobelsdorff) und ein mit Lufttransport verlegtes Marschbataillon bilden eine Verteidigungslinie bei Juchnow.

Im anderen Abschnitt der 4. Armee, an der Naht zwischen dem XXXXIII. Armeekorps (Gen. d. Inf. Heinrici) und dem XIII. Armeekorps (Gen. d. Inf. Felber), durchbricht der Feind die Front und stößt in Richtung Malojaroslawez vor. Nach langem Zögern billigt Hitler nun der 4. Armee zu, daß sich die Armeemitte auf den Protwa-Abschnitt südlich Malojaroslawez absetzen kann.

Die Verbände der Panzergruppe 4 verbringen in der Rusa–Lama-Linie relativ ruhige Weihnachtstage. Ihre Frontlage hat sich gefestigt, die Truppe gewinnt wieder an Zuversicht, und mit Unterstützung einiger Reserven der 3. Panzerarmee wird der Durchbruch aufgefangen. Die Lage bleibt weiterhin gespannt, und die 3. Panzerarmee und Panzergruppe 4 sind schwer angeschlagen.

Am Sonnabend, dem 27. Dezember 1941, ist im Kriegstagebuch der Panzergruppe 4 vermerkt, daß die 106. Infanteriedivision (GenMaj. Dehner) nur noch über 300 Gewehrträger verfügt; die Gefechtsstärke des Infanterieregiments 58 beträgt 350 Köpfe, 15 leichte MG, keine Pak.

Zur Zeit zeichnen sich außer mehreren örtlichen Gefahrenzonen zwei Schwerpunkte ab, an denen die Sowjets einen operativen Erfolg anstreben: Nördlich versucht Stalin mit den Kräften der Kalininfront in den Rücken der 9. Armee zu gelangen; südlich sollen die West- und die Brjansker Front die Einbruchsräume über Suchinitschi auf Wjasma und Smolensk erweitern.

An diesen beiden Schwerpunkten setzt STAWKA die Masse seiner frischen Truppen ein, um gegen die abgekämpften deutschen Fronten möglichst schnell zu einer Entscheidung zu gelangen. Selbst in kleinste Durchbruchstellen sickern Skieinheiten und Kavallerie ein. Und durch Verstärkungen, die solchen anfänglich kleinen Einbrüchen folgen, entstehen äußerst kritische Situationen. Beiderseits der Rollbahn Smolensk–Wjasma und um Brjansk stecken Tausende von Partisanen in den Wäldern, die Nacht für Nacht Überfälle auf Brücken, Kolonnen, Meldeköpfe, Eisenbahnlinien, Posten und Depots durchführen.

Am Sonntag, dem 28. Dezember 1941, gibt Hitler eine neue Weisung, in der er die Notwendigkeit der Verteidigung bis zum letzten Einsatz begründet, dazu neue Richtlinien über die Kampfführung.

Am gleichen Tag gelingt den Sowjets ein weiterer Vorstoß in Richtung Suchinitschi und Juchnow und eine Umfassung des Südflügels der 4. Armee. Auf dem Flugplatz Ogibalowo, auf halbem Wege zwischen Kaluga und Juchnow, landet das aus Krakau eingeflogene II/SS-Infanterieregiment 4 (Hauptsturmf. Harzer) und rückt sofort in den Einsatz bei Subowo, das bereits von sowjetischen Verbänden bestürmt wird.

Auch die anderen zur Schließung der Lücke an der Okafront herangeholten Einheiten müssen direkt aus den Eisenbahnwaggons ins Gefecht treten.

Während die deutschen Divisionen sich kämpfend über Malojaroslawez, Medyn an der Rollbahn entlang auf Juchnow zurückziehen, wird der Nordflügel der 4. Armee von der 33. Armee (GenLt. Jefremow), die bei ihrem Vorgehen in Richtung Smolensk die Waldgebiete westlich der Ugra erreicht hat, weit überholt. Das aus dem Raum Suchinitschi heranrückende I. Gardekavalleriekorps nähert sich ebenfalls den Wäldern bei Ugra.

Armeegeneral Schukow: »Im zentralen Frontabschnitt leistete der Gegner erbitterten Widerstand, während die erfolgreich begonnenen Offensiven unserer Truppen bei Rostow und Tichwin, da sie nicht entsprechend abgeschlossen wurden, einen langwierigen Charakter annahmen.«

In der Nacht vom 28./29. Dezember 1941 sinken die Temperaturen auf minus 40 Grad, und der starke Ostwind macht die Kälte noch unerträglicher. Um die in vollkommen offenem Gelände ohne Winterschutzmittel eingesetzten Soldaten vor dem weißen Tod zu retten, werden sie sofort in die anschließenden Ortschaften zurückverlegt.

Am Montag, dem 29. Dezember 1941, durchbricht die 43. Armee (GenMaj.

↓ Raum Mossals, Januar 1942, ein Stellungswechsel: »Vorwärts Kameraden, wir müssen zurück!«

Golubjew) den Nordflügel der im Zentrum der Heeresgruppe Mitte stehenden 4. Armee. Da sie bereits an ihrem Südflügel von der 2. Panzerarmee abgeschnitten ist, versucht Generalfeldmarschall v. Kluge vergeblich, Hitlers Zustimmung zum Absetzen der ganzen Front zu erhalten.

Generalleutnant K. K. Rokossowski: »Je weiter sich unsere Verbände und Truppenteile von Moskau entfernten, um so stärker wurde der gegnerische Widerstand. Erbeuteten Dokumenten und Gefangenenaussagen entnahmen wir, daß die faschistische Führung befohlen hatte, zur strategischen Verteidigung überzugehen.«

Am Dienstag, dem 30. Dezember 1941, kann Kaluga trotz des aufopfernden Kampfes des XXXXIII. Armeekorps (Gen. d. Inf. Heinrici) nicht länger gehalten werden. Das Korps, schließlich von drei Seiten eingeschlossen, muß sich nach Norden zurückziehen. Südlich von Kaluga dringen die Sowjets bis zur Linie Mzensk–Nowosil–Werchow–Liwny vor.

Am Morgen des 31. Dezember 1941 geht bei der 19. Panzerdivision (GenLt. v. Knobelsdorff) die Meldung ein, daß Osero von etwa 55 feindlichen Fallschirmjägern besetzt sei. Inzwischen ist das eingetroffene III. Artillerieregiment 19 in Stellung gegangen und Osero wird sofort unter Störungsfeuer genommen. Die deutschen Soldaten sind kaum von den Sowjets zu unterscheiden, da sie Beutepelze und Filzstiefel tragen.

Am nördlichen Flügel der Heeresgruppe Mitte versucht die Kalininfront (Gen-Oberst Konjew) die geschwächten Divisionen der 9. Armee mit einem gewaltigen Stoß nach Süden, der in den Rücken der gesamten Heeresgruppe Mitte führt, zu zerschlagen. Mit 4 Armeen, darunter mehrere frische Divisionen, glaubt Generaloberst Konjew sein Ziel zu erreichen.

Die Anträge von Generalfeldmarschall v. Kluge, auf die Winterstellung ausweichen zu dürfen, lehnt Hitler kategorisch ab. Es sind nur »vom Feind erzwungene Ausweichbewegungen« gestattet. Der Führer verlangt die zähe Verteidigung jeder Ortschaft und auch des kleinsten Stützpunktes.

Die Panzergruppe 4 verlebt eine ruhige Neujahrsnacht bei Vollmondschein und Kälte unter minus 30 Grad. Wegen des tiefen Schnees können keine Spähtrupps ausgeschickt werden.

Am Donnerstag, dem 1. Januar 1942, befiehlt Hitler, daß die Nordfront der 4. Armee unter allen Umständen gehalten und der Durchbruch am Nordflügel unbedingt begradigt werden muß. Die schwerbedrängte 4. Armee verfügt jedoch über keine Kräfte mehr, die dazu imstande wären.

Die Panzergruppe 4 wird am 1. Januar 1942 in 4. Panzerarmee umbenannt; der neue Oberbefehlshaber ist Generaloberst Erich Hoepner.

Den Abschnitt der 2. Panzerarmee (Gen.d.Pz.Tr. Schmidt) hat das I. Gardekavalleriekorps (GenMaj. Below) mit zwei Divisionen nach Westen in Richtung Medyn-Juchnow durchstoßen. Hier liegen die großen Feldflugplätze der Armee, das Armeeoberkommando sowie die Lazarette und vor allem die Nachschubdienste mit ihren Depots. Dazu ist die Straße die einzige feste Rollbahn der Armee, über die der gesamte Nachschub läuft. Die 19. Panzerdivision (GenLt. v. Knobelsdorff) hat den Auftrag erhalten, nach Medyn zu marschieren und die durchgebrochene sowjetische Kavallerie von dort nach Süden zurückzudrängen. Gegen Mittag tritt die Division an. Bereits um 14 Uhr, als Osero und Kuligi zurückgenommen werden, meldet die Aufklärung der

19. Panzerdivision eine 11 Kilometer lange Kavalleriekolonne im Anmarsch. Bis die Artillerie bei dem tiefen Schnee vorgezogen werden kann, verschwindet die sowjetische Kavallerie in den umliegenden Wäldern. Zwar greifen die Jabos vom Jagdgeschwader Mölders die Sowjets an, was die feindlichen Spähtrupps jedoch nicht daran hindert, in der linken Flanke der Division die Rollbahn zu erreichen.

Am gleichen Tag notiert der sowjetische Oberleutnant Gontscharow in seinem Tagebuch: »Heute hatte man einen gefangenen ›Fritz‹ gebracht. Trotz aller Verachtung für ihn als Menschen überkommen einen das Gefühl des Mitleids. Schlecht gekleidet, verlaust, mit erfrorenen Beinen . . . Und so etwas schickt Hitler, um Moskau zu nehmen.«

Am Freitag, dem 2. Januar 1942, trifft beim AOK 9 der Befehl Hitlers ein: »9. Armee geht keinen Schritt mehr zurück.« Dies kann die Lage auch nicht ändern. Die Sowjets haben inzwischen die Stellungen nordwestlich von Rshew überrollt. Und die sowjetische 39. Armee (GenLt. Maslenikow) stößt nun nach Süden in Richtung Wjasma vor. An der Naht zur Heeresgruppe Nord, im Raum um Ostaschkow, wo nur ganz dünne Sicherungen stehen, sammelt der Feind neue Truppen. Um den Durchbruch abzuriegeln und die Lücke zum LVII. Panzerkorps zu schließen, befiehlt v. Kluge der 4. Panzerarmee den Angriff von Norden her, doch die sowjetischen Kräfte sind bereits zu stark.

Am Sonnabend, dem 3. Januar 1942, wird die Lage an der Naht zwischen der 4. Armee (Gen. d. Geb.Tr. Kübler) und der 4. Panzerarmee immer bedenklicher. Nachdem Armeegeneral Schukow fünf Armeen gegen den linken Flügel der 4. Armee angreifen läßt und sie auf Medyn zurückwirft, entsteht ein breiter Durchbruch. So droht den beiden Armeen eine Umfassung. Trotz aller Einwände der Heeresgruppe Mitte, die als einzige Lösung nur die Möglichkeit sieht, die Front weiter rückwärts wieder schließen zu können, verweigert Hitler eine Ausweichbewegung.

Zu gleicher Zeit umzingeln Partisanenverbände mit Teilen der 10. Armee (GenLt. Golikow) Suchinitschi südwestlich Kaluga. Die Stadt wird von der Gruppe Gilsa, bestehend aus rund 4000 Mann der 216. Infanteriedivision (GenMaj. Frhr. v. und z. Gilsa) zäh verteidigt und aus der Luft versorgt. Die Sowjets verlagerten den Hauptdruck nach Westen und Süden mit dem Ziel, den Nordflügel der 2. Panzerarmee zu umfassen.

Am Sonntag, dem 4. Januar 1942, befiehlt die Heeresgruppe Mitte, die Einbruchstelle bei Suchinitschi durch Angriffe von Süden und Norden her einzuengen. Die dafür vorgesehenen Reserven sind jedoch zu schwach, und der Versuch scheitert. Nach dem Durchbruch der 43. Armee (GenLt. Golubjew) beim LVII. Panzerkorps (Gen. d. Pz.Tr. Kuntzen) befinden sich die sowjetischen Truppen im Vorgehen nach Westen. Die Partisanen in den Wäldern südwestlich Wjasma werden durch Fallschirmjägerbrigaden verstärkt. Auch Transportflugzeuge setzen nachts Luftlandetruppen hinter der deutschen Front ab.

Die 39. Armee (GenLt. Maslenikow) hat mit ihrem Durchbruch nordwestlich Rshew in Richtung Wjasma den Raum nach Süden weiter verbreitert und steht jetzt vor Sytschewka. Zwar werden Teile der 216. Infanteriedivision und der 339. Infanteriedivision (GenLt. Hewelcke) eilig mit Ju-52-Maschinen in den bedrohten Abschnitt geflogen, doch ist ihnen sowie der SS-Kavalleriebrigade bis zur Stunde kaum Erfolg beschieden.

Am Montag, dem 5. Januar 1942, erweist sich nun die Hoffnung auf eine feste Verteidigungsstellung als Trugschluß: Die Sowjets drücken mit sibirischen Truppen auf Front und Flanke der Heeresgruppe Mitte. Die von Panzern unterstützten Feindmassen bedrängen die deutschen örtlichen Stützpunkte und erzwingen wiederholt eine Rückverlegung der Front, die in geschlossener Linie verteidigt werden muß, sollte sie nicht wieder verlorengehen. Dies führt bei minus 45 Grad bei einzelnen Divisionen zum Ausfall von 800–1000 Mann täglich, durch Erfrierungen und Abtransport in die Lazarette. Verzweifelt mühen sich die Soldaten mit ihren vor Kälte aufgesprungenen Händen, die vereisten Kammern der Gewehre und die Maschinenwaffen zum Einsatz zu bringen. Sie können ihre Geschütze nur einsatzbereit halten, indem sie diese durch offene Feuer unter den Lafetten erwärmen, denn Öl und Fett sind gefroren.

→ Eine kurze Rast zum Aufwärmen am Rande der Rückzugsstraße bei Bjelij

268

Am Mittwoch, dem 7. Januar 1942, meldet mittags die 2. Panzerarmee, daß die Sowjets in der linken Flanke auf Juchnow zum Angriff angetreten seien und bereits Karmanowo und Koptane erreicht hätten. Auch Moshaisk muß geräumt werden, und der Feind geht weiter nach Westen vor. Die Gefahr besteht, daß die 2. Panzerarmee eingekesselt wird. Es herrschen 35 Grad Kälte und klares Wetter. Draußen ist es weder für Freund noch Feind auf Dauer auszuhalten. Und bei diesem Frost und dem tiefen Schnee spielen sich die Kämpfe eigentlich nur um Ortschaften ab, denn jeder will die wärmenden Feuerstellen besitzen.

Am Donnerstag, dem 8. Januar 1942, um 9 Uhr, meldet der Kommandierende General des XX. Armeekorps, General der Infanterie Materna, an General-oberst Hoepner, daß die Versorgung durch das Vorgehen des Feindes auf

Wjereja unterbrochen wird. Die Lage bei seinem Korps, das zugleich den Südflügel der 4. Panzerarmee (GenOberst Hoepner) bildet, ist derart kritisch, daß er die Stellung nicht mehr halten kann. General Materna bittet dringend um Befehl, die Front zurückzunehmen, um mit den dadurch eingesparten Kräften die rückwärtigen Verbindungen – bevor es zu spät ist – freizukämpfen.

Um 12.45 Uhr gibt Generaloberst Hoepner, nachdem er die Heeresgruppe Mitte vergeblich um einen Entschluß gebeten hat, den Befehl, den Rückzug einzuleiten und in der Nacht zurückzugehen. Die Heeresgruppe schweigt den ganzen Tag über. Bei späterer Ausgabe des Befehls hätte die ganze Bewegung um 24 Stunden verschoben werden müssen, und das XX. Armeekorps wäre nicht mehr zu retten gewesen.

Gegen 19 Uhr kommt es zu einem Telefongespräch zwischen Hoepner und v. Kluge. Feldmarschall v. Kluge teilt mit, daß er die Maßnahme der 4. Panzerarmee nicht billigen könne. Hoepner habe den Führerbefehl genau gekannt und kein Recht gehabt, die Rückzugsbefehle an das Korps zu geben. Er macht Generaloberst Hoepner den Vorwurf der Pflichtvergessenheit gegenüber dem Führer. Hoepner: »Herr Generalfeldmarschall, ich habe Pflichten, die höher stehen als die Pflichten Ihnen gegenüber und die Pflichten gegenüber dem Führer. Das sind die Pflichten gegenüber der mir anvertrauten Truppe.« Danach meldet v. Kluge an Hitler die von Generaloberst Hoepner selbständig eingeleitete Zurücknahme des XX. Armeekorps. Hitler ordnet ohne Prüfung der Lage die sofortige Ablösung Hoepners an und gleichzeitig seine Ausstoßung aus der Wehrmacht.

Nachfolger von Generaloberst Hoepner in der Führung der 4. Panzerarmee wird der bisherige Kommandierende General des V. Armeekorps, General der Infanterie Ruoff. Nun sind die beiden bewährten und bei ihrer Truppe geschätzten Armeeführer, Generaloberst Guderian und Generaloberst Hoepner, innerhalb weniger Tage auf Befehl von Hitler abgelöst worden.

Am Freitag, dem 9. Januar 1942, beginnt in den frühen Morgenstunden die Offensive der sowjetischen Nordwestfront (GenLt. Kurotschkin) mit der 3. Stoßarmee (GenLt. Purkajew) und der 4. Stoßarmee (GenOberst Jeremenko) aus dem Raum Ostaschkow über das Seengebiet der Waldai-Höhen auf die Naht der beiden deutschen Heeresgruppen Nord und Mitte. In die aufgerissene Lücke strömen ungehindert sowjetische Truppen, so wie auch weiter südlich bei Suchinitschi und Rshew Armeegeneral Schukow ununterbrochen neue Kräfte einschleust.

Dank der Entscheidung von Generaloberst Hoepner, rechtzeitig das XX. Armeekorps zurückzuziehen, gelingt es, die Lage bei Wjereja so weit zu stabilisieren, daß ein weiteres Vorgehen der Sowjets nach Norden aufgehalten werden kann.

Am Vormittag verläßt Generaloberst Hoepner seine Panzerarmee, mit der er so erfolgreich bis dicht an Moskau vorgestoßen ist. Vor seiner Abfahrt bekommt er noch die Mitteilung von der 4. Armee, für deren XX. Korps sich Hoepner aufgeopfert hat, General der Infanterie Materna sei mit seinem Verband in der vergangenen Nacht in eine rückwärtige Stellung ausgewichen.

In den Abschnitt der 4. Panzerarmee sind bei nur minus 8 Grad und strahlendem Sonnenschein nordöstlich von Juchnow sowjetische Truppen im Rücken der 19. Panzerdivision (GenLt. v. Knobelsdorff) 6 Kilometer nordostwärts der Rollbahn in Osero eingedrungen, das nur durch Trosse anderer Divisionen gesichert war. Alle Ortschaften müssen durch Anlage von Schneeschanzen zur

Rundumverteidigung eingerichtet werden. Selbst zum Bau von Holzbunkern sind weder Mittel noch Zeit vorhanden. Der Boden ist zwei Meter tief gefroren. Zum Glück kann im Bereich des LVII. Panzerkorps ein bereits zur Vernichtung vorbereitetes Sprengstofflager festgestellt werden. Mit mehreren Tonnen Ekrasit sprengen jetzt drei Pionierbataillone eine Trichterstellung. Mittags können die Trichter von der Truppe belegt und mit Balken oder Brettern bedeckt werden.

Am Sonnabend, dem 10. Januar 1942, führt die 20. Armee (GenMaj. Wlassow) starke Angriffe gegen die deutsche 3. Panzerarmee (GenOberst Reinhardt) bei Wolokolamsk. Armeegeneral Schukow: »Am 10. Januar begannen Truppen der Westfront, das heißt die 20. Armee, ein Teil der Kräfte der 1. Stoßarmee, das 2. Kavalleriekorps unter I. A. Plijew, die 22. Panzerbrigade und fünf Skibataillone, nach anderthalbstündiger Artillerievorbereitung die Offensive zum Durchbruch der Front bei Wolokolamsk.«
Es herrscht heftiges Schneetreiben. Bei der 19. Panzerdivision ist die Front ruhig. An anderen Stellen, besonders bei Wjasma, werden Durchbrüche gemeldet. Bei Juchnow nimmt sowjetische Artillerie die Rollbahn unter Feuer. Von Juchnow steht der Feind jetzt nur noch 7 Kilometer entfernt, und von Kaluga her sind lange sowjetische Kolonnen im Anmarsch gemeldet. Durch einen kühnen Vorstoß gelingt es der 1. Panzerdivision (GenMaj. Krüger), den Gegner bei Sytschewka zum Stehen zu bringen.
Am linken Flügel der 9. Armee schafft es das XXIII. Armeekorps, mit dem VI. Armeekorps wieder Verbindung aufzunehmen und zusammen mit dem XXXXVI. Panzerkorps sieben Divisionen der sowjetischen 39. und 29. Armee westlich Rshew einzukesseln. Die Versuche der 30. Armee, die deutsche Front nördlich Rshew aufzubrechen und die eingeschlossenen Truppen zu entsetzen, mißlingen.

Am Sonntag, dem 11. Januar 1942, durchbricht das I. Gardekavalleriekorps (GenMaj. Below) die dünnen Sicherungen der deutschen 4. Armee südlich Juchnow und blockiert die Rollbahn Smolensk–Wjasma. Erst unter höchsten Anstrengungen kann die 4. Armee die sowjetische Kavallerie zurückwerfen und den Versorgungsverkehr über die Rollbahn aufnehmen. Unterdessen geht der Rückmarsch der 3. Panzerarmee auf einer einzigen vereisten Straße mit mannshohen Schneeverwehungen nur schrittweise weiter. Wiederholt muß sie sich erst den Weg gegen durchgebrochene Sowjets freikämpfen.

Am Dienstag, dem 13. Januar 1942, durchbricht die 20. Armee (jetzt GenLt. Wlassow) nach zweitägigen erbitterten Kämpfen die deutschen Stellungen bei Wolokolamsk. In den Rücken der deutschen Front dringt das Kavalleriekorps unter Generalmajor Plijew mit fünf Skibataillonen und der 22. Panzerbrigade ein.

Am Donnerstag, dem 15. Januar 1942, wird Hitler gezwungen, den Befehl für einen Rückzug zu erlassen, und er gibt dem OB der Heeresgruppe Mitte (GFM v. Kluge) sein grundsätzliches Einverständnis zur Rücknahme des Zentrums der deutschen Front im Raum westlich Moskau auf die Winterstellung, allerdings auch jetzt wieder mit der Einschränkung: »Zeitpunkt wird jedoch noch befohlen!« Daraufhin gibt v. Kluge den Befehl, zunächst die vorspringenden Frontbogen bei Kaluga (4. Armee), Rusa (4. Panzerarmee) und Wolokolamsk

(3. Panzerarmee) aufzugeben und anschließend zwischen dem 18. und 24. Januar 1942 überall schrittweise in die Winterstellung zurückzugehen. Vorbedingung Hitlers war dabei, daß noch vor dem Ausweichen die Lücke zwischen 4. Armee und 4. Panzerarmee geschlossen werden müsse.

Zur gleichen Zeit greift auch die 22. Armee (GenMaj. Wostruchow) an. Sie zerreißt die Naht zwischen den deutschen Heeresgruppen Nord und Mitte, und stößt bis in den Raum Toropez vor. An diesem Tag wird die 2. Armee (GenOberst Frhr. v. Weichs) der Heeresgruppe Süd (GFM v. Reichenau) unterstellt. Damit soll die Heeresgruppe Süd die Möglichkeit haben, der Heeresgruppe Mitte einen Teil des starken sowjetischen Drucks aus dem Raume Woronesch abzunehmen.

Am Freitag, dem 16. Januar 1942, treten schwache Teile von fünf deutschen Divisionen der 4. Armee und der 4. Panzerarmee bei 40 Grad Kälte zum Stoß auf Suchinitschi an, um dort die von den Sowjets bereits in den ersten Januartagen eingekreiste 216. Infanteriedivision (GenMajor Frhr. v. u. z. Gilsa) zu entsetzen. Diese Division vom Küstenschutz bei Falaise, die man ohne Osterfahrung und Winterbekleidung direkt aus Frankreich an die Front vor Moskau geworfen hat, wehrt tapfer den Ansturm der sowjetischen Truppen ab.

Armeegeneral Schukow: ». . . Am 16. und 17. Januar nahmen Truppen des rechten Flügels der Westfront mit Unterstützung von Partisanenabteilungen die Ortschaften Lotoschino und Schachowskaja und schnitten die Bahnlinie Moskau–Rshew ab. Es schien, daß man gerade hier unsere Kräfte vergrößern mußte, um den Erfolg zu vertiefen. Doch es kam anders . . .«

Am Sonnabend, dem 17. Januar 1942, beginnt bei den Armeen die Vorbereitung für das Zurücklegen auf die Winterstellung. Die der 3. Panzerarmee unterstellte 6. Panzerdivision (GenLt. Raus) bezieht den Verteidigungsabschnitt ostwärts Karmonowo. Generalleutnant Raus: ». . . Genau dort, wo die Division, von den Fesseln des Schlammes befreit, zum Vorstoß nach Moskau antrat, trafen zwei Monate später ihre Reste, vom Ringen gegen Kälte und Schnee zermürbt, wieder ein . . . Wie hart das Ringen um Moskau war, bewiesen die ungeheuren Ausfälle an Menschen und Gerät, von denen sich das deutsche Heer nie mehr ganz erholen konnte. Sie betrugen bei der Division, die unter besonders schwierigen Verhältnissen focht, 80 Prozent der Fußkämpfer und Geschütze, 100 Prozent der Panzer und schweren Waffen, sowie die Masse der Kraftfahrzeuge.«

An diesem Tag übernimmt General der Panzertruppe Model für den erkrankten Generaloberst Strauß den Oberbefehl über die 9. Armee. Er trifft zeitig auf dem Gefechtsstand der 9. Armee, nördlich Wjasma, ein und läßt sich die Lage vortragen. »Was bringen Sie zur Wiederherstellung der Lage mit, Herr General?«, wollen die Generalstabsoffiziere wissen. »Mich«, erwidert Walter Model.

Am Sonntag, dem 18. Januar 1942, stößt überraschend die 33. Armee (GenLt. Jefremow) von Nordosten her in den Raum zwischen Juchnow und Wjasma, sie nähert sich bis auf 15 Kilometer Juchnow. Die Einkreisung der 4. Armee (Gen. d. Geb.Tr. Kübler) auf engem Raum steht bevor. Erst jetzt erhalten die 4. Armee und die 4. Panzerarmee (Gen. d. Inf. Ruoff) freie Hand, in mehreren Sprüngen bis zum 24. Januar in eine Winterstellung ostwärts der Straße Juchnow–Gshatsk–Sustow auszuweichen.

Auch die 43. Armee (GenMaj. Golubjew) erzielt einen tiefen Einbruch. Mit einem deutschen Gegenangriff von Nord und Süd, der den Durchbruch abschnüren soll, gewinnt man recht mühsam an Boden. Die beiden Stoßspitzen nähern sich bereits auf 10 Kilometer, dann werden sie jedoch von den Sowjets aufgehalten. Jetzt ist auch die 43. Armee erschöpft und kann nicht mehr weiter.

Am Abend vereinigen sich in dem großen Waldgebiet zwischen Juchnow und Wjasma die durchgebrochenen Teile der 33. Armee und das II. Gardekavalleriekorps.

In der Nacht vom 18./19. Januar 1942 beginnt STAWKA hier mit dem Absetzen von Fallschirm- und Luftlandetruppen. Sie bilden nun zusammen mit den Partisanenabteilungen eine ernste Bedrohung im Rücken der Heeresgruppe Mitte.

Am Montag, dem 19. Januar 1942, geht das Ausweichen der 4. Armee und der 4. Panzerarmee planmäßig vor sich. Bei Gshatsk werden die Sowjets durch harten Widerstand zum Stehen gebracht. Nur im Süden, bei der 2. Panzerarmee (GenOberst Schmidt), gelingt es den sowjetischen Truppen, weiter nach Westen vorzudringen.

An diesem Tag beschließt Stalin, sogar einige Verbände aus der Front in das rückwärtige Gebiet zu verlegen.

Armeegeneral Schukow: »Am 19. Januar erhielten wir den Befehl, die 1. Stoßarmee aus dem Kampf herauszuziehen und in die Reserve des Hauptquartiers zu überführen. Sowohl ich als auch Sokolowski riefen im Generalstab an und baten, man solle die 1. Stoßarmee bei der Westfront belassen . . . Ich rief auch

↓ Immer wieder das gleiche grausame Bild entlang der Rückzugsstraßen: Erfrorene deutsche Soldaten inmitten einer in Schneeverwehungen steckengebliebenen Kolonne

Stalin an. Von ihm bekam ich zu hören: ›Ziehen Sie die Stoßarmee ohne jeden Einwand heraus.‹ . . . Ich bat, die 1. Stoßarmee bis zum Abschluß der begonnenen Offensive am rechten Flügel der Westfront zu belassen und so den Druck an diesem Abschnitt nicht zu verringern. Stalin legte einfach den Hörer auf.«

Am Dienstag, dem 20. Januar 1942, hat der rechte Flügel der Kalininfront (GenOberst Konjew) mit zwei neu eingeschobenen Stoßarmeen die Naht der Heeresgruppe Nord zur Heeresgruppe Mitte, zwischen Seliger See und Welikije Luki, aufgerissen. In den weiten offenen Raum von fast 100 Kilometer Breite an der Heeresgruppennaht Nord und Mitte drängt die 3. Stoßarmee (GenLt. Pschennikow) in westlicher Richtung auf Welikije Luki und die 4. Stoßarmee (GenOberst Jeremenko) nach Süden auf Welisch und Demidow vor.
Die 22. Armee (GenMaj. Wostruchow) schließt nach Überschreiten des Lowat Cholm ein. Die weit zurückgebogenen Flügel der 4. Armee (Gen. d. Inf. Heinrici) und der 9. Armee (Gen. d. Pz.Tr. Model) droht die Gefahr der Einkesselung. Die zwischen ihnen stehende 4. Panzerarmee (Gen. d. Inf. Ruoff) ist bereits umgangen. Sie muß dazu den frontalen Ansturm der 20. Armee (GenLt. Wlassow) und der 5. Armee (GenLt. Goworow) abwehren.
Im Süden bei der 2. Panzerarmee (Gen. d. Pz.Tr. Schmidt) stören starke Partisanenverbände die Verkehrswege bei Brjansk und Orel.
In dieser Situation fliegt General Model ins Führerhauptquartier und bittet Hitler um sofortige Zuführung des XXXXVI. Panzerkorps (Gen. d. Pz.Tr. v. Vietinghoff) in den Raum von Rschew. Hitler sagt zu, will aber dieses Panzerkorps unbedingt im Raum von Gshatsk einsetzen. Model, um die heftige Auseinandersetzung zu beenden: »Mein Führer, befehlen Sie die 9. Armee oder ich?« Hitler, dem noch keiner so begegnet ist, gibt nach. Übrigens hat Model recht behalten: Schukow greift soeben im Raum Rschew an, und Model gelingt es mit dem XXXXVI. Panzerkorps, die Front der 9. Armee wieder zu stabilisieren.

Am Abend des 23. Januar 1942 fährt GenLt. Rokossowski das erste Mal seit Wochen nach Moskau. Rokossowski: ». . . Die Stadt war immer noch verdunkelt. Autos mit abgeblendeten Scheinwerfern, hauptsächlich Militärfahrzeuge, jagten durch die Straßen in Richtung Front. Überall herrschten strenge Tarnung, Ruhe und Ordnung. Der Krieg und die erst unlängst gewichene Bedrohung durch den Gegner hatten der Stadt ihren Stempel aufgedrückt. Und dennoch: Die veränderte Lage war deutlich zu spüren.«

Am Sonnabend, dem 24. Januar 1942, erreichen die seit dem 16. Januar vorstoßenden deutschen Entsatztruppen die vom I. Gardekavalleriekorps (GenMaj. Below) eingekreiste 216. Infanteriedivision (GenMaj. Frhr. v. u. z. Gilsa) in Suchinitschi. Es gelingt ihnen, in einem schmalen Keil zur Gruppe Gilsa durchzubrechen. Dagegen hat sich die Lage in anderen Frontabschnitten weiter zugespitzt: Die 61. Armee (GenLt. Popow) stößt tief nach Süden vor in den Rücken des zur 2. Armee (GenOberst Frhr. v. Weichs) gehörenden LIII. Armeekorps (Gen. d. Inf. Weisenberger), und die 39. Armee (GenLt. Maslennikow) drängt in das Gebiet nordwestlich von Wjasma. Das I. Gardekavalleriekorps (GenMaj. Below) und die 50. Armee (GenLt. Boldin) nähern sich von Süden her der Rollbahn Smolensk–Moskau. Zu den Heeresgruppen Süd und Nord bestehen jetzt kaum noch Verbindungen, und es scheint das Ende der Heeresgruppe Mitte abzusehen. Doch es kommt anders.

Epilog

Mit dem geordneten Rückzug in die Winterstellung und den Abwehrerfolgen bei Juchnow und Rschew war der erste Schritt zum Aufbau einer neuen Verteidigungsfront Anfang Februar 1942 getan.

Die Deutschen kostete die Schlacht um Moskau mehr als eine halbe Million Menschen, 1300 Panzer, 2500 Geschütze und über 15 000 Kraftfahrzeuge, dazu die Ausfälle durch Erfrierungen, die die Zahl von 100 000 Soldaten weit überschritten.

Die entscheidende Ursache für das Fehlschlagen des Unternehmens »Taifun« war die falsche Einschätzung der strategischen Reserven, die Stalin aus der Tiefe der Sowjetunion heranholen konnte.

Trotz ungeheurer Verluste hatte die sowjetische Führung keine lebenswichtige Position peisgegeben und konnte der deutschen Wehrmacht ihre erste Niederlage seit September 1939 zufügen.

Die zäh kämpfenden und zahlenmäßig stark überlegenen sowjetischen Truppen, natürliche Geländehindernisse, unberechenbare Klimaeinflüsse sowie der Zusammenbruch des deutschen Nachschubwesens sind weitere Ursachen der mißglückten Schlacht um Moskau.

Weil das Oberkommando des Heeres den Kulminationspunkt des Feldzuges, der etwa Mitte Oktober 1941 lag, nicht erkannte, hoffte es immer wieder, mit dem »letzten Bataillon« die Entscheidung zu deutschen Gunsten erzwingen zu können.

So endete das Unternehmen »Taifun« mit einem Debakel: Keines der gesteckten operativen Ziele ist erreicht worden. Und die sowjetische Gegenoffensive vor Moskau widerlegte Hitlers Strategie des Blitzkrieges. Daß es unter den gegebenen Umständen dennoch gelang, dem nachdrängenden starken Gegner

Einhalt zu gebieten, war eine Meisterleistung der deutschen Befehlshaber und ihrer kampferprobten Soldaten.

Zu diesen Abwehrerfolgen trugen auch die Fehldispositionen Stalins bei: Durch seinen Befehl, die Offensiven beinahe gleichzeitig an sämtlichen Fronten durchzuführen, gelang es der dadurch geschwächten Roten Armee nicht, die Heeresgruppe zu zerschlagen. So ging den Sowjets die zum ersten Mal seit Juni 1941 gewonnene Initiative wieder verloren.

Nach einer oft zitierten Darstellung sollen die deutschen Truppen vor Moskau nicht von der Roten Armee, sondern vor allem von »General Winter« besiegt worden sein. Dafür war aber die deutsche Wehrmacht zu kampfkräftig, um von Schlamm, Schnee oder Frost bezwungen zu werden.

Entscheidend waren der hartnäckige sowjetische Widerstand und das riesige Menschenpotential. Kein Zweifel besteht darüber, daß die sowjetischen Truppen weit weniger unter den Folgen des Klimas in ihrem Land zu leiden hatten als die Deutschen.

Es kommt der Wahrheit nahe, was der sowjetische Marschall Georgi K. Schukow meint:

»Als ehemaliger Befehlshaber der Westfront möchte ich hier meinen Standpunkt dazu äußern: Das deutsche Oberkommando hatte bei seiner Planung einer derart schwierigen strategischen Operation großen Ausmaßes, wie es das Unternehmen ›Taifun‹ war, die Stärke, den Kampfgeist und die Möglichkeiten der Sowjetarmee im Kampf um Moskau stark unterschätzt; es hatte dagegen die Möglichkeiten der eigenen Truppen, die unsere Verteidigungsfront durchbrachen und die Hauptstadt der Sowjetunion einnehmen sollten, grob überschätzt.«

↓ Östlich Demidow, Ende Januar 1942: Noch einige hundert Meter und die rettende Winterstellung ist nach wochenlangen Rückzugswirren erreicht

Waffen in der Schlacht um Moskau

Sturzkampfbomber Junkers Ju 87 B-2 (Stuka)

Die Ju 87 ist eine der wichtigsten deutschen Blitzkriegswaffen, vor allem wegen des psychologischen Effekts der Heulsirene (»Jerycho«) während des Sturzfluges.

Triebwerk:	1420 PS Junkers Jumo
Spannweite:	13,84 m
Besatzung:	2 Mann
Höchstgeschwindigkeit:	408 km/h
Angriffshöhe:	3500 m, dann in einem Winkel von 70°–80° Sturzflug bis etwa 100 m
Bewaffnung:	zwei 7,9 mm MG 81, zwei 7,9 mm MG 19
Bombenlast:	bis zu 1800 kg

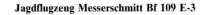

Jagdflugzeug Messerschmitt Bf 109 E-3

In der Schlacht um Moskau der wichtigste Jäger der deutschen Luftwaffe.

Triebwerk:	110 PS Daimler-Benz DB
Spannweite:	9,87 m
Besatzung:	1 Mann
Höchstgeschwindigkeit:	570 km/h
Bewaffnung:	zwei 20 mm Kanonen, zwei 7,9 mm MG, eine 20 mm Kanone durch die Propellernabe

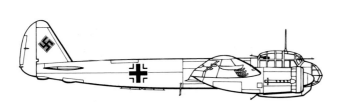

Sturzkampfbomber Junkers Ju 88 A-4

Das vielseitigste Flugzeug der deutschen Luftwaffe.

Triebwerke:	zwei 1340 PS Junkers Jumo 211B-1
Spannweite:	20,13 m
Besatzung:	4 Mann
Höchstgeschwindigkeit:	433 km/h
Bewaffnung:	ein 13 mm MG 131, zwei 7,9 mm MG 81
Bombenlast:	bis zu 1800 kg

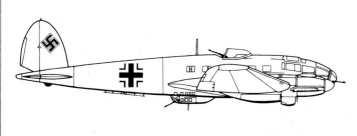

Mittlerer Bomber Heinkel He 111 H-1

Standard-Horizontalbomber der deutschen Luftwaffe.

Triebwerke:	zwei 1340 PS Junkers Jumo 211F-2
Spannweite:	22,6 m
Besatzung:	5 Mann
Höchstgeschwindigkeit:	415 km/h
Bewaffnung:	ein 13 mm MG 171, zwei 7,9 mm MG 81
Bombenlast:	bis zu 2000 kg

Schlachtflugzeug Iljuschin II-2
(»Stormowik«)

Ein gefürchteter Zerstörer, ist der »Stormowik« das sowjetische Gegenstück zum deutschen Stuka (Abb. Modell 1942).

Triebwerk:	1770 PS Mikulin AM-38F
Spannweite:	14,6 m
Besatzung:	2 Mann
Höchst- geschwindigkeit:	452 km/h
Bewaffnung:	zwei 2 cm Kanonen, ein 12,7 mm MG, zwei 7,62 mm MG
Bombenlast:	bis zu 400 kg oder acht 25,4 kg Raketenge- schosse

Jagdflugzeug Mikojan/Gurewitsch MiG-1

Dieser schnelle Jäger wird in Holz/Metall-
Gemischtbauweise hergestellt – der erste in
der Reihe legendärer MiGs.

Triebwerk:	1200 PS Mikulin AM-35 V-12
Spannweite:	10,3 m
Besatzung:	1 Mann
Höchst- geschwindigkeit:	628 km/h
Bewaffnung:	ein 12,7 mm MG, zwei 7,62 mm MG

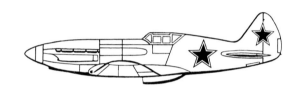

Jagdflugzeug Polikarpow I-16 Typ 10

Diese »Rata« genannte Maschine ist äußerst
wendig, aber langsam.

Triebwerk:	775 PS M-25B
Spannweite:	9 m
Besatzung:	1 Mann
Höchst- geschwindigkeit:	465 km/h
Bewaffnung:	zwei 7,62 mm MG

Mittlerer Bomber Tupolew Sb-2

Seit 1936 im Einsatz, ist dieser Standardbom-
ber der Roten Luftflotte während der
Schlacht um Moskau bereits veraltet.

Triebwerke:	zwei 840 PS M-100A
Spannweite:	20,34 m
Besatzung:	3 Mann
Höchst- geschwindigkeit:	425 km/h
Bewaffnung:	vier 7,62 mm MG
Bombenlast:	500 kg

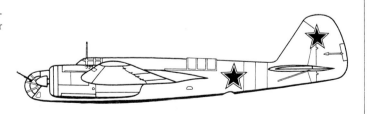

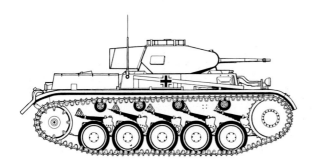

Leichter Panzerkampfwagen II
Ausführung F

Trotz seiner Unterbewaffnung gehört er zum Rückgrat der deutschen Panzerdivisionen.

Gewicht:	9,5 t
Panzerung:	14,5–35 mm
Antrieb:	Benzinmotor Maybach HL 62 TR, wassergekühlt, mit 130 PS bei 2600 U/min
Besatzung:	3 Mann
Geschwindigkeit:	Straße 40 km/h
Fahrbereich:	192 km
Steigfähigkeit:	50°
Bodendruck:	0,8 kg/cm^2
Bewaffnung:	eine 2 cm Kanone, ein 7,92 mm MG-34

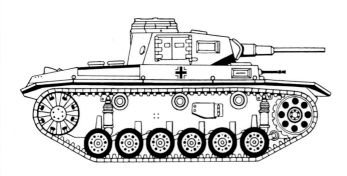

Mittlerer Panzerkampfwagen III
Ausführung E

Fast 1500 dieser Panzer stehen 1941 im Einsatz und erweisen sich als sehr erfolgreich.

Gewicht:	19,4 t
Panzerung:	30–90 mm
Antrieb:	Benzinmotor Maybach HL 120 TRM, wassergekühlt, mit 300 PS bei 3000 U/min
Besatzung:	5 Mann
Geschwindigkeit:	Straße 40 km/h
Fahrbereich:	175 km
Steigfähigkeit:	30°
Bodendruck:	0,95 kg/cm^2
Bewaffnung:	eine 5 cm Kanone, zwei 7,92 mm MG-34

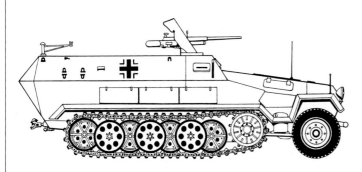

Mittlerer Schützenpanzerwagen Sd Kfz 251/10

Gewicht:	8,02 t
Panzerung:	7–12 mm
Antrieb:	Benzinmotor Maybach HL 42 TKRM mit 100 PS bei 2800 U/min
Besatzung:	5 Mann
Geschwindigkeit:	Straße 55 km/h
Fahrbereich:	320 km
Steigfähigkeit:	24°
Leistungsgewicht:	11 PS/t
Bewaffnung:	eine 3,7 cm Panzerabwehrkanone (+ 168 Pakgeschosse), ein 7,92 mm MG-34

Mittlerer Kampfpanzer T-34/76A

Der am meisten eingesetzte Panzer der Roten Armee, wegen seiner Geländegängigkeit, der hervorragenden Formgebung und Widerstandsfähigkeit einer der besten Panzer des Zweiten Weltkrieges.

Gewicht:	28,24 t
Panzerung:	18–60 mm
Antrieb:	V-2-34, wassergekühlter 12-Zylinder-Dieselmotor (Leichtmetall) mit 500 PS bei 1800 U/min
Besatzung:	4 Mann
Geschwindigkeit:	Straße 50 km/h
Fahrbereich:	Straße 450 km
Steigfähigkeit:	30°
Bodendruck:	0,8 kg/cm²
Bewaffnung:	eine 7,62 cm Kanone Modell 1938 (L-11), ein 7,62 mm MG-DT

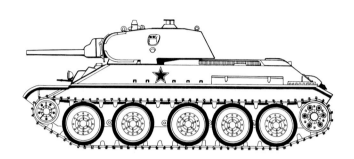

Schwerer Kampfpanzer KW-1A

Von diesen Panzern werden während der Schlacht um Moskau 1364 Stück gebaut.

Gewicht:	47,5 t
Panzerung:	75–100 mm
Antrieb:	V-2-K Dieselmotor mit 600 PS bei 2000 U/min
Besatzung:	5 Mann
Geschwindigkeit:	Straße 35 km/h
Fahrbereich:	250 km
Steigfähigkeit:	36°
Bodendruck:	0,75 kg/cm²
Bewaffnung:	eine 7,62 cm Kanone, drei 7,62 mm MG-DT

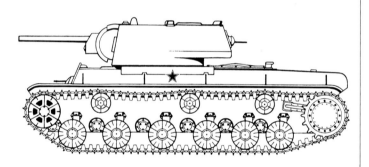

Geschoßwerfer BM-13

Dieser Raketenwerfer – in verschiedenen Varianten gebaut – wird von den Deutschen »Stalinorgel« und von den Rotarmisten »Katjuscha« genannt. Die Führungsschienen in Doppel-T-Form erlauben den gleichzeitigen Start von zwei Raketen, oben und unten. Die 16 Raketen vom Kaliber 13,2 cm werden in 8 Führungsschienen bis zum Start von einem Bolzen gehalten. Der Erhöhungswinkel kann verändert werden, die Startrichtung wird durch entsprechende Stellung des LKW erreicht.

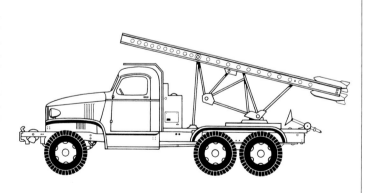

Max. Schußweite:	8000–8500 m
Höhenrichtbereich:	10°–45°
Feuergeschwindigkeit:	5–10 min pro Salve

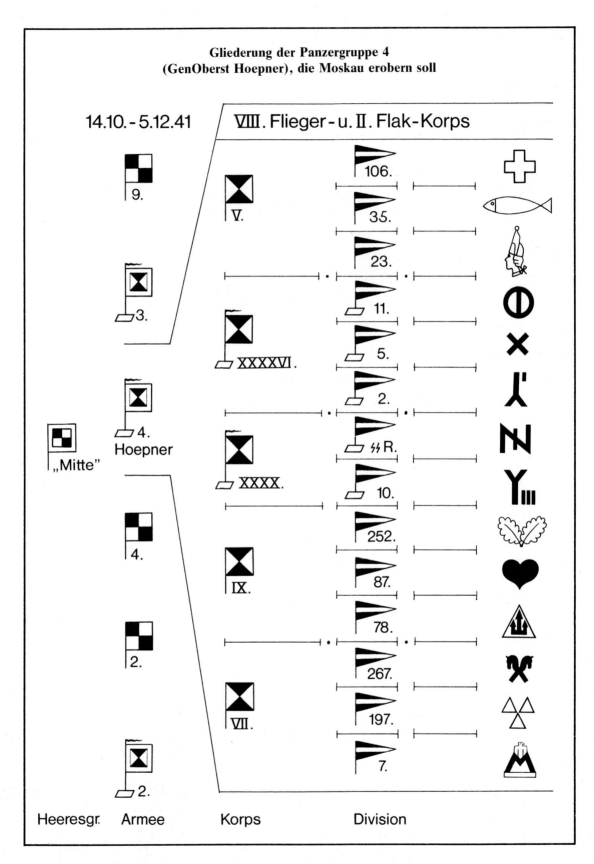

Gliederung der Panzergruppe 4
(GenOberst Hoepner), die Moskau erobern soll

14.10. - 5.12.41 — VIII. Flieger- u. II. Flak-Korps

Heeresgr. Armee Korps Division

282

Gliederung der Heeresgruppe Mitte (2. Oktober 1941)

Oberbefehlshaber	**GenFeldmarschall v. Bock**
Chef des Generalstabes	GenMaj. v. Greiffenberg

9. Armee

Oberbefehlshaber	**GenOberst Strauß**
Chef des Generalstabes	Oberst i. G. Weckmann

V. A. K.

Kommandierender General	Gen. d. Inf. Ruoff
Chef des Generalstabes	Oberst i. G. Schmidt
5. Inf.Div.	Gen.Maj. Allmendinger Ia Major i. G. Schultze
35. Inf.Div.	GenLt. Fischer v. Weikersthal Ia Major i. G. Baumann

VIII. A. K.

Kommandierender General	Gen. d. Artl. Heitz
Chef des Generalstabes	Oberst i. G. Steinmetz
8. Inf.Div.	GenMaj. Hoehne Ia Major i. G. Deyhle
28. Inf.Div.	GenLt. Sinnhuber Ia Major i. G. Gundelach
87. Inf.Div.	GenLt. v. Studnitz Ia Major i. G. Manthey

XXIII. A. K.

Kommandierender General	Gen. d. Inf. Schubert
Chef des Generalstabes	Oberst i. G. Müller
86. Inf.Div.	GenLt. Witthöft Ia Major i. G. v. d. Groeben
206. Inf.Div.	GenLt. Höfl Ia Oberstltn. i. G. v. Bogen
251. Inf.Div.	GenLt. Burdach Ia Major i. G. Meier-Welcker
253. Inf.Div.	GenLt. Schellert Ia Major i. G. Schlieper

XXVII. A. K.

Kommandierender General	Gen. d. Inf. Wäger
Chef des Generalstabes	Oberst i. G. Feyerabend
106. Inf.Div.	GenMaj. Dehner Ia Major i. G. Wahl
129. Inf.Div.	GenLt. Rittau Ia Major i. G. Sachenbacher
161. Inf.Div.	GenLt. Reche Ia Major i. G. Natzmer

Panzergruppe 3

Befehlshaber	**GenOberst Hoth**
Chef des Generalstabes	Oberstltn. i. G. v. Hünersdorff

XXXXI. Panzerkorps

	Gen. d. Pz.Tr. Reinhardt
Chef des Generalstabes	Oberst Röttiger
1. Pz.Div.	GenLt. Krüger Ia Major i. G. Wenck
36. Inf.Div.	GenLt. Ottenbacher Ia Major i. G. Runkel

LVI. Panzerkorps

	Gen. d. Pz.Tr. Schaal
Chef des Generalstabes	Oberst Frhr. v. Elverfeldt
6. Pz.Div.	GenMaj. Landgraf Ia Major i. G. Graf Kielmansegg
7. Pz.Div.	GenMaj. Frhr. v. Funck Ia Major i. G. Berger

VI. Armeekorps

	Gen. d. Pion. Förster
Chef des Generalstabes	Oberstlt. i. G. Degen
6. Inf.Div.	GenLt. Auleb Ia Major i. G. Lassmann
26. Inf.Div.	GenMaj. Weiss Ia Major i. G. Lassen

Panzergruppe 4

Befehlshaber	**GenOberst Hoepner**
Chef des Generalstabes	Oberstltn. i. G. Chales de Beaulieu

XXXX. Panzerkorps

Kommandierender General	Gen. d. Pz.Tr. Stumme
Chef des Generalstabes	Oberstltn. i. G. v. Kurowski

2 Pz.Div.	GenLt. Veiel Ia Oberstltn. i. G. Quast
10. Pz.Div.	GenMajor Fischer Ia Major i. G. Görhardt

XXXXVI. Panzerkorps

Kommandierender General	Gen. d. Pz.Tr. v. Vietinghoff
Chef des Generalstabes	Oberstltn. i. G. Burg
5. Pz.Div.	GenLt. Fehn Ia Major i. G. Engels
11. Pz.Div.	GenMajo. Crüwell Ia Major i. G. Wolf
252. Inf.Div.	GenLt. v. Boehm-Bezing Ia Major i. G. v. Schoenfeld

LVII. Panzerkorps

Kommandierender General	Gen. d. Pz.Tr. Kuntzen
Chef des Generalstabes	Oberstltn. i. G. Fangohr
19. Div.	GenLt. v. Knobelsdorff Ia Major i. G. v. Dawans
20. Pz.Div.	GenLt. Stumpff Ia Major i. G. Staedtke
3. Inf.Div. (mot.)	GenLt. Jahn Ia Major i. G. Dingler
SS-Div. »Das Reich«	SS-Gruppenf. Hausser Ia Obersturmbannf. Ostendorff

4. Armee

Oberfehlshaber	**GenFeldmarschall v. Kluge**
Chef des Generalstabes	Oberst i. G. Blumentritt

VII. A. K.

Kommandierender General	Gen. d. Artl. Fahrmbacher
Chef des Generalstabes	Oberst i. G. Krebs
23. Inf.Div.	GenMaj. Hellmich Ia Major i. G. Frhr. v. Roenne
197. Inf.Div.	GenMaj. Meyer-Rabigen Ia Major i. G. v. d. Heyde
267. Inf.Div.	GenMaj. v. Wachter Ia Major i. G. v. Trotha

IX. A. K.

Kommandierender General	Gen. d. Inf. Geyer
Chef des Generalstabes	Oberstltn. i. G. v. Linstow
15. Inf.Div.	GenLt. Hell Ia Oberstltn. i. G. Koßmann
137. Inf.Div.	GenLt. Bergmann Ia Major i. G. Meyer-Detring
263. Inf.Div.	GenMaj. Haeckel Ia Major i. G. Sartorius

XX. A. K.

Kommandierender General	Gen. d. Inf. Materna
Chef des Generalstabes	Oberst i. G. Vogel
7. Inf.Div.	GenLt. Frhr. v. Gablenz Ia Oberstltn. i. G. Reichelt
78. Inf.Div.	GenLt. Gallenkamp Ia Major i. G. Pfeiffer
268. Inf.Div.	GenMaj. Straube Ia Major i. G. Spitzer
292. Inf.Div.	GenMaj. Dehmel Ia Major i. G. Meichssner

2. Armee

Oberbefehlshaber	**GenOberst Frhr. v. Weichs**
Chef des Generalstabes	Oberst i. G. v. Witzleben

XII. A. K.

Kommandierender General	Gen. d. Inf. Schroth
Chef des Generalstabes	Oberstltn. i. G. v. Waldenburg
34. Inf.Div.	GenLt. Behlendorff Ia Major i. G. Heinrich
52. Inf.Div.	GenMaj. Rendulic Ia Major i. G. Worgitzky
258. Inf.Div.	GenMaj. Henrici Ia Major i. G. Pflanz

XIII. A. K.

Kommandierender General	Gen. d. Inf. Felber
Chef des Generalstabes	Oberst i. G. Hoffmann
17. Inf.Div.	GenLt. Loch Ia Major i. G. Dieckmann
260. Inf.Div.	GenLt. Schmidt (Hans) Ia Major i. G. Köstlin

XXXXIII. A. K.

Kommandierender General	Gen. d. Inf. Heinrici
Chef des Generalstabes	Oberst i. G. Schulz (Fr.)

| 31. Inf.Div. | GenLt. Kaempfe   Ia Major i. G. Ulrich |
| 131. Inf.Div. | GenMaj. Meyer-Buerdorf   Ia Major i. G. Merker |

LIII. A. K.
Kommandierender General	Gen. d. Inf. Weisenberger
Chef des Generalstabes	Oberst i. G. Waeger
167. Inf.Div.	GenLt. Schönhärl Ia Major i. G. Niklaus
296. Inf.Div.	GenMaj. Stemmermann Ia Major i. G. Leutheuser

Panzergruppe 2
Befehlshaber	**GenOberst Guderian**
Chef des Generalstabes	Oberstltn. i. G. Frhr. v. Liebenstein
XXIV. Panzerkorps	
Kommandierender General	Gen. d. Kav. Frhr. Geyr v. Schweppenburg
Chef des Generalstabes	Oberst i. G. Schilling
3. Pz.Div.	GenLt. Model Ia Major i. G. Pomtow
4. Pz.Div.	Genmaj. Frhr. v. Langerman Ia Oberstltn. i. G. Heidkämper
10. Inf.Div. (mot.)	GenLt. v. Loeper Ia Major i. G. v. Unhold
Inf.Rgt. »Großdeutschland«	GenMaj. Hoernlein

XXXXVII. Panzerkorps	
Kommandierender General	Gen. d. Artl. Lemelsen
Chef des Generalstabes	Oberstltn. i. G. Bamler
17. Pz.Div.	GenLt. v. Arnim Ia Major i. G. v. Bonin
18. Pz.Div.	GenMaj. Nehring Ia Major i. G. Estor
29. Inf.Div. (mot.)	GenMaj. v. Boltenstern Ia Oberstltn. i. G. Franz

XXXXVIII. Panzerkorps	
Kommandierender General	GenLt. Kempff
Chef des Generalstabes	Oberstltn. i. G. Friebe
9. Pz.Div.	GenLt. Hubicki Ia Major i. G. v. Necker
16. Inf.Div. (mot.)	GenMaj. Henrici Ia Oberstltn. i. G. Gundelach
25. Inf.Div. (mot.)	GenLt. Clössner Ia Major i. G. Gaedke

Höh. Kommando XXXIV	
Kommandierender General	Gen. d. Inf. Metz
Chef des Generalstabes	Oberst i. G. Cabanis
45. Inf.Div.	GenLt. Schlieper Ia Major i. G. Dettmer
134. Inf.Div.	GenLt. v. Cochenhausen Ia Major i. G. Riechert

Höh. Kommando XXXV	
Kommandierender General	GenLt. Kempfe
Chef des Generalstabes	Oberstltn. i. G. Boehm
95. Inf.Div.	GenLt. Sixt v. Arnim Ia Major i. G. v. Consbruch
112. Inf.Div.	GenLt. Mieth Ia Major i. G. v. Bodenstein
293. Inf.Div.	GenLt. v. Obernitz Ia Oberstltn. i. G. Rauser
1. Kav.Div.	GenMaj. Feldt Ia Major i. G. v. Menges

In der Schlacht um Moskau erlitt die deutsche Wehrmacht ihre erste strategische Niederlage im **Bilanz** Zweiten Weltkrieg: Die Rote Armee brach die Konzeption des Blitzkrieges im Osten. Während des zwei Monate dauernden Rückzuges und der Verteidigungskämpfe erschöpften sowjetische Streitkräfte die Schlagkraft der Wehrmacht. Danach übernahmen sie die strategische Initiative, brachten den Deutschen schwere Verluste bei und zwangen sie zum Rückzug.
Ein anderer Schlag, der die deutsche Führung an der Ostfront nicht weniger hart traf, kam von Hitler selbst: Neben den beiden abgelösten Generalfeldmarschällen v. Bock und v. Leeb verloren auch der beste deutsche Panzerwaffen-Spezialist, Generaloberst Guderian, und der bewährte Stratege Generalfeldmarschall v. Rundstedt ihr Kommando; dazu wurden beinahe gleichzeitig 35 Korps- und Divisionskommandeure abgelöst. Freilich traf nicht jeden von ihnen – wie Generaloberst Hoepner, der außerdem degradiert wurde – der harte Ukas Hitlers, aber solche drastischen Massenentlassungen von Feldherren sind in der Geschichte der deutschen Wehrmacht kaum bekannt.

Das deutsche Heer mußte vor Moskau für das Scheitern der Strategie Hitlers einen hohen Preis bezahlen: Die Verluste betrugen vom 22. Juni 1941 bis zum Oktober 1941 564727 Mann, darunter 119464 Tote und 24793 Vermißte.

In der Winterschlacht vom 11. Dezember 1941 bis zum 31. März 1942 betrugen sie insgesamt 332743 Mann. Davon sind 2000 Offiziere und 67581 Unteroffiziere und Mannschaften gefallen. Vermißt wurden 293 Offiziere und 20036 Soldaten. Bis zum 28. Februar 1942 zählte man 112607 Soldaten mit Erfrierungen – darunter 14337 schwere Fälle.

Vom 1. Oktober 1941 bis zum 15. März 1942 verlor das deutsche Heer 2340 Panzer und 74183 Kraftfahrzeuge sowie 179609 Pferde. Die Verbände wiesen ein Fehlen von 7000 Panzerabwehrgeschützen und 1900 Geschützen auf.

Die Rote Armee hatte (nach Angaben des Sowinformbüros vom 6. Oktober 1941) in der Zeit vom 22. Juni 1941 bis zum 3. Oktober 1941 230000 Gefallene, 720000 Verwundete und 178000 Vermißte, also insgesamt 1128000 Mann an Verlusten. Die Materialverluste: 7000 Panzer, 8900 Geschütze und 5316 Flugzeuge.

Nach deutschen Angaben (Hitlers Rede vom 3. Oktober 1941 im Berliner Sportpalast anläßlich der Kundgebung zur Eröffnung des 3. Kriegswinterhilfswerkes) wurden seit dem 22. Juni 1941 rund 2,5 Millionen sowjetische Kriegsgefangene eingebracht, 18000 sowjetische Panzer, 22000 Geschütze und 14500 Flugzeuge zerstört oder erbeutet.

In der Tat schätzt man, daß bereits an die 4 Millionen Rotarmisten in deutsche Kriegsgefangenschaft geraten und 2 Millionen Sowjets gefallen oder verwundet worden waren, noch ehe die Schlacht um Moskau mit voller Wucht entbrannt war.

Quellen

Bibliographie

Bacelis, L.: Bitwa za Moskvu, Moskau 1943

Below, P. A.: Za nami Moskva, Moskau 1963

Besymenski, L.: Sonderakte Barbarossa, Stuttgart 1968

Blumentritt, G.: Moscow, In: The Fatal Decisions, London 1956

Boltin, E. A.: Pobeda sovetskoj armii pod Moskvoj v 1941 godu. In: Voprosy Istorii 1957, No 1

Caldwell, E.: Moscow Under Fire, London 1942

Carell, P.: Unternehmen Barbarossa, Frankfurt/M. 1963

Cassidy, H. C.: Moscow Dateline 1941–1943, London 1943

Chales de Beaulieu, W.: Sturm bis vor Moskaus Tore. Der Einsatz der Panzergruppe 4. In: Wehrwissenschaftliche Rundschau 6 (1956)

Dekrety Sovetskoi vlast. Moskau 1957/1959

Erickson, J.: Die Kriegsvorbereitungen der Sowjetunion 1940/41, In: Probleme des Zweiten Weltkrieges, ed. A. Hillgruber, Köln 1967

Geschichte des Großen Vaterländischen Krieges der Sowjetunion, Band 2, Berlin-Ost 1963

Golikow, F. L.: V moskovskoj bitve, Moskau 1967

Guderian, H.: Erinnerungen eines Soldaten, Neckargemünd 1960

Gurkin, V. V./Malanin, K. A.: Moskovskaja bitva v cifrach. In: Voenno-istoriceskij Zurnal 1967, H. 3

Halder, F.: Hitler als Feldherr, München 1949

Hofmann, R.: Die Schlacht von Moskau 1941. In: Entscheidungsschlachten des Zweiten Weltkrieges, ed. H. A. Jacobsen/J. Rohwer, Frankfurt/M. 1960

Hoth, H.: Panzeroperationen, Heidelberg 1956

Jacobsen, H. A./Philippi, A. (Hrsg.): Kriegstagebuch, 3 Bände, Stuttgart 1962/64

Jeremenko, A. I.: Na zapadnom napravlenij, Moskau 1959

Korkodinow, P. D.: Die Zerschlagung der deutsch-faschistischen Truppen bei Moskau (1941). In: Shilin, Die wichtigsten Operationen des Großen Vaterländischen Krieges 1941–1945, Berlin 1958

Korotkow, I.: Razgromnemcev pod Moskvoj, Moskau 1943

Laurent, P. M.: Geschichte des Kaisers Napoleon illustriert von H. Vernet, Leipzig 1840

Ljeljuschenko, D. D.: Zaria pobedy, Moskau 1966

Momyschuly, B.: Za nami Moskva, Moskau 1960

Philippi, A./Heim, F.: Der Feldzug gegen Sowjetrußland 1941–45, Stuttgart 1962

Reinhardt, H.: Panzergruppe 3 in der Schlacht von Moskau und ihre Erfahrungen im Rückzug (Okt.–Dez. 1941). In: Wehrkunde 2 (1953)

Rokossowski, K. K./Lobacev, A.: Ne pustim vraga k Moskva. In: Prawda vom 6. 11. 1941

Rokossowski, K. K.: Soldatenpflicht, Berlin-Ost 1971

Samsonow, A. M.: Die große Schlacht vor Moskau 1941–42, Berlin-Ost 1959

Sbornik boevych dokumentov Velikoj Otecestvennoj vojny, T. 1–3, Moskau 1950

Schilowskij, E.: Razgrom nemeckich vojsk pod Moskvoj, Moskau 1943

Schtemenko, S. A.: Im Generalstab, Berlin-Ost 1969

Schukow, K. G.: V bitve za stolicu. In: Voenno-istoriceskij Zurnal 1966, H. 8–9

Schukow, K. G.: Erinnerungen und Gedanken, Stuttgart 1969

Sokolowskij, V.: Die sowjetische Kriegskunst in der Schlacht vor Moskau. In: Wehrwissenschaftliche Rundschau 1963

Telegin, K. F.: Moskovskaja zona oborona. In: Voenno-istoriceskij Zurnal 1962, H. 1

Telegin, K. F.: Ne otdali Moskvu, Moskvu 1969

Uhlig, H.: Das Einwirken Hitlers auf Planung und Führung des Ostfeldzuges. In: Aus Politik und Zeitgeschehen, Beilage zur Wochenzeitung »Das Parlament« vom 16. und 23. 3. 1960

Wagener, C.: Moskau 1941. Der Angriff auf die russische Hauptstadt, Bad Nauheim 1965

Warlimont, W.: Im Hauptquartier der deutschen Wehrmacht 1939–1945, Frankfurt/M. 1962

Werth, A.: Rußland im Krieg 1941–1945, München 1967

Zeitungen und Zeitschriften (Jahrgang 1941)
Berliner Lokal-Anzeiger/Der Adler/Das Heer/Das Reich/Die Wehrmacht/Heeres-Verordnungsblatt/Iswestija/Krasnaja Swiesda/Mitteilungen für die Truppe/Prawda

Archive
Britannic Majesty's Office, London
Bundesarchiv, Bern
Bundesarchiv, Koblenz
Institut für Marxismus-Leninismus beim ZK der KPdSU, Abt. Geschichte des Großen Vaterländischen Krieges der Sowjetunion, Moskau
Institut für Zeitungsforschung, Dortmund
National Archives, Washington D. C.
Politisches Archiv des Auswärtigen Amtes, Bonn
Weltkriegsbücherei, Stuttgart
Zentralbibliothek der Bw., Düsseldorf

Dokumente
The Guides to Records Microfilmed at Alexandria, Va. (68 vols. Washington D. C.: National Archives, 1955 ff)

Geheime Berichte des Sicherheitsdienstes der SS zur innenpolitischen Lage, SD-Berichte zu Inlandsfragen. Bundesarchiv, Koblenz: R 58 Reichssicherheitshauptamt (Nr. 160–178)

Boberach, H.: Meldungen aus dem Reich, Neuwied, Berlin 1965

Tagesparolen des Reichspressechefs (Reichspropagandaamt Hessen-Nassau, Frankfurt/M.). Sammlung Oberheitmann: Bundesarchiv Koblenz

Krümmer, K.: Aufzeichnungen über Teilnahme an den Ministerkonferenzen, Band 1 und 2. Politisches Archiv des Auswärtigen Amtes, Bonn, Auswärtiges Amt

Boelcke, W. A.: Kriegspropaganda 1939–1941, Geheime Ministerkonferenzen im Reichspropagandaministerium, Stuttgart 1966

Boelcke, W. A.: Wollt ihr den totalen Krieg? Stuttgart 1967

Bildquellen
Bundesarchiv, Koblenz
E.C.E.P.D.A., Fort D'Ivry
National Archives, Washington D. C.
US-Army, Washington D. C.
Sikorski-Institut, London
Archiv M. R. de Launay, Paris
Archiv J. S. Middleton, London
Archiv A. Stilles, New York
K. Kirchner, Verlag für zeitgenössische Dokumente und Curiosa, Erlangen
Dr. C.-H. Hermann, Enskirchen
Archiv J. K. Piekalkiewicz

Danksagung

Ich möchte für ihre freundliche Hilfe meinen herzlichen Dank sagen:
Frau M. Lorentz und ihren Mitarbeitern, Bundesarchiv, Koblenz
Oberstleutnant i. G. Dr. H. Rohde, Militärgeschichtliches Forschungsamt, Freiburg
Frau Dr. M. Lindemann, Frau H. Rajkovic, Institut für Zeitungsforschung, Dortmund
Herrn Professor Dr. J. Rohwer, Herrn W. Haupt und ihren Mitarbeitern, Weltkriegsbücherei, Stuttgart
Herrn Dr. Sack und seinen Mitarbeitern, Zentralbibliothek der Bundeswehr, Düsseldorf
Herrn Hofrat Dr. F. Wiener, Truppendienst, Wien
Herrn H. Reich, Kyffhäuser, Bonn
Herrn K. Kirchner, Verlag für zeitgenössische Dokumente und Curiosa, Erlangen
Oberst (Bw) a. D. Dr. phil. C. H. Hermann, Euskirchen
Mr. J. S. Lucas, Mr. P. H. Reed, Imperial War Museum, London
Allen Herren der Photographic Library, Imperial War Museum, London
Captain R. Dembinski, Präses des Sikorski-Instituts, London
Capt. W. Milewski, Capt. St. Zurakowski, Ing. K. Barbarski, Sikorski-Institut, London
Col. W. D. Kasprowicz, London
Col. Dr. M. Mlotek, London
Lt. Col. Dousset, Mr. P. Rolland, Mr. Basques, E.C.E.P.D.A., Paris
Service Historique de l'Armee, Paris
Capt. C. L. Blische, Dept. of the Army, US-Army Audio-Visual Activity, Pentagon, Washington D. C.
W. H. Leary, National Archives, Washington D. C.
Col. B. J. Morden, Center of Military History, Dep. of the Army, Washington D. C.
Herrn Dr. J. Köhler, Herrn A. Häring, Herrn R. Winkler, Gustav Lübbe Verlag
Herrn F. Kohnke, Solingen

Mein besonderer Dank gilt den Herren:
Herrn Dr. phil. D. Bradley, Münster
Major R. L. Walton, O. B. E., London
Captain B. D. Samuelson, Washington D. C.
für ihre großzügige Bereitschaft, mir mit ihrem umfangreichen Wissen zur Seite zu stehen

287

Personenregister

288